Barbara Weber-Eisenmann & Lisa Wurzbach

Liebevoll durch die Trotz-Phase

humboldt

INHALT

SO HILFT DIR DIESES BUCH

Hallo, schön, dass du da bist!

Wir gehen davon aus, du bist Mama oder Papa eines Kindes zwischen anderthalb und sechs Jahren. Herzlichen Glückwunsch! Dein Kind ist entweder am Anfang oder vermutlich schon mittendrin in einer Phase, um die so gut wie alle Eltern am liebsten einen großen Bogen machen möchten: Dein Kind ist mitten in der Trotzphase.

Vielleicht bist du auch Oma oder Opa oder Tante oder Onkel oder hast auf eine andere Weise Kontakt mit einem Kind in dieser Phase.

Sicherlich bist du schon das eine oder andere Mal an die Grenzen deiner Nerven gekommen.

Autonomie- statt Trotzphase

Die Trotzphase, wie sie im Allgemeinen genannt wird, erscheint neben der Pubertät vielen Eltern als sehr große Herausforderung und ist nicht selten von vornherein mit Angst oder zumindest großem Respekt verbunden. Manche Eltern trifft diese Phase auch mit voller Wucht und sie erkennen ihr Kind nicht mehr wieder. Jedes Kind verhält sich anders – das eine laut, das andere leise, das eine wild, das andere schüchtern. Eines aber haben sie gemeinsam: Sie sind auf der Suche nach dem **Ich** und entdecken ihre Autonomie, also ihre Selbstständigkeit. Es ist an uns, sie in dieser Phase zu begleiten und ihnen bei der Suche danach zu helfen.

Es steht außer Frage: Die Trotzphase, oder wie wir sie lieber nennen „Autonomiephase“ oder „Ich-Phase“, ist eine ganz besondere Phase im Leben deines Kindes, in der sich ihm plötzlich ganz neue Möglichkeiten bieten. Aus einem scheinbar kleinen hilflosen Baby wird ein selbstbestimmtes Kind.

Diese Phase ist eine der wichtigsten Phasen in der frühkindlichen Entwicklung und prägt das Zusammenleben in der Familie sehr. **„Ich kann das allein! Auf gar keinen Fall sollen Mama oder Papa dabei helfen!“**, ist das Motto. Was für eine Aufgabe! Das Kind ist zu Recht vom eigenen **Ich** völlig fasziniert. Leider aber funktionieren noch nicht alle Dinge so schnell und auf Anhieb, wie es sich alle Beteiligten vielleicht wünschen würden. Großer Frust, Wut und Tränen sind oft vorprogrammiert. Dein Kind rüttelt gewaltig an deinen Nerven und denen seines Umfelds. Die eigene Frustrationstoleranz, die erst aufgebaut und entwickelt werden muss, wird jeden Tag mehrfach auf eine harte Probe gestellt.

Eure individuelle Lösung

Mit unserem Buch möchten wir dich wie eine gute Freundin durch diese Phase begleiten. Wir geben Hilfestellungen für Alltagssituationen, ohne den pädagogischen Zeigefinger zu heben. Denn du bist der Profi, wenn es um dein Kind geht. Du kennst es am besten und weißt, was es braucht. Das kann in der Autonomiephase manchmal durcheinandergeraten sein, denn nicht nur das Kind lernt sich selbst neu kennen, auch du wirst dein Kind an manchen Stellen neu kennenlernen. Und vermutlich auch dich selbst. Das wirbelt die Familie ganz schön durcheinander! Nicht jede Lösung ist für jedes Kind die richtige, von daher verstehen wir unsere Ideen als Angebote, Inspiration und Möglichkeiten, aber nicht als Patentrezept.

Wir geben dir kleine pädagogische Hinweise und Informationen, die erläutern, was in welcher Phase gerade bei deinem Kind passiert und abläuft. So wird es für dich leichter, dein Kind zu verstehen und zu begleiten. Wir stärken dir den Rücken und reichen dir die Hand, damit du kraftvoll und entspannt durch die Autonomiephase kommst. Mit unserem Buch ermutigen wir dich, mit deinem Kind in Beziehung zu treten und gemeinsam als Familie auf die Bedürfnisse aller zu achten.

IN BEZIEHUNG TRETEN BEDEUTET, ...

- mit deinem Kind gemeinsam durch den Alltag zu gehen,
- es zu sehen und zu verstehen,
- miteinander zu reden,
- dein eigenes Verhalten zu überprüfen und zu überdenken
- sowie deine eigene Komfortzone zu verlassen und mit deinem Kind gemeinsam einen Weg zu finden, statt ihm deinen einfach so überzustülpen.

Das klingt anstrengend und ist es oft auch. Es wird aber die Beziehung zu deinem Kind positiv prägen und euer Miteinander wird wertschätzender und somit auch an vielen Stellen einfacher.

Den Alltag erleichtern

Dein Kind lernt ebenfalls, dich zu verstehen. Es lernt zu kooperieren, das heißt mit dir zusammenzuarbeiten. Es lernt, dass alle Bedürfnisse gesehen und ernst genommen werden – seine, deine, die der gesamten Familie. Unser Buch macht Mut, die Autonomiephase positiv wahrzunehmen und liebevoll zu bewältigen; Situationen manchmal mit einem Augenzwinkern und mit Humor zu betrachten und sie dadurch leichter zu nehmen. Du schaffst dabei eine wunderbare Grundlage, um diese Phase gut zu überstehen und nicht die Nerven zu verlieren. Der Schwerpunkt unseres Buches liegt auf dem praktischen Teil (➔ „Gemeinsam durch den Alltag“). Hier gehen wir gemeinsam mit dir durch den Tag und die Woche und betrachten klassische Situationen. Leite dir gerne Inspirationen daraus ab für Situationen, die nicht aufgeführt sind. Für jedes Beispiel geben wir dir Impulse, konkrete Unterstützungsmethoden und Handlungsempfehlungen. Wir schauen sowohl auf dein Kind (was passiert da gerade) als auch auf die Erwachsenenebene.

Viele gute Nerven und eine Portion Humor wünschen wir dir. Leider gibt es noch keine Tüten voller Geduld zu kaufen, sonst hätten wir eine davon an jedes einzelne Buch geklebt. Aber wir können dir definitiv versprechen: **Es ist eine Phase, die irgendwann vorbei sein wird!**

So kannst du dich im Buch orientieren

Am Ende der meisten Kapitel findest du **Feel Goods**. Kleine themenbezogene Inspirationen, die euch durch den Tag oder auch die Woche helfen sollen. Diese Feel Goods verhindern nicht die Trotzanfälle deines Kindes und sind keine Allheilmittel. Was der einen hilft, ist für den anderen totaler Unsinn. Wir sind aber überzeugt davon, dass kleine Anker im Alltag helfen können, gelassener durch den Tag und somit auch durch anstrengende Situationen zu kommen.

Vielleicht sagt dir keines unserer Feel Goods zu, aber du nimmst sie als Anregung, eigene zu kreieren. Sobald du merkst, etwas aus der Feel-Good-Liste setzt dich unter Druck, wandle es ab, so wie es für dich passt. Oder streiche es für dich. Es ist dein Alltag, dein Leben. Für dich muss es passen.

Ebenfalls am Ende jedes Kapitels findest du **Empfehlungen für Bilderbücher**, die du gemeinsam mit deinem Kind betrachten kannst. Wir sind uns sicher, dass hier für jeden etwas dabei ist.

Gelegentlich laden wir dich dazu ein, etwas ausführlicher eure eigene Situation zu reflektieren. Der Stift am Rand signalisiert dir, dass es wieder so weit ist. Nimm gerne Stift und Papier zur Hand und **notiere dir deine Gedanken**.

Immer wenn du diese Sprechblase am Rand siehst, findest du im Text **Formulierungshilfen** für dich im Umgang mit deinem Kind und mit eurem Umfeld.

Im praktischen Teil des Buches (➔ „Gemeinsam durch den Alltag) gibt es die ergänzenden „Good to know“-Kapitel, die entweder besondere Situationen näher beleuchten (z. B. Arztbesuche oder Elterngespräche) oder allgemeinere Themen genauer unter die Lupe nehmen (z. B. Emotionen und Kooperation). An deren Ende findest du immer zwei doofe Sprüche, die Eltern ständig zu hören bekommen, und **Vorschläge, wie du souverän darauf antworten kannst**.

BEZIEHUNGS- UND BINDUNGSORIENTIERTE BEGLEITUNG MACHT STARK

Eine beziehungs- und bindungsorientierte Haltung macht euch als Familie stark. Auch in der Autonomiephase hilft sie dir, mit deinem Kind in Verbindung zu bleiben und es auf seinem spannenden Weg zu mehr Autonomie zu begleiten. Wir räumen mit Vorurteilen auf und zeigen dir, welche Vorteile diese Haltung euch bringt.

Für uns ist Beziehungs- und Bindungsorientierung nicht ein Erziehungsstil von vielen, sondern eine Herzenssache. Es ist eine Haltung, ein Menschenbild, ein wertschätzender Blick aufs Kind.

Bindung und Beziehung sind keine starren Regelwerke, sie sind ein Fluss, in dem du dich mit deinem Kind bewegst. Sie wachsen, sie verändern sich, sie sind nicht regungslos.

Wir sind überzeugt, dass diese Begleitung unsere Kinder stärkt und liebevoll trägt. Eine Investition in die Zukunft also. Wenn du dieses Buch liest, wirst du viele Beispiele für beziehungs- und bindungsorientierte Begleitung kennenlernen.

Was ist beziehungs- und bindungsorientierte Begleitung?

Vermutlich kennst du den einen oder anderen Erziehungsstil und ganz bestimmt bist du, auf welche Art und Weise auch immer, vom Erziehungsstil deiner Kindheit geprägt. Folgende verschiedene Erziehungsstile unterscheidet man:

- **Autoritär**: harte Hand, sehr dominant, die Eltern stellen die Regeln auf, das Kind muss gehorchen, keine Widerworte, ansonsten gibt es Sanktionen
- **Demokratisch**: das Kind wird mit einbezogen, die Regeln kommen von den Eltern, aber das Kind darf mitentscheiden, es wird viel diskutiert und abgestimmt
- **Laissez-faire**: keine Erwartungen bezüglich des Verhaltens ans Kind, das Kind kann machen, was es möchte, es gibt keine Regeln und Grenzen und keine Konsequenzen aus dem Tun, die Eltern halten sich im Hintergrund und lassen das Kind machen
- **Antiautoritär**: das Kind darf sehr viel selbst entscheiden, es gelten so gut wie keine Regeln
- **Autokratisch**: es gibt starre Regeln, Kinder müssen diese befolgen und gehorchen, egal, wie es ihnen damit geht, Eltern verhalten sich sehr selbstherrlich
- **Autoritativ:** ähnlich wie autoritär, allerdings wird mit dem Kind diskutiert, ein starkes Gefälle aber bleibt, Eltern sind Erziehende und haben das letzte Wort
- **Permissiv**: ähnelt dem Laissez-faire-Stil, Kind kann ebenfalls machen, was es möchte, muss Hilfe aktiv einfordern, im Gegensatz zum Laissez-faire-Stil werden allerdings ein paar wenige Grenzen und Regeln gesetzt
- **Egalitär**: alle entscheiden zusammen und diskutieren viel, das Kind muss nichts tun, was es nicht möchte (auch Schulbesuch etc. nicht), es gibt keine Regeln von den Eltern

- In der **beziehungs- und bindungsorientierten Begleitung** steckt schon im Wort, worum es geht – um Bindung und Beziehung. Es geht darum, mit den Kindern in Beziehung zu gehen, mit ihnen gemeinsam, statt über ihren Kopf hinweg zu entscheiden. Sie mit ihren Bedürfnissen wahr- und ernst zu nehmen.

Oft haben Eltern eine bestimmte Vorstellung davon, wie ihr Kind zu sein hat oder in welche Richtung es sich entwickeln soll. Höflich, sportlich, selbstbewusst – oft so, wie sie gerne geworden wären oder was sie als „richtig“ und „hilfreich“ definieren. Dahinter steckt meist der Wunsch, dass es das eigene Kind im Leben leicht haben soll. Das ist auch legitim. Wir alle wollen das Beste für unser Kind. Allerdings dürfen wir diese Vorstellung nicht über die persönliche Entwicklung unseres Kindes stellen.

Dein Kind ist von Geburt an ein Individuum mit eigener Persönlichkeit und eigenem Fahrplan. Was in deinen Augen das Beste für es ist, empfindet es selbst vielleicht ganz anders als du. Dies gilt es jederzeit zu respektieren. Es geht um einen gemeinsamen Weg. Deine Bedürfnisse, die deines Kindes und die der anderen Familienmitglieder werden hier also gleichermaßen beachtet. Es steht nicht nur das Kind im Mittelpunkt. **Es geht um ein Miteinander und gegenseitige Wertschätzung sowie Rücksichtnahme von allen Beteiligten für alle Beteiligten.** Ein Baby wird sich das im Laufe der Zeit erst aneignen müssen, mit dir als verlässlichem Kompass.

Es geht darum, dein Kind unvoreingenommen zu sehen und nicht mit eigenen Kriterien zu bewerten, die so vielleicht gar nicht sinnvoll sind. Du nimmst dein Kind so an, wie es ist, und versuchst hierbei deine Vorstellungen hinten anzustellen um dadurch die Entwicklung seiner eigenen Persönlichkeit zu begleiten. Dabei ist der Blick positiv aufs Kind gerichtet.

Auf diesem Weg kann es dir helfen, einige Glaubenssätze, also Überzeugungen, die du im Laufe deines Lebens aufgebaut hast, aktiv zu überschreiben.

Statt „Das Kind macht das mit Absicht, um mich zu ärgern“ denke lieber *„Mein Kind möchte mir nichts Böses, ich möchte verstehen, warum es so reagiert“.*

Statt „Mein Kind macht jeden Abend Theater, wenn es ins Bett soll, es will mich nur testen. Ich mache jetzt kurzen Prozess und stecke es einfach ins Bett“ denke lieber *„Ich finde heraus, warum mein Kind so Probleme mit dem Schlafengehen hat und gemeinsam finden wir einen Weg, wie es besser werden kann“.*

Statt „Mein Kind provoziert mich“ denke lieber *„Mein Kind braucht mich“.*

„Das Kind handelt für sich, nicht gegen mich“ ist dabei ein sehr wichtiger Schlüsselsatz.

Fallen dir noch ähnliche Sätze ein, die du positiv umwandeln kannst?

Darauf kommt es an

Damit du dir ein umfassendes Bild dieser Art der Erziehung machen kannst, haben wir einige Schlagworte für dich aufgelistet, die in Summe Beziehungs- und Bindungsorientierung in allen Facetten gut beschreiben.

- **Vertrauen** – Du vertraust deinem Kind, du glaubst an es und lebst das als grundlegende Haltung vor. Dein Kind kann darauf vertrauen, dass du es siehst, an es glaubst, ihm jederzeit Rückhalt bietest und es ernst nimmst.

- **Wertschätzung** – Du achtest und respektierst dein Kind und gehst achtsam mit ihm um. Dazu gehört zum Beispiel, dich bei deinem Kind zu bedanken oder zu entschuldigen.
- **Gewaltfreiheit** – Weder geistig noch körperlich wendest du Gewalt gegenüber deinem Kind an. Gerade Worte können sehr verletzend sein. Dazu gehören auch Drohungen wie „Wenn du das tust oder nicht tust, dann passiert xy!“, emotionale Erpressung wie „Mama ist jetzt sehr enttäuscht/traurig“ sowie Bloßstellen, Erniedrigungen und Auslachen: „Du bist doch kein Baby mehr!“, „Dein Freund kann dies oder das schon viel besser!“, „Stell dich nicht so an!“.
- **Motivation** – Du motivierst dein Kind, seine eigenen Fähigkeiten kennenzulernen, daran zu glauben und sich auszuprobieren. *„Sieh mal, das hast du ganz allein geschafft.“*
- **Empathie** – Euer Familienleben ist geprägt von emotionaler Unterstützung, Hilfsbereitschaft und Füreinander-da-Sein. Dein Kind muss erst verstehen, dass alle Bedürfnisse haben. *„Ich schäle kurz die Banane für deine Schwester und dann können wir spielen.“*
- **Klare Kommunikation** – Du kommunizierst klar und problemlösend. Dabei erfährt dein Kind, was Grenzen sind, und kann sich auf dich verlassen. Dabei gibst du ihm Struktur und es kann sich daran orientieren. *„Wir waschen uns alle vor dem Essen die Hände.“*
- **Ehrlichkeit** – Ihr geht ehrlich und authentisch miteinander um. Dein Kind erfährt dadurch, dass man über alles sprechen kann und gemeinsam eine Lösung findet. *„Ich bin heute viel zu müde für ein weiteres Brettspiel – magst du noch ein wenig für dich allein puzzeln und ich schaue dir zu?”*
- **Respekt** – Ihr respektiert euch gegenseitig und hört alle Meinungen an. Ein Nein von deinem Kind hat die gleiche Bedeutung, wie dein Nein. *„Du möchtest die Nudeln ohne Soße essen, das ist okay.“*
- **Bedürfnisse erkennen und kommunizieren** – Gemeint sind alle Bedürfnisse eines Systems, nicht nur die des Kindes. *„Papa hat gerade Kopfschmerzen und muss ein bisschen schlafen, so lange können wir aber auf den Spielplatz gehen.“*

- **Erfahrungskultur** – Erfahrungen dürfen und müssen gemacht werden, um daraus zu lernen. Du gibst deinem Kind den Freiraum und das Vertrauen, diese zu sammeln.
- Daraus resultiert auch eine **positive Fehlerkultur** – Fehler dürfen passieren und werden gemeinsam ohne (Ab-)Wertung analysiert und lösungsorientiert angegangen. *„Das ist nicht schlimm, lass uns doch überlegen, ob wir eine andere Lösung finden!"*
- **Erwartungen kennen und damit umgehen können** – Gemeint sind hier die Erwartungen, die du an dein Kind hast. Oft sind das deine Themen, die du anschauen musst, nicht die deines Kindes.
- **Reflexionsfähigkeit** – Ihr arbeitet an der Fähigkeit, im Alltag innezuhalten, zu reflektieren und sich auch entschuldigen zu können. Das betrifft dich und dein Kind.
- **In den Dialog treten** – Du möchtest, dass dein Kind versteht, warum etwas jemand verärgert hat oder nicht gut gelaufen ist, und mit ihm zusammen erarbeiten, wie es in Zukunft anders laufen kann, anstatt zu strafen (➔ „Liebevoll Grenzen setzen – Straffrei begleiten").
- **Liebevolle Begleitung** – Du ziehst nicht an deinem Kind, sondern begleitest es liebevoll auf seinem Weg zum Großwerden.
- **Bedingungslose Liebe** – Du knüpfst deine Zuneigung nicht an ein bestimmtes Verhalten deines Kindes. Auch wenn dir das in manchen Situationen schwerfällt, bist du bedingungslos für dein Kind da, nimmst es zum Beispiel bei einem Wutanfall in den Arm, wenn es das möchte. *„Ich verstehe, dass dich das gerade wütend macht."*
- **Klare Rollenverteilung** zwischen dir und deinem Kind – Dein Kind braucht dich als Fels in der Brandung, als starke Führungspersönlichkeit, auf die es sich jederzeit verlassen kann. Du trägst die Verantwortung und kommunizierst das klar. So kann es sich gut beschützt und sicher verstanden entwickeln.

HÄUFIGE FEHLSCHLÜSSE BEZÜGLICH BINDUGNSORIENTIERUNG

Oftmals wird beziehungs- und bindungsorientierte Erziehung als grenzenlos verstanden. Aber auch in ihr werden Grenzen gesetzt und Regeln befolgt. Sie werden nur anders kommentiert und das Kind wird anders dabei begleitet. (➔ „Liebevoll Grenzen setzen – Straffrei begleiten")

Ein anderer weit verbreiteter Irrtum ist, dass es bei dieser Art der Begleitung von Kindern nur um deren Bedürfnisse geht. Nein! Die Bedürfnisse aller Familienmitglieder sind wichtig. Nur wenn es dir gut geht, kannst du dich auch um andere kümmern. Also sorge für dich so, wie du für andere sorgst. So gut es geht. Das heißt auch: Nimm Hilfe an, wenn sie dir angeboten wird, oder frage danach.

Die Rolle der Bedürfnisse

Es ist wichtig, dass alle ihre Bedürfnisse kennen und auch kommunizieren. Dein Kind kann das meist noch nicht mit Worten. Du musst deshalb genau hinsehen. Das ist nicht immer einfach und manchmal verstehst du dein Kind auch falsch. Es ist also wichtig, dass du nah bei ihm bist. Signalisiere, wenn du gerade nicht genau weißt, was es in diesem Moment braucht. Gemeinsam werdet ihr es nach und nach herausfinden und eure gemeinsame Sprache finden. Das dauert manchmal. Also bitte nicht verzweifeln, wenn nicht immer gleich offensichtlich ist, was dein Kind gerade braucht! Manchmal weiß es das selbst noch nicht. Der dänische Familientherapeut Jesper Juul sagte einmal, dass man von seinen Kindern nicht erwarten darf, dass sie einen ernst nehmen, wenn man seine Kinder (mit alle ihren Facetten und Bedürfnissen) selbst nicht ernst nimmt.

Denn: **Hinter jedem Verhalten deines Kindes steckt ein Bedürfnis.** Betrachtest du es aus dieser Perspektive, verstehst du es oft viel besser. Ist es nörgelig, weil es beispielsweise Hunger hat oder müde ist, so kannst du dieses Verhalten viel besser nachvollziehen und auf dein Kind ganz anders regieren. Verständnisvoller, gelassener, achtsamer. Gerade einem Verhalten, das wir als anstrengend und herausfordernd bezeichnen, liegt oft ein tiefes Bedürfnis, wenn nicht sogar eine Not, zugrunde. Dieses Wissen kann dir in der Konfliktsituation bereits helfen. **Tritt deinem Kind zugewandt, verständnisvoll und wertschätzend entgegen.** Nicht strafend, ignorierend oder ablehnend. Dein Kind „trotzt" nicht, es will dich nicht bewusst ärgern oder verletzen. Sein Verhalten ist oft Ausdruck eines nicht erfüllten Bedürfnisses oder einer Emotion, die es nicht von allein regulieren, sprich verstehen und steuern kann. Das kann auch das Bedürfnis nach Nähe sein und danach, gesehen zu werden. Dein Kind braucht dann deine Unterstützung und deine liebevolle Begleitung.

Kinder, die ernst genommen werden, ...

- entwickeln sich in der Regel zu einfühlsamen, starken, liebevollen und aufmerksamen Menschen.
- haben gelernt und erfahren, dass sie und ihre Bedürfnisse wichtig sind und diese einen Stellenwert haben.
- sind ein gleichberechtigter Teil der Familie, ohne Abwertung ihrer Bedürfnisse aufgrund ihres Alters.
- können auf sich und andere vertrauen.
- lernen, auch andere ernst zu nehmen und auf deren Bedürfnisse Rücksicht zu nehmen bzw. diese überhaupt wahrzunehmen.

Diese Art der Begleitung ist nicht immer einfach. Dazu gehört viel Zeit, Interesse, Achtsamkeit und Geduld. Es kann sehr anstrengend sein, stets in den Austausch und Dialog mit deinem Kind zu gehen, zu hinterfragen, warum es sich so oder anders verhalten hat, und immer einfühlsam zu reagieren. Es ist unglaublich anstrengend, sich regelmäßig selbst zu hinterfragen und zu reflektieren. Dies ist aber wichtig, um dein eigenes Verhalten deinem Kind gegenüber zu verstehen und bei dir zu bleiben. Es gibt mit Sicherheit Wege, die einfacher wären, keine Frage. Eine machtgeprägte Erziehung – also eine autoritäre – in der das Kind zu gehorchen hat und keine Widerworte und somit kein Austausch erwünscht sind, führt schneller zur gewünschten Ruhe. Nur – möchtest du das? Ein Kind, das nur aus lauter Angst vor dir oder deinen Bestrafungen gehorcht?

Du hast einen anderen Weg für dich und dein Kind ausgewählt oder bist bereit, dich darauf einzulassen.

Fehler sind menschlich

Wenn du dich für einen beziehungs- und bindungsorientierten Weg mit deinem Kind entschieden hast, heißt das aber nicht, dass du dich dafür aufopfern musst. **Du darfst wütend sein. Traurig, frustriert, verärgert.** Du darfst Tage haben, an denen du nicht so reagierst, wie du es dir wünschst oder es dir vorstellst. Das alles darf und wird auch passieren. Jedem und jeder von uns. Das ist menschlich, das ist authentisch, das ist legitim.

Wichtig ist der Umgang damit. Kannst du erkennen, warum du gerade wütend bist oder so reagiert hast, wie du es eigentlich nicht wolltest? Bist du wütend auf die Situation oder tatsächlich auf dein Kind? Kann es sein, dass es deine eigene Erwartungshaltung ist, die dein Kind gar nicht oder nur sehr schwer erfüllen kann? Das kann dir an einem Tag sehr gut gelingen, an einem anderen Tag nicht so.

Wichtig ist, dass du es überhaupt bemerkst und, wenn du noch Kapazität dafür hast, hinterfragst und reflektierst. Dich bei deinem Kind entschuldigst. Und am nächsten Tag weitermachst. Egal, wie tief deine beziehungs- und bedürfnisorientierte Haltung also in dir verankert ist: Es wird Tage geben, an denen es dir nicht gelingt, dein Kind so zu begleiten, wie du es gerne hättest. Es geht nie darum, perfekt zu sein. Das ist niemand. Es geht um die Grundhaltung. Um die Reflexion, das Verstehen von Verhaltensweisen, egal ob bei deinem Kind oder bei dir selbst. Entschuldige dich, wenn du anders gehandelt hast, als du wolltest: *„Mama hatte heute einen schlechten Tag. Ich war unfair zu dir und es tut mir leid, dass ich heute früh so laut war.“* Vermutlich würdest du dich bei deinem Partner oder deiner Partnerin entschuldigen. Warum also nicht auch bei deinem Kind? Das ist eine Form von Wertschätzung. Auch Eltern (und auch Pädagog*innen) sind fehlbar, haben schlechte Tage und schlechte Launen und reagieren nicht immer bilderbuchmäßig.

Kinder brauchen keine heile Welt, sie brauchen eine authentische. Wie sollen sie lernen, mit den unterschiedlichen Emotionen umzugehen und diese überhaupt zuzulassen, wenn sie von uns nicht lernen, welche Emotionen es überhaupt gibt und wie sie diese äußern können? Wenn wir ihnen vorspielen, wir wären immer perfekt, welch hohe und schier unerreichbare Messlatte legen wir da für unsere Kinder? Auch dein Kind braucht dich als Vorbild.

Stell dir deshalb folgende Fragen.
Notiere dir deine Antworten gegebenenfalls:

- Darf mein Kind so sein, wie es ist, mit all seinen Besonderheiten?
- Darf mein Kind seine eigene Persönlichkeit entwickeln?
- Liebe ich mein Kind, auch wenn mit einige Facetten von ihm nicht gefallen?
- Oder muss mein Kind so sein, wie ich das möchte, meine Vorstellungen entsprechend?

Familie im Glück!
Barbara Weber-Eisenmann & Lisa Wurzbach
Liebevoll DURCH DIE TROTZ-PHASE
Wie du dein Kind beim Entdecken des eigenen Ichs unterstützt und auf Augenhöhe begleitest
humboldt
humboldt
...bringt es auf den Punkt.

Inke Hummel

Mein wunderbares wildes Kind

- Unterstützung und Tipps aus der bindungsorientierten Beziehung – fürs Baby-, Kleinkind-, Vor- und Grundschulalter; bis zum Start in die Pubertät

192 Seiten
ISBN 978-3-8426-1656-1
€ 18,00 [D] · € 18,50 [A]

Inke Hummel

Mein wunderbares schüchternes Kind

- Erprobte Tipps aus der bindungsorientierten Erziehung – für alle typischen Alltagssituationen
- Mit einem Interview der SPIEGEL-Bestseller-Autorin Dr. A. E. Ballmann

184 Seiten
ISBN 978-3-8426-1647-9
€ 19,99 [D] · € 20,60 [A]

Caroline Bechmann, Dominique Reimer

Ich kann schon schlafen!

- Der bindungsorientierte Ratgeber zur Schlafbegleitung von Babys und Kleinkindern
- Praktische Tipps für den Familienalltag: von einer guten Schlafumgebung über liebevolle Rituale bis hin zum Umgang mit negativen Erwartungshaltungen

232 Seiten
ISBN 978-3-8426-1684-4
€ 18,00 [D] · € 18,50 [A]

Inke Hummel

Miteinander durch die Babyzeit

- Der neue Ratgeber der SPIEGEL-Bestseller-Autorin
- Alltagsnaher Wegweiser für Eltern von Babys – für einen sicheren und bindungsstarken Start

208 Seiten
ISBN 978-3-8426-1669-1
€ 20,00 [D] · € 20,60 [A]

Inke Hummel

Nicht zu streng, nicht zu eng

- Das richtige Maß zwischen Überbehüten und Strenge finden und die Eltern-Kind-Bindung stärken
- Tipps aus der bindungsorientierten Beziehung für Eltern von Babys, Kleinkindern, Vor- und Grundschulkindern

200 Seiten
ISBN 978-3-8426-1662-2
€ 18,00 [D] · € 18,50 [A]

Inke Hummel

Miteinander durch die Pubertät

- So gelingt bindungs- und beziehungsorientierte Erziehung in der Pubertät
- Erprobte und entspannte Tipps von der Familienbegleiterin, Erziehungsberaterin, Pädagogin und Bloggerin Inke Hummel

176 Seiten
ISBN 978-3-8426-1622-6
€ 19,99 [D] · € 20,60 [A]

NICOLE WEISS
Familie Ordentlich
Die 30-Tage-Challenge
humboldt

Nicole Weiß
FAMILIE
MINIMALISTISCH
Raum für Raum ausmisten – dauerhaft von Ballast befreien
So funktioniert Minimalismus im Familienalltag
humboldt

Du musst nicht immer alles gut finden, darum geht es nicht. Aber wenn du es schaffst, deinem Kind zu vermitteln, dass es geliebt wird, egal was es tut, dann schaffst du eine unglaubliche Vertrauensbasis zu ihm. Darauf aufbauend kannst du dann genauer hinsehen, was vielleicht gerade nicht gut läuft, was eine Veränderung im Sinne aller bewirken kann und wie Lösungen gefunden werden können. Die Liebe bleibt davon jedoch unberührt.

Dein Kind braucht dich als Kompass, als verlässlichen Fels in der Brandung. Als jemanden, der es führt, begleitet und für es da ist. Das alles soll auf Augenhöhe geschehen. Du verabschiedest dich sowohl von Machtgefällen wie auch von der Haltung, dass Kinder sich unterzuordnen haben und wir als Eltern und Erwachsene Entscheidungen für sie treffen, ohne sie miteinzubeziehen. In der Regel ist das gut möglich (Ausnahme: wenn z. B. Gefahr in Verzug ist). Du musst dich nur darauf einlassen und deinem Kind vertrauen.

Vertraue deinem Kind

Traust du deinem Kind etwas zu, glaubst an dein Kind und schenkst ihm Vertrauen, dann wächst automatisch sein eigenes Selbstvertrauen. Die Basis und das Grundgerüst bildet das Urvertrauen. Ist es einmal aufgebaut, so ist dein Kind schon mal sehr gut ausgerüstet. Gibst du deinem Kind von Anfang an das Gefühl, geliebt und ernst genommen zu werden, so wächst sein Vertrauen, auch dann sicher und geschützt zu sein, wenn etwas schiefgelaufen ist oder es sich gerade nicht so verhält, wie Mama oder Papa es sich vielleicht wünschen.

Stell dir in diesem Zusammenhang folgende Fragen (vielleicht sogar schriftlich):

- Vertraue ich meinem Kind, dass es die (altersentsprechenden) richtigen Entscheidungen für sich trifft?

- Vertraue ich meinem Kind, dass es sich in seinem eigenen Tempo entwickelt und weiß, was gut für es ist?
- Traue ich meinem Kind etwas zu und lasse es die Welt entdecken? Zum Beispiel Wasser aus der Kanne ins Glas zu gießen, auf das hohe Klettergerüst zu klettern oder beim Abendbrot ein Messer zu benutzen?

Natürlich ist uns klar, dass manche Situationen (noch) nichts mit Vertrauen zu tun haben. Würdest du manche Entscheidung deinem Kind übertragen, wäre es schlichtweg überfordert damit: Einen Zweijährigen wirst du beim Thema Zähne putzen noch kontrollieren müssen, einem Sechsjährigen schon eher vertrauen können. Ein Siebenjähriger wird sicher auf ein hohes Klettergerüst steigen, das eineinhalbjährige Geschwisterkind sollte dies vielleicht noch nicht allein ausprobieren. Und doch kannst du das Vertrauen bereits im sehr jungen Kleinkindalter in vielen kleinen Bereichen festigen. Dies kann schon im Babyalter beginnen. Traue ich meinem Kind zu, genug zu essen und seinem Hungergefühl zu vertrauen oder kontrolliere ich jedes Gramm Brei und bin sofort beunruhigt, wenn das Kind an einem Tag weniger isst? Vertraue ich meinem Kind, dass es dann den nächsten Entwicklungsschritt macht, wenn es dafür bereit ist?

Wenn das Vertrauen erschüttert ist

Vielleicht ist das aktuelle Vertrauen in dein Kind gerade auch erschüttert. Es hat dich mehrfach angelogen, vielleicht sogar hintergangen. Du weißt nicht mehr, wie weit du deinem Kind tatsächlich vertrauen kannst. Im Kapitel ➔ „Flunkern und Lügen“ gehen wir näher auf dieses Thema ein. An dieser Stelle möchten wir dir aber gerne mitgeben, dass Lügen immer einen Hintergrund hat, der angeschaut werden sollte.

Steckst du in einer solche Situation, reflektiere diese (gerne auch schriftlich):

- Wusste mein Kind in dieser Situation keinen anderen Lösungsweg?
- Möchte es jemanden schützen? Ist ihm nicht bewusst, dass es gerade flunkert?
- Braucht es gerade die Aufmerksamkeit von Mama oder Papa und denkt, sie so zu bekommen?
- Erzählt mein Kind eine Geschichte, um sich vor etwas zu schützen?
- Und: Was löst es in mir aus, wenn mich mein Kind anlügt? Wie reagiere ich? Was verbinde ich damit und was triggert mich?

Lass dein Kind entscheiden

Um den Druck von dir zu nehmen und für etwas Entspannung zu sorgen, haben wir einen allgemeinen Tipp**: Bau hin und wieder Tage ein, an denen dein Kind bestimmen darf und Verantwortung übernimmt.** So lernst du auch dein Kind besser kennen. Oft wirst du überrascht – und somit wird auch dein Vertrauen in dein Kind und dessen Verantwortungsbewusstsein gestärkt.

- Klär vorher ab, in welchen Bereichen das sein darf und was klar nach wie vor in deiner oder eurer Verantwortung bleibt (Ein dreijähriges Kind kann natürlich nicht mit Bahn und Bus allein zu Oma und Opa fahren) oder vorher abgesprochen werden muss (z. B. Haareschneiden). Bereiche, die dafür infrage kommen, könnten zum Beispiel die Tagesplanung, das Essen und das Schlafengehen sein.
- Wie könnte das konkret aussehen? Dein Kind bestimmt an einem Samstag, wann es aufstehen möchte, was es machen möchte, was es zum Essen gibt und wie lange es aufbleiben darf.
- Du musst natürlich bereit sein, alle Entscheidungen deines Kindes aushalten zu können. Möchte sich dein Kind an diesem Tag ausschließlich von Pommes, Chips, Schokolade und Popcorn ernähren, dann ist das so und muss diskussionslos möglich sein. Von

einem Tag fallen weder die Zähne aus noch verschwinden alle vorhandenen Vitamine im Körper. Dein Kind darf so lange vor dem Fernseher sitzen, wie es möchte (Bedingung: altersgerechte Filme oder Serien) und es gibt keine Beschränkung der Medienzeit.

- Besprecht das vorher und haltet vielleicht sogar die einzelnen Bereiche und besprochenen No-Gos auf einem Plakat fest. Dann sollten keine allzu üblen Überraschungen passieren.

Es wird für alle Beteiligten ein spannender Tag werden – für dich, weil du viel aushalten musst, sowie für dein Kind, weil es viele Dinge selbst entscheiden darf. Natürlich wird so ein Tag bei einem älteren Kind anders aussehen als bei einem sehr kleinen. Die Möglichkeiten wachsen mit dem Alter. Manche nutzen diese Optionen gar nicht so aus, wie du dir das in deinen schlimmsten Alpträumen ausmalst. Und wenn all das nicht passiert und dein Kind komplett über die Stränge schlägt – dann ist das auch okay. Es ist sein Tag und du als Elternteil machst etwas ganz Wesentliches: Du vertraust deinem Kind.

Wunsch vs. Bedürfnis

Wunsch und Bedürfnis sind zwei unterschiedliche Dinge und es ist wichtig, sie auch so zu behandeln.

- Das ist wichtig für dich als Elternteil, um klar abgrenzen zu können, was gerade Wunsch oder Bedürfnis ist, um dich selbst nicht aufzureiben.
- Dies ist wiederum wichtig für dein Kind, um ebenfalls den Unterschied kennenzulernen, auch wenn es ihn natürlich anders wahrnimmt.

Bei der Erfüllung eines **Bedürfnisses** braucht dich dein Kind. Ein Bedürfnis muss immer ernst genommen werden und sollte zeitnah erfüllt werden. Wir als Erwachsene haben gelernt, Bedürfnisse situativ hinten anzustellen. Säuglinge können das nicht und sind entwicklungsbedingt auf die prompte Befriedigung angewiesen. Kinder müssen mit der Zeit erst lernen, dass es auch Erwachsenen nicht immer möglich ist, sofort und angemessen auf Bedürfnisse zu reagieren.

Die Gründe dafür können vielfältig sein: keine Zeit, keine Lust (auch das ist legitim), keine Kraft (weil krank oder müde). Dein Kind wird damit umgehen können, wenn es weiß, dass es nicht der Normalfall ist. Wenn dein Kind also verinnerlicht hat, dass es grundsätzlich immer seine Bedürfnisse äußern darf und gesehen wird, so ist das auch kein Problem. Dein Kind kennt dich und weiß, dass solche Situationen nicht der Normalfall sind und du dich ihm wieder mehr zuwendest, wenn es dir besser möglich ist. Das kannst du deinem Kind durchaus zumuten.

Wichtig ist dabei, dass du mit deinem Kind in Kontakt bist *(„Du kannst gleich essen. Ich brauche noch zehn Minuten, dann ist das Essen fertig“)* und verlässlich handelst. Wenn du deinem Kind also versprichst, nach dem wichtigen Telefonat ein Sandwich zu machen, dann tu es bitte auch. Es verlässt sich auf dich. Je öfter es die Erfahrung gemacht hat, dass ein Bedürfnis zwar aufgeschoben und aber wie versprochen erfüllt wurde, desto leichter kann es damit umgehen.

Natürlich darf man auch **Wünsche** schnell erfüllen. Ein Wunsch ist aber nichts Lebensnotwendiges – ein Bedürfnis schon, z. B. Hunger. Das Bedürfnis nach Essen ist elementar. Ohne Essen würden unsere Kinder verhungern (wenn auch nicht auf der Stelle). Bei einem Säugling jedoch kann zu langes Warten Urängste auslösen. Die Erfüllung des Bedürfnisses nach Nahrungsaufnahme ist also unsere elterliche Pflicht und Aufgabe. Das Verlangen nach Pizza oder drei verschiedenen Gerichten bei drei Kindern jedoch ist kein Bedürfnis, sondern ein Wunsch.

Den kannst du erfüllen, wenn es für dich gerade geht und du das möchtest. Möchtest du das nicht oder kannst es im Moment nicht leisten, so steht dein Bedürfnis über dem Wunsch deines Kindes, um dich selbst zu schützen. Klingt hart?

Ein Beispiel: Dein Kind wünscht sich für heute Abend einen Schokoladenkuchen. Du hast aber weder den Nerv noch die Lust noch die Zeit, heute noch einen Kuchen zu backen. Du bist froh, wenn der Tag vorbei ist, denn er war sehr anstrengend. Hier steht dein Bedürfnis (und dein Wohlbefinden, weil du dringend Erholung brauchst) über dem Wunsch deines Kindes. Es ist schön, wenn du deinen Kindern jeden Wunsch von den Lippen abliest. Es ist aber wichtig, dass du auf dich selbst achtest. Wer liest denn deine Wünsche von den Lippen ab? Gut erklärt und gut begleitet ist dies auch ein wichtiger Lernprozess für dein Kind. *„Ich verstehe, dass du dich freuen würdest, wenn wir heute noch einen Schokoladenkuchen backen würden. Ich habe heute aber keine Zeit dafür. Das tut mir leid. Lass uns gemeinsam überlegen, ob wir stattdessen etwas Leckeres/Schönes für dich finden, was nicht so aufwendig für mich ist."* **Oder** du belässt es bei einem einfachen: *„Heute geht es leider nicht."*

BEDÜRFNISSE, DIE SICH ALS WÜNSCHE ÄUSSERN

Schau immer genau hin, ob ein Wunsch nicht aufgrund eines nicht erfüllten Bedürfnisses geweckt wurde. Der Wunsch nach einem neuen Kleidungsstück kann zum Beispiel aus dem Bedürfnis nach Anerkennung gewachsen sein. Der Wunsch, du möchtest noch eine Geschichte erzählen, aus dem Bedürfnis nach gemeinsamer Zeit. Dann ist es schon wichtig, dass du dieses Bedürfnis erfüllst, wenn vielleicht auch auf andere Weise, als sich dein Kind das wünscht. Statt ihm das Elsa-Kostüm zu kaufen, könnt ihr zum Beispiel einen Nachmittag zusammen ein Elsa-Fest feiern.

Natürlich ist dein Kind nicht dein Psychotherapeut oder deine Psychotherapeutin. Es darf aber durchaus verstehen, wenn etwas mal nicht sofort oder gar nicht geht. Wir Eltern möchten, dass es unseren Kindern gut geht und am liebsten würden wir ihnen auch jeden Wunsch von den Lippen ablesen. Das darf aber nicht in der Selbstaufgabe enden und deinen Bedürfnissen (nach Schlaf und Erholung zum Beispiel) entgegenstehen. Wir sprechen hier also nicht von Ausnahmen, sondern von einer Regelmäßigkeit, wenn sie für dich ungesund ist. Kindern tut man auch keinen Gefallen, wenn sie den Unterschied zwischen Wunsch und Bedürfnis nicht mehr auseinanderhalten können. Es gehört zum Lernprozess, dass nicht alle Wünsche erfüllt werden können. Manche werden gar nicht erfüllt, andere nicht sofort und für wieder andere muss man auch etwas tun, zum Beispiel im Haushalt helfen.

Nimm dir Stift und Zettel zur Hand und lass die letzten zwei Tage Revue passieren.

- Wann hast du die Bedürfnisse deines Kindes erfüllt und wann seine Wünsche? Erkennst du die Unterschiede?
- Gab es Situationen, in denen du dich schier zerteilt hast, um es allen recht zu machen?
- Wie könnte es in Zukunft anders laufen und wie könntest du das deinem Kind altersgerecht erklären und es so mit ins Boot holen?

DEIN KIND ENTDECKT SEIN EIGENES ICH

Wenn aus kleinen süßen Babys Kleinkinder werden, beginnt eine neue spannende Zeit. Die gefürchtete Autonomiephase beginnt. Vor deinem inneren Auge spielen sich bei diesem Wort vermutlich nervenaufreibende Szenen ab. Das brüllende Kind im Supermarkt, die schier endlosen Diskussionen am Frühstückstisch oder der blöde Schuh, der einfach nicht an den Fuß möchte, obwohl ihr es doch so eilig zur Kita und zum Job habt. Es ist oft schwer und anstrengend. Und zwar für alle Beteiligten, also für dich und für dein Kind.

Jedes Alter und somit auch jede Phase deines Kindes umfasst ganz besondere und individuelle Herausforderungen. Im ersten Babyjahr ist vor allem alles neu und noch nie dagewesen. Auch wenn es nicht dein erstes Kind ist, so sind es doch alles erste Male mit *diesem* Kind. Das Baby ist absolut hilflos und komplett auf dich angewiesen. Es kommuniziert und interagiert zwar von Anfang an mit dir und kann durchaus seine eigenen Bedürfnisse äußern, aber es tritt nicht so offensiv mit dir in den Austausch wie ein Kind in der Autonomiephase Die Autonomiephase ist also die erste Phase in eurer Beziehung, in der es um Dialog, Auseinandersetzung und das Zusammenprallen (im besten Fall Zusammenspiel) von oft unterschiedlichen Vorstellungen, Erwartungen, Bedürfnissen und Ausdrucksmöglichkeiten geht. Diese

Konfrontation ist für beide Seiten neu. Neu und anstrengend. Wir lieben unsere Kinder, keine Frage. Dennoch gibt es Momente, da spielen sie extrem mit unseren Nerven. Das ist herausfordernd. Unsere Kinder scheinen wie ausgewechselt und aus den kleinen süßen Babys, die einfach nur dalagen und selig vor sich hin lächelten, wurden quasi über Nacht kleine Wutzwerge. Wutzwerge?

AUTONOMIE STATT TROTZ

Lass es uns anders formulieren: Dein Kind wurde zu einem kleinen Ich-Entdecker oder einer kleinen Ich-Entdeckerin. Wie spannend ist doch jetzt zu beobachten, wie dein Baby plötzlich zum Kleinkind und somit immer selbstständiger wird. „Schaut mal, Mama und Papa, ich bin schon soooo groß!" Wie stolz es ist, schon so viele Dinge selbst zu können und immer mehr sein eigenes Ich zu entdecken. Das ist anstrengend. Ja. Aber auch sehr bereichernd und vor allem: so wichtig für dein Kind. **Deshalb möchten wir auch nicht mehr von der Trotzphase sprechen, sondern von der Autonomiephase oder der Ich-Phase, denn genau darum geht es.**

„Trotz" klingt nach Ungehorsam, bewusstem Verhalten, nach viel negativer Wut und Provokation. Trotz ist von jeher negativ besetzt. Wenn wir als Erwachsene, ganz egal ob als Eltern oder auch als Pädagog*innen, aber verstehen, was tatsächlich in einem Kind in dieser Phase passiert, dann lässt sich damit viel leichter und verständnisvoller umgehen. Nennen wir die Trotzphase nun Autonomiephase, ändern wir damit unseren Blickwinkel und begleiten unsere Kinder viel zugewandter durch diese Phase.

Rund um den 18. Lebensmonat herum entdecken Kinder ihr **Ich**. Als Neugeborene verstehen sie sich noch als eins mit der Mutter. Es dauert also eine ganze Weile, bis sie erkennen, dass sie und die Mama zwei eigenständige Personen sind. Das ist am Anfang nur eine sehr vage Vorstellung, die sich dann zu einer bewussten Erkenntnis entwickelt. Und ab da möchten sie sich auch bewusst von den Erwachsenen abgrenzen. Sie erfahren sich selbst mit allen Sinnen und lernen sich ganz neu kennen.

Viele dieser Verhaltensweisen lassen sich bereits bei Einjährigen erahnen. Sie stehen sozusagen in den Startlöchern zur Entdeckung des Ichs und möchten bereits jetzt schon viele Dinge selbst machen oder zumindest einen eigenen Willen kundtun. Sie werden schneller wütend und ungeduldiger.

So bekommst du einen kleinen Vorgeschmack, was auf dich in den nächsten Monaten zukommen wird. Das Kind im Übrigen auch. Denn das alles ist spannend, aufregend und unglaublich anstrengend! Dein Kind wird mobiler, unabhängiger, kann sich sprachlich immer besser ausdrücken und ist in der Lage, immer mehr Dinge selbstständig auszuprobieren.

Fast. So autonom es sein möchte, so sehr es sich ausprobieren will und natürlich seine Vorstellungen umsetzen möchte, so sehr stößt es immer wieder an seine natürlichen Grenzen. Dein Kind möchte die Schuhe unbedingt allein anziehen, aber es funktioniert noch nicht so recht. Es möchte all die Dinge tun, die wir Erwachsenen doch auch schon allein können. Der Schuh lässt sich nicht binden, die Jacke verhakt sich im Ärmel, die Matschhose ist viel zu unpraktisch, Mist!

Dein Kind kann in diesem Alter auch noch nicht komplex denken und beispielsweise verstehen, dass ein bestimmtes Spielzeug einem anderen Kind gehört und deshalb nicht mit nach Hause genommen werden darf. Oder dass die Süßigkeiten an der Supermarktkasse gekauft und bezahlt werden müssen und dass das nicht immer gewollt und möglich ist.

Oder dein Kind möchte sich und ein Bedürfnis oder einen Wunsch ausdrücken, du verstehst aber nicht, was es möchte, und reagierst völlig anders, als das Kind erwartet hat. Das frustriert ungemein und führt zu dem, was landläufig „Trotz“ genannt wird. Dein Kind wird wütend. Es ist trotz seines immer größer werdenden Wortschatzes noch nicht in der Lage, diese Frustration in Worte zu packen. Es ist regelrecht verzweifelt, weil es nicht verstanden wird – weder seine Worte noch sein großen Kummer.

„Davon geht doch die Welt nicht unter!“, wäre ein typischer unreflektierter Erwachsenenspruch in solch einer Situation. Für das Kind geht aber gerade die eigene kleine Welt unter. Und das ist schlimm. Das macht traurig und wütend und frustriert! Das Kind schafft es noch nicht, reflektiert mit dieser Frustration umzugehen, deswegen weint und tobt es. Irgendwie müssen diese Gefühle eben raus. Das alles macht auch Angst. Kinder können immer mehr und immer mehr wird ihnen auch zugetraut. Doch Mama und Papa immer weniger zu brauchen, kann auch sehr beängstigend sein. **Hinter einer Trotz- oder Wutreaktion steckt somit manchmal einfach nur Hilflosigkeit, Angst und Überforderung.** Für dein Kind ist in diesen Situationen dein Verhalten oft nicht verständlich. „Warum ist Mama oder Papa denn jetzt so wütend auf mich?“ Besser wäre hier also, Verständnis zu zeigen. *„Das macht dich jetzt ganz schön wütend! Mich würde es auch ärgern. Wollen wir es zusammen probieren?“*

FIONA, ANKE UND DIE FALSCHE HOSE

Fiona (2 Jahre) wollte die Hose doch so unbedingt selbst anziehen, aber es funktioniert nicht. Es sollte aber genau diese Hose sein, denn die hat sich Fiona am Vorabend bereits ausgesucht. Sie wird ungeduldig und wütend. Ihre Mama Anke nimmt ihr die Hose aus der Hand und möchte ihr helfen. Fiona wird immer wütender und stößt ihre Mutter weg. Anke legt ihr eine andere Hose hin und erlaubt ihr auch, diese selbst anzuziehen. Fiona wirft sie allerdings erbost in die Ecke und schreit: „Nein, andere Hose, andere Hose!" Anke verliert die Geduld und raunzt ihre Tochter an: „Ich zieh dir jetzt diese Hose an. Du hattest zweimal die Chance, ich hätte dir sogar geholfen. Die andere Hose ist auch viel hübscher. Aber du bist ja mit nichts zufrieden!"

Was ist gerade passiert? Fiona versteht die Welt nicht mehr. Warum ist Mama denn jetzt so böse? Sie wollte doch unbedingt selbst die Hose anziehen. Die Tatsache, dass Mama ihr helfen wollte, setzt sie in ihren Augen wieder auf die Stufe eines Babys zurück – und das ist sie mit ihren zwei Jahren doch schon lange nicht mehr! Sie kann das, und wenn sie es noch hundertmal probiert! Und die neue Hose möchte sie nicht anziehen, das hat sie ihrer Mutter doch ganz oft mitgeteilt! Warum versteht sie das denn nicht und ist jetzt so böse auf sie?

Es gibt Erwachsene mit einer sehr geringen Frustrationstoleranz. Diese Menschen werden ebenfalls sehr schnell wütend, wenn sie frustriert sind. Ein Kind hat aber noch nicht gelernt, mit Frustrationen, Misserfolgen und negativen Gefühlen reflektiert umzugehen. Wenn wir also bedenken, dass es auch Erwachsenen nicht immer gelingt, sachlich mit Frustration umzugehen, ist es fast schon absurd, dies von einem zweijährigen Kind zu erwarten. Denn: Um mit Frust und

Enttäuschung umgehen zu lernen, muss ein Kind diese Gefühle erst einmal bewusst erlebt haben. Auch ältere Kinder sind immer noch im Lernprozess.

Dein Kind braucht bei diesem Prozess also in erster Linie deine Hilfe, deine Unterstützung.

- Du musst es dabei begleiten, eine Strategie zu entwickeln und mit dieser auch umgehen zu können.
- Es braucht dich als festen Anker an seiner Seite, für all diese teilweise neuen und auch angstmachenden Gefühle.
- Allein kann es sich erst sehr viel später regulieren (ca. im Vorschulalter). Bis dahin ist es wichtig, dass es seine Empfindungen nicht allein aushalten muss und die Welt weiterhin sicher gebunden entdecken kann.

Zu den vielen Emotionen und neuen Situationen, die dein Kind in dieser Phase durchlebt, kommen auch viele weitere Dinge, die es erst lernen und einordnen muss.

Zum Beispiel das **Zeitgefühl:** „Wir gehen in fünf Minuten" bedeutet für ein Kind das gleiche wie „Wir gehen in sieben Millionen Jahren". Es hat noch keine Vorstellung von konkreter Zeit. Besser sind Zeitangaben, mit denen dein Kind etwas anfangen kann: *„Du kannst noch zwei Mal rutschen, dann gehen wir."*

Auch **Empathie und Einfühlungsvermögen** müssen erst erlernt werden. Gefühle benennen und sie entsprechenden Verhaltensweisen zuordnen zu können, ist ein wichtiger Lernprozess bei jedem Kind: „Mama weint, sie ist traurig. Papa lacht, er ist fröhlich." Von daher ist es auch immens wichtig, dass du eigene Emotionen zeigst. Macht dein Kind etwas, das du nicht möchtest (z. B. ständig Sachen vom Tisch werfen), du lachst aber dabei, so kommt beim Kind an: „Oh, Mama und Papa finden das lustig. Das ist toll. Ich mache das gleich noch mal, um den beiden etwas Gutes zu tun. Ich lache mit und alle sind glücklich.“ Schlägt das Lachen dann in Ärger um, kann das Kind diesen Sinneswandel nicht nachvollziehen. Gerade war es noch lustig, jetzt soll es plötzlich nicht richtig sein? Unglaublich verwirrend. Kinder lernen von uns und nehmen uns als Beispiel und Vorbild. Von daher ist es unsere Aufgabe, Emotionen zu benennen und Kinder mit einzubeziehen.

Hilfreich sind hier:

- Rollenspiele
- Bilderbücher
- achtsamer Umgang mit anderen Menschen
- sich in andere Personen hineinzuversetzen

Dein Kind muss außerdem noch lernen, dass es manchmal einen **Wissensvorsprung** hat (oder du): „Ich weiß etwas, was andere (z. B. Mama oder Papa) nicht wissen.“ Völliges Unverständnis herrscht bei deinem Kind also, wenn es zum Beispiel etwas aus der Kita weiß, du aber nicht, und es so zu Missverständnissen kommt. Dein Kind erzählt zum Beispiel ständig von einer Bea, die immer so lustige Sachen mit den Kindern macht. Du aber hast keine Ahnung, wer Bea ist, und reagierst entsprechend. Bea ist eine neue Praktikantin, von der du noch nichts wusstest. Dein Kind kann noch nicht verstehen, dass du solche Dinge nicht weißt, wo es doch selbst jeden Tag Bea mit eigenen Augen sieht. Dein Kind ist maximal überfordert mit dieser Situation und es kann zu einer typischen Trotzreaktion kommen.

Erst kurz vor dem Vorschulalter beginnt auch das Verständnis für die Bedürfnisse anderer Personen, die **Empathie**. „Warum hat Mama denn keine Lust, noch mal mit mir aufs Klettergerüst zu steigen? Es macht doch so viel Spaß!“ Dein Kind ist noch nicht in der Lage, zu analysieren, dass es anderen Menschen bei der gleichen Sache ganz anders gehen kann als ihm selbst. Verwirrend und ganz schön anstrengend! Trotz dieser fehlenden Kompetenzen sind einige Fähigkeiten, die wir als Empathie verstehen, angeboren und mehr oder weniger von Geburt an ausgeprägt. So reagieren Babys durchaus auf das Weinen anderer Babys ebenfalls mit Weinen, registrieren Gefühlsschwankungen bei der Mutter oder trösten andere Kinder, wenn sie traurig sind.

Deine wichtige Aufgabe ist es, dein Kind bei der Entdeckung und Einordnung der so komplexen Gefühlswelt zu begleiten und authentisch eigene Gefühle vor ihm zu leben. Am Ende hilft es nicht nur deinem Kind, sondern auch dir selbst, wenn dir bewusst ist, was dein Kind zu einem entsprechenden Zeitpunkt bereits kann – was ihm also entwicklungspsychologisch möglich ist – oder eben noch nicht. Das verändert deinen Blick auf das Verhalten deines Kindes und lässt dich manche Reaktionen besser verstehen.

URSACHEN VON TROTZ UND WUT

Dein Kind wird also *nicht* trotzig, weil es „ungezogen" ist. Es wird wütend, weil es den Ehrgeiz hatte, etwas zu erreichen, was am Ende nicht funktioniert hat. Es wird überwältigt von einer Situation, die neu und unbekannt ist, und kann sich noch nicht selbst regulieren. Es erlebt Gefühle, die es weder sofort einordnen noch bewältigen kann. Es ist überfordert mit der Situation, traurig, vielleicht hilflos und äußert all diese Gefühle, wie es das Alter zulässt: mit Weinen und nicht selten mit einem Wutanfall. Gut begleitet, wird es im besten Falle immer wieder probieren, bis es irgendwann funktioniert – autonom, ohne Hilfe. Das ist ein sehr großer Meilenstein in der Entwicklung deines Kindes und du solltest dies absolut positiv bewerten.

Und genau das ist nicht immer leicht. Hier einige Tipps:

- Versuche, die Situationen für dein Kind und auch für dich so einfach wie möglich zu halten.
- Sprich mit deinem Kind, nimm es ernst, nimm aber auch dich ernst.
- Bezieh dein Kind mit ein.
- Kommuniziere klar und formuliere deine und seine Bedürfnisse so, dass es diese verstehen und dann auch kooperieren kann.
- Versuche, die Beweggründe deines Kindes zu verstehen.
- Begleite es durch Frustration und Wut.
- Reflektiere, wie du selbst mit Frustration und Ärger umgehst – du bist das Vorbild für dein Kind.
- Gehe kleine Schritte *mit* deinem Kind, so wie es sich für euch beide gut anfühlt.

Wirst du schnell wütend? Fluchst du beim Autofahren? Wirfst auch schon mal etwas ungeduldig in die Ecke, wenn etwas nicht so funktioniert? Schreibe diese Dinge gerne auch mal auf. Du wirst erstaunt sein, welche Parallelen du bei deinem Kind entdeckst.

Achte ebenfalls auf deine Bedürfnisse. Wichtig in der Begleitung von Kindern ist immer, die eigene Grenze zu kennen und bei sich zu bleiben. Dein Kind braucht dich in dieser Zeit. Für dein Kind ist die Autonomiephase mindestens genauso anstrengend wie für dich. Es möchte die Welt allein entdecken und gleichzeitig von dir beschützt werden – klingt widersprüchlich, ist es auch.

Wie es beginnt – Die Anfänge der Autonomiephase

Die Autonomiephase beginnt etwa um den 18. Lebensmonat herum und die Hochphase liegt zwischen dem zweiten und dritten Geburtstag. Ausläufer davon können bis ins Grundschulalter zu spüren sein. Beobachten allerdings lassen sich die Anfänge bereits früher, ungefähr ab dem ersten Geburtstag. Durch diese spannende Zeit begleiten wir in den folgenden Kapiteln Tanja, ihren Mann Chris und deren Tochter Madita, die gerade gemeinsam in die Autonomiephase starten.

Essen

TANJA, MADITA UND DAS FRÜHSTÜCK

Tanja: „Bei meiner Tochter Madita konnte ich um ihren ersten Geburtstag herum beobachten, wie sie immer eigenständiger werden wollte. Sie konnte stehen, die ersten Schritte an der Hand gehen und nahm eine andere Perspektive ein. Sie war aufmerksam, was um sie herum passierte, und entdeckte, dass sie etwas hat, was ziemlich cool ist: einen eigenen Willen.

Allerdings konnte sie sich weder sprachlich noch motorisch so ausdrücken, dass wir immer gleich verstanden, was sie meinte. Und das führte nicht selten zu Missverständnissen und Weinanfällen .

Wir saßen am Frühstückstisch und unsere Tochter durfte alles mitessen. Ihr Tellerchen haben wir wie immer mit den Lebensmitteln bestückt, die sie bis zu diesem Zeitpunkt gerne gegessen hatte. Allerdings war sie sehr unzufrieden. Sie wollte etwas anderes. Sie zeigte immer wieder auf den Tisch, machte einen bestimmten Laut und wurde mit jedem falschen Nahrungsmittel, das wir ihr reichten, unzufriedener. Irgendwann hatten wir das Glück, den richtigen Käse zu erwischen. Sie erhielt das Gewünschte und war glücklich."

Was ist passiert? Von außen betrachtet könnte man nun meinen, Tanja hätte ein besonders quengeliges Kleinkind, das mit nichts zufrieden ist, sie ganz schön auf Trab hält und herumkommandiert.

Tatsächlich aber hat Madita ganz genau mitgeteilt, was sie möchte – das ist eine großartige Leistung für ein zwölf Monate altes Kind. Nur haben Tanja und ihr Mann Chris sie einfach nicht verstanden. Nachvollziehbar, dass Madita irgendwann ungeduldig und auch ungehalten wurde.

Stell dir mal vor, du bist zu einem Abendessen eingeladen. Der Tisch ist voll mit Nahrung und Getränken und du bittest den Gastgeber um etwas zu trinken – du denkst hier an ein Glas Wasser. Freudestrahlend stellt er dir ein Glas Tee hin. Du magst aber keinen Tee, deshalb fragst du erneut nach etwas zu trinken. Kein Problem, sagt der Gastgeber und du bekommst einen Kaffee serviert. Du hast aber sehr großen Durst und würdest sehr gerne etwas Durstlöschendes trinken. Endlich reagiert der Gastgeber und stellt dir ein Glas Bier hin. Als du wieder ablehnst und erneut nach etwas zum Trinken fragst, wird der Gastgeber ärgerlich. Er teilt dir mit, dass er dich sehr anstrengend findet und keine Lust mehr hat, dich ständig zu bedienen, wenn man es dir sowieso nie recht machen kann. „Du bekommst jetzt gar nichts mehr zu trinken", sagt er wütend. Wie würde es dir damit gehen? Völliges Unverständnis? Ärger über den Gastgeber? Vermutlich hättest du nun auch keine Lust mehr auf ein gemütliches Abendessen.

Natürlich ist dieses Beispiel ein bisschen konstruiert. Wir Erwachsenen können uns anders ausdrücken und uns sogar selbst helfen. Vielleicht hilft dir aber dieses kleine Beispiel, zu verstehen, was in deinem Kind gerade passiert. Oder überlege mal, wie es dir geht, wenn du in einem Land bist, dessen Sprache du nur in Grundzügen beherrschst. Wie hilflos du dich in solchen Situationen schon gefühlt hast. Kinder zeigen klar und deutlich, was sie möchten – nur wir verstehen es einfach nicht immer. Wir ignorieren in diesem Moment (unbewusst) das Bedürfnis oder den Wunsch des Kindes und reagieren so völlig anders, als das Kind es erwartet.

BABYZEICHENSPRACHE

Wenn du in einem fremden Land auf Englisch ausweichen kannst, hast du eine Lösung für dein Problem gefunden. Diese gemeinsame Sprache gibt es auch mit deinem Baby und Kleinkind. Es ist möglich, mit Babyzeichensprache (auch „Babygebärdensprache" genannt) bestimmte Bedürfnisse des Babys (Hunger, Müdigkeit etc.) auszudrücken. Dies funktioniert bereits mit sehr kleinen Säuglingen und erleichtert den Alltag sehr. Wenn du mehr dazu wissen möchtest, empfehlen wir das Buch: „Was dein Baby dir sagen möchte" von Vivian König.

Zurück zum Frühstückstisch. Manche kindlichen Begriffe für Speisen (Marmelade, Brot, Käse, ...) kannst du mit der Zeit verstehen, wenn ihr euch mit Gesten oder auch schon sprachlich austauscht, also Begriffe deines Kindes verwendet, die du schon erkennen kannst. Manchmal ist es auch ein Abenteuer, bei dem du immer wieder ausprobieren musst, was gemeint ist. Eine kleinere Auswahl am Tisch erleichtert es deinem Kind, gezielt zu zeigen, was es möchte. Irgendwann wird dein Kind diese Produkte benennen können – bis dahin wird es öfter zu Missverständnissen kommen. Die können wir dir nicht abnehmen. Wir möchten dich aber sensibilisieren, zu verstehen, was gerade in deinem Kind passiert: Es möchte dich nicht „ärgern" oder „provozieren" (dazu ist es noch gar nicht in der Lage); es will dir einfach nur zeigen, was es möchte. Selbstbestimmt wählen, auf was es Appetit hat. Wunderbar, oder? Guten Appetit.

Dein Kind wirft ständig das Essen auf den Boden?
Du sitzt gemeinsam mit deinem Kind am Esstisch und plötzlich beginnt es, Nahrung oder den Trinkbecher auf den Boden zu werfen. Am Anfang bückst du dich noch geduldig und holst die Sachen wieder für das Kind herauf, irgendwann aber wird es dir zu bunt. Außerdem matscht es ständig im Essen herum, plantscht mit dem Wasser und spielt mit den Nahrungsmitteln. Hast du dir in so einer Situation auch schon mal gedacht: „Das macht es doch mit Absicht!"?

Macht es nicht. Für dein Kind ist das ein faszinierendes Spiel. Dinge verschwinden plötzlich und tauchen wieder auf – es ist Magie! Und das Kind selbst ist in der Lage, diese Dinge verschwinden zu lassen – wie toll ist das denn bitte! Es ist Magie, aber auch Naturwissenschaft (Physik). Wie weit kann eine Tasse fliegen und hey, sie fliegt! Wenn Mama oder Papa am Anfang noch darüber lachen, dann ist es umso mehr ein tolles Spiel. Mit dem Essen matschen ist ebenfalls großartig – dein Kind lernt dabei so viel! Wie fühlt sich etwas an, wie verändert sich die Konsistenz, wenn es mit Wasser in Berührung kommt, was passiert, wenn man draufhaut (es spritzt unter Umständen), es auseinandernimmt? Fliegt eine Tomate genauso weit wie ein Stück Fleisch? Macht eine Kartoffel Geräusche, wenn sie auf dem Boden ankommt? Du hast einen kleinen Forscher oder eine kleine Entdeckerin am Tisch sitzen!

Essen mit allen Sinnen zu begreifen, ist ein sehr wichtiger Schritt in der kindlichen Entwicklung und fördert ein gesundes Essverhalten. Von einem so kleinen Kind kann man also noch keine Tischmanieren erwarten, das würde sowohl das Kind als auch dich extrem unter Druck setzen. Dein Kind lernt spielerisch das Essen kennen und dabei sollte kein unnötiger Druck aufgebaut werden. Aber nicht jede*r kann damit entspannt umgehen. Spielen mit Essen muss man aushalten können. Die dabei entstandene Sauerei ebenfalls.

Hinterfrage dich: Ist es tatsächlich deine persönliche Grenze, die dabei überschritten wird, oder etwas „Anerzogenes"? Ist es Letzteres, dann fragen wir dich: Warum denn nicht? Was spricht ernsthaft dagegen? Die Gefahr, dass sich dein Kind als Erwachsener bei einem Business-Essen nicht ordentlich benehmen kann und immer noch mit Essen wirft, ist sehr gering. Viele Erwachsene bauen sich einen Staudamm aus Kartoffelbrei für die Soße – auch das ist Spielen im weitesten Sinne. Warum also sollte ein Kind das nicht dürfen? Fallen dir also keine guten Gründe ein, so überdenke gerne deine Haltung; deinem Kind und seinem Forscherdrang zuliebe. Betrifft es aber deine tatsächliche Grenze, so musst du auf dich achten.

Finde heraus, warum dein Kind mit dem Essen wirft. Das kann der Entdeckerdrang sein, aber auch die Tatsache, dass es ein bestimmtes Nahrungsmittel nicht essen möchte. Vielleicht ist es auch satt und es wird zu langweilig, noch am Tisch sitzen zu müssen.

Biete deinem Kind Alternativen an:

- *„Wir gehen später noch in die Badewanne, da kannst du matschen."*
- *„Ich habe dir Bälle gekauft. Wollen wir nach dem Essen damit gemeinsam werfen?"*
- *„Wenn du etwas nicht möchtest, kannst du es auf einen separaten Teller legen (oder in eine bunte Schüssel oder was du dafür nehmen möchtest)." „Du kannst auch auf deinem Teller damit spielen, zum Bespiel einen Staudamm aus Kartoffelbrei und Soße bauen, einen Turm aus Gurkenscheiben und so weiter."*
- *„Wenn du satt bist, kannst du den Teller nach vorne schieben. Du musst nicht zu Ende essen."* (Das kann auch mit einem Babyzeichen für „fertig" funktionieren, schon bei sehr kleinen Kindern während der Beikosteinführung.)
- *„Du bist fertig und dir ist langweilig? Dann kannst du gerne aufstehen. Solange wir anderen noch am Tisch sitzen, darfst du immer*

wieder zurückkommen, wenn du doch noch weiteressen möchtest." Gerade für Kleinkinder ist es eine große Leistung, lange am Tisch zu sitzen. Sie sollten also die Möglichkeit bekommen, aufstehen zu dürfen. Gemeinsame Essen als Familie an einem Tisch wirst du noch sehr viele haben. Von einem unzufriedenen Kind am Tisch hast du nichts. So wird das Ganze entzerrt und entspannter.

- Biete deinem Kind in dieser Phase kleine Portionen an. So ist auch das Thema „Verschwendung" kalkulierbar.

TANJA, MADITA UND DAS PICKNICK AUF DEM BODEN

Tanja: „Wir haben auch schon mal alle spontan das Abendessen auf den Boden verlegt und ein Picknick daraus gemacht. Unsere damals 13 Monate alte Tochter, die vorher eher lustlos gegessen und ihr Abendessen auf den Boden verteilt hat, hat mit Begeisterung weitergegessen. Für uns war es kein Problem, wir hatten alle Spaß dabei und die Situation war entspannter."

Auswärts essen

Wenn du auswärts essen gehst, dann kannst du deinem Kind vermutlich nicht denselben Experimentierrahmen bieten wie zu Hause. Von daher raten wir eher von einem Besuch in einem sehr edlen Restaurant in dieser Phase ab. Es sei denn, das Restaurant ist darauf vorbereitet, ein kleines selbstbestimmt essendes Kind zu bewirten. Manche Restaurants sind das tatsächlich. Wir empfehlen, vorher zu fragen oder in ein Restaurant eures Vertrauens zu gehen. Blicke Fremder muss man da natürlich aushalten können – oder auf entsprechende gemeinsame Besuche in Restaurants erst mal verzichten.

TANJA, MADITA UND DER RESTAURANTBESUCH

Tanja: „Als unsere Tochter acht Monate alt war, waren wir bei unserem Lieblingsgriechen zum Essen. Es war ein schöner Sommertag und wir konnten draußen sitzen. Unsere Tochter hat mit Leidenschaft mitgegessen – Pommes, Gemüse, Tsatsiki, Gyros. Die Hälfte landete in ihr, die andere regelmäßig auf dem Boden. Am Nachbartisch beobachtete uns ein älteres Ehepaar leicht pikiert. Sie kannten es nicht, dass Kinder so essen „dürfen". Die Wirtin beobachtete die Szene, kam an unseren Tisch und meinte laut:‚Es ist eine Freude, ihrer Tochter beim Essen zuzusehen. Mit allen Sinnen, mit so viel Leidenschaft – das sieht man selten bei unseren Gästen.'

Das ältere Paar fing an zu lächeln, das Eis war gebrochen. Selbstverständlich haben wir nach dem Essen alle Essensreste unserer Tochter aufgehoben und den Hochstuhl sauber gemacht, auch wenn wir es nicht hätten tun müssen. Das aber war für uns gar keine Frage."

Bist du bei Familienmitgliedern oder Freund*innen zu Gast, dann bereite sie ebenfalls auf das Essverhalten deines Kindes vor.

- Bringe ausreichend Lätzchen und Waschlappen mit und biete an, anschließend sowohl Tisch als auch Stuhl und Boden sauber zu machen.
- Eventuell könnt ihr euch auf ein Essen einigen, dass nicht so viel „Sauerei" macht.
- Wie immer und überall ist hier Kommunikation der Schlüssel zu einem entspannten Besuch. Nicht jeder und jede hat Erfahrung mit selbstbestimmtem Essen im Baby- und Kleinkindalter und auf manche mag es erst mal befremdlich wirken.

Keine Angst: Tischmanieren wird das Kind bestimmt noch lernen – aber durch dein Vorbild und nicht durch Belehrungen und eventuelle Strafen.

ESSENSENTZUG IST KEINE LÖSUNG!

Droh deinem Kind bitte nie mit Essensentzug! Wenn Sätze fallen wie „Dann ist das Essen jetzt weg und du bekommst nichts mehr!" ist das eine ziemlich starke Machtdemonstration. Du machst so das Verhalten deines Kindes davon abhängig, ob ein Grundbedürfnis (Hunger) befriedigt wird oder nicht. Mal abgesehen davon, dass Strafe nie dazu führt, dass eine Verhaltensänderung aus eigenem Antrieb geschieht, würde es in diesem Fall bedeuten, dass dein Kind nur etwas zu essen bekommt, wenn es ordentliche Tischmanieren zeigt. Möchtest du das wirklich?

Essen sollte in einem entspannten Umfeld stattfinden!
Wenn das nicht immer möglich ist, weil zum Beispiel das Verhalten des Kindes deine Grenzen überschreitet, musst du die Rahmenbedingungen hinterfragen. Hilft es, wenn dein Kind einen ähnlichen Teller wie du hat? Möchte es auch gerne ein Messer haben? Will es aus dem Glas trinken? Welche Alternativen, wie oben beschrieben, kannst du ihm anbieten? Erpressung ist hierbei keine gute Lösung.

Laufen

TANJA, MADITA UND DER BUGGY

Tanja: „Meine Tochter mochte nach dem Spielplatzbesuch partout nicht mehr in den Buggy. Sie weinte und wehrte sich mit allen Kräften. Also haben wir sie getragen, sie ist ein Stück an der Hand gelaufen, hat sich in das Laub geworfen und Steine entdeckt."

Hat Madita – von außen betrachtet – „ihren Willen" bekommen? Ja. Anderenfalls hätte Tanja aber ihren bekommen. Wäre das besser gewesen, nur weil sie die Erwachsene ist? Wäre es einfacher gewesen, sich als Erwachsene „durchzusetzen" und sie in den Buggy zu packen? Ja. Wir sind natürlich stärker und körperlich überlegen. Wäre Tanja dann glücklicher gewesen? Nein. Sie hätte ein weinendes und strampelndes Kind im Buggy gehabt und sich sehr unwohl gefühlt. Hatten die beiden so einen wunderschönen Heimweg? Ja. Hatte sie an diesem Tag die Zeit, auf ihre Tochter einzugehen? Ja. Wird es Tage geben, an denen sie diese Zeit nicht haben wird und ihre Tochter kooperieren muss? Ja. Tanzt sie Martha ab jetzt auf der Nase herum, weil bei diesem Spaziergang ihr Bedürfnis befriedigt wurde? Aber nein! Allerdings tanzen soll sie bitte jederzeit! Wollte sie ihre Mutter ärgern oder testen? Nein! Sie ist ein Jahr alt. Sie weiß noch gar nicht, was „ärgern" überhaupt ist. Was wollte sie, was war also ihr Bedürfnis? Sie wollte allein laufen, aufrecht und nicht sitzend die Welt entdecken. Sie war mit Spielen noch nicht fertig, als es nach Hause gehen sollte. Sie war hinterher stolz wie Bolle, wie sie gelaufen ist, und kam glücklich und selig zu Hause an.

Nicht immer sind die Bedürfnisse unserer Kinder so leicht zu befriedigen wie das von Madita in diesem Beispiel. Manchmal geht es auch gar nicht und das gehört zum Großwerden dazu. Entsprechend begleitet ist das sogar ein wichtiger Lernprozess. Aber oft genug ist es genau so leicht. Dann spricht nichts dagegen, es einfach zu tun. Das wird für alle Beteiligten die entspanntere Lösung sein und das Kind lernt:

In einem guten Team sind alle füreinander da. Mal gleichzeitig, mal der eine, mal die andere. Für Kinder in diesem Alter (und darüber hinaus) ist erst mal alles spannend, was neu hinzukommt und vielleicht auch unerreichbar scheint (dann wird der Ehrgeiz angestachelt). Es raschelt, macht Geräusche, lässt sich untersuchen und so weiter. Alles ist erst mal ein Spiel für das Kind. Die Neugierde, die Lust die Welt zu entdecken ist übergroß. Absolut verständlich sind also Wut, Trauer und Frust, wenn wir Erwachsenen diese Lust immer mal wieder ausbremsen oder sogar untersagen (beim Handy beispielsweise).

Was ebenfalls dazukommt: Dein Kleinkind wird immer mobiler. Manche laufen in dem Alter schon, einige robben, andere krabbeln. Sie sind in einer Phase, in der sie sich an allem hochziehen, klettern möchten und „groß“ sein wollen. Diese neue Perspektive verschafft neue Möglichkeiten, verursacht aber auch ganz schön viel Angst und Unsicherheit. Jetzt kommt noch hinzu, dass dein Kind zwar mobiler geworden ist, noch lange aber nicht so, dass es alles, was es möchte, auch problemlos erreichen kann. Oder weiß, wie es seine neue Mobilität zielsicher einsetzen kann. Es will mehr, als es bereits kann. Und das frustriert ungemein. Außerdem ist alles blöd, was es in dieser Mobilität einschränkt – der Buggy, der Hochstuhl, der Autositz, aber auch das Wickeln, weil es dabei auf dem Rücken liegen muss.

Wickeln

Gerade das Wickeln ist eine hochsensible Angelegenheit und sollte von Anfang an gut begleitet werden. In diesem Alter aber ist es oft wirklich zum Verzweifeln. Das Kind gleicht einem Oktopus, windet sich oder verschwindet einfach mal. Die volle Windel am Popo zu lassen, ist aber keine Option und sollte auch nicht zur Diskussion stehen, da eine nasse Windel dann zu Windeldermatitis führen kann. Vom Geruch mal ganz abgesehen. Was kannst du also tun? Vielleicht hilft es, eine andere Wickelposition zu finden. Viele Kinder fühlen sich auf dem Rücken „ausgeliefert“.

TANJA, MADITA UND DIE HÖSCHENWINDELN

Tanja: „Ich habe zu dieser Zeit angefangen, Windelhöschen zu verwenden. Diese lassen sich leichter im Stehen anziehen. Nach einer Weile war ich geübt, jede Art von Windel im Stehen zu wechseln. Meine Tochter, die sich die Seele aus dem Leib geschrien hat beim Wickeln auf dem Rücken, stand plötzlich seelenruhig da und ließ sich wickeln. Sie half bei den Höschenwindeln sogar mit, indem sie ihr Beinchen hob, um ein- und auszusteigen. Ich merke förmlich, wie ich ihr eine Art Würde wiedergegeben habe.“

Geht das nicht, versuche, dein Kind abzulenken, zum Beispiel mit einem Spielzeug oder einem Lied. Es ist wichtig, es auf jeden Fall mit einzubeziehen und ihm zu erklären, was genau gemacht wird. *„Wir ziehen jetzt die Hose aus, jetzt knöpfe ich dir deinen Body auf, schau, da ist deine neue Windel, …“*

Dazu raten wir dir schon von Anfang an, denn Wickeln ist eine sehr intime Angelegenheit. Und wenn es gar nicht anders geht und du es sehr eilig hast, ist es nicht schlimm, wenn du in solchen Situationen ausnahmsweise deine Prinzipien über Bord wirfst und deinem Kind auch mal dein Handy zum Spielen gibst. Hier steht im Vordergrund, dass dein Kind *jetzt* gewickelt werden *muss* (weil du z. B. zur Arbeit musst, dein Kind zu einem wunden Po neigt, …) und du eine schnelle Unterstützung brauchst. Entscheide in solchen Situationen selbst:

Was ist mir mehr wert? Meine Prinzipien oder ein schnelles Ergebnis? Begleite die Situation, erkläre deinem Kind, dass es jetzt ausnahmsweise etwas haben darf, was sonst nicht die Regel ist. Windeln wechseln ist ein Übergang für dein Kind.

ÜBERGÄNGE

Ein Übergang ist der (plötzliche) Wechsel von einer Situation in eine andere. Je besser dein Kind darauf vorbereitet ist, was als Nächstes passiert, umso leichter kann es sich darauf einstellen und auch mitgehen. Am Tag finden viele Übergänge für ein Kind statt. (Beenden eines Spiels, um nach Hause zu gehen, Wechsel von aktiver Phase zur Schlafphase, Ankommen in der Kita und so weiter). Mehr dazu im Kapitel ➔ „Vom Trödeln und Noch-spielen-Wollen"

Kündige einen Übergang also an und bereite dein Kind darauf vor, **indem du die richtigen Fragen stellst:** Stelle keine Frage, die du nicht mit einem Nein beantwortet haben möchtest. „Wollen wir wickeln gehen, Schatz?" hört sich freundlich an, impliziert aber auch, dass du mit einem Nein gut leben könntest. Könntest du aber vermutlich in diesem Moment nicht, vermeide es in so einem Fall nachzufragen. *„Wir gehen jetzt wickeln. Anschließend kannst du genau da weiterspielen, wo du aufgehört hast"* ist hier die deutlich bessere, weil klarere Alternative.

Weitere Tipps für angenehmeres Wickeln:

- Sorge für eine angenehme Wickelsituation. Das ist zu Hause einfacher zu lösen als unterwegs, aber auch an fremden oder „kühlen" Orten kannst du eine heimelige Atmosphäre schaffen durch Worte, Lieder, Streicheln etc.
- Wenn die Wickelsituation anstrengend ist, weil dein Kind keine Lust darauf hat, es aber absolut notwendig ist, hilft dir vielleicht

der Gedanke, dass du mit dem Wickeln das Kind vor einer Windeldermatitis schützt und es natürlich hygienisch gesund hältst.
- Vergiss nicht, dich am Ende des Wickelns bei deinem Kind für die Kooperation zu bedanken. Klingt albern in deinen Ohren? Dann gehe einfach mal Schritt für Schritt gedanklich durch, was dein Kind in diesem Moment geleistet hat. Vom Unwillen, vielleicht sogar dem Gefühl des Ausgeliefertseins bis zum fertigen Wickeln musste das Kind mehrfach über schier unüberwindbare Hürden springen – und wenn es das dann getan hat, am Ende vielleicht sogar mit ein wenig Mithilfe, dann ist das sehr wohl ein Dankeschön wert.

Wir können also oft nur erahnen, welch unglaublicher Mix an unterschiedlichen Gefühlen in unseren Kindern tobt. Und diese Gefühle müssen raus. Oft können wir hier dann einen Wutanfall beobachten. Sie werden immer schneller frustriert, wenn sie etwas haben möchten und es nicht bekommen genauso, wenn sie etwas selbst machen möchten und es funktioniert einfach noch nicht. Dabei lässt sich aber auch oft ein erhöhtes Kuschelbedürfnis feststellen. Kinder brauchen ganz stark die Sicherheit der Eltern und Mama und/oder Papa als Anker. Bereits in dieser Vorstufe kannst du also bereits eine gute **Grundlage für die kommende tatsächliche Autonomiephase** schaffen:
- Zeige deinem Kind, dass du da bist.
- Hab es weiterhin lieb und kuschle es, auch wenn der Tag heute sehr anstrengend war.
- Geh mit ihm gemeinsam durch all diese Wut, den ganzen Trotz und den Frust und versuche, dein Kind zu verstehen und entsprechend zu begleiten.

Dieser Einsatz ist an manchen Tagen nicht einfach. Aber er wird sich auszahlen.

Zeitstrahl: kindliche Entwicklung

Manchmal vergessen wir, dass Kinder in den ersten Lebensjahren so unglaublich viel lernen und eine unfassbare Leistung vollbringen – Tag für Tag aufs Neue. Manchmal kommt der Kopf der körperlichen Entwicklung nicht hinterher und umgekehrt. Dass dies nicht immer ohne Frust, Ärger und Wut geht, ist absolut verständlich. Wir möchten dir

Geburt
Dein Kind verfügt über Reflexe und lernt durch Beobachten. Es ist ein kompetentes Baby.

ca. 6. Lebenswoche
Dein Kind spürt, ob das Gegenüber positiv oder negativ gestimmt ist. Es ist fähig zu lächeln.

ca. 3. Lebensmonat
Dein Kind empfindet Stress und Zufriedenheit. Die Basis-Gefühle entwickeln sich.

ca. 7. Lebensmonat
Dein Kind kann bewusst Kontakt aufnehmen. Es kann zum Beispiel lächeln oder fremdeln.

ca. 1 Jahr
Dein Kind zieht sich an Möbelstücken hoch und macht die ersten Schritte.
Es weint, wenn andere Kinder weinen, verspürt jedoch noch keine Trauer oder Wut.
Es kann sich noch nicht in andere hineinversetzen.
Es lernt erste Worte.
Dein Kind kann sich bis zum 4. Lebensjahr nur an lose Sinneseindrücke erinnern.

ca. 1,5 Jahre
Dein Kind lernst durchschnittlich zwischen 1-2 Worte täglich hinzu. Der passive Wortschatz ist immer größer als der aktive. Mit der sprachlichen Entwicklung lernt dein Kind auch, seine Gefühle zu versprachlichen.

einen Zeitstrahl der kindlichen Entwicklung an die Hand geben, der natürlich wie immer nur eine Richtlinie sein soll – manche Kinder sind früher dran, manche später und alles ist dennoch im grünen Bereich. Als Orientierung kann der Zeitstrahl aber ein wichtiges Instrument sein, um einordnen zu können, wann was bei deinem Kind in etwa passiert – und was es einfach auch noch gar nicht können muss (oder noch gar nicht können kann, wie bewusstes Manipulieren zum Beispiel).

ca. 2 Jahre

Dein Kind spricht durchschnittlich ca. 200 Wörter und 2-Wort-Sätze. Die „Warum-Phase" beginnt ebenso wie die Sauberkeitsentwicklung.

ca. 2,5 Jahre

Dein Kind beginnt die Zusammenhänge von Ursache und Wirkung kennenzulernen. Es kann es aushalten, dass sein Bedürfnis nicht sofort befriedigt wird. Sein Denken ist meist noch Ich-bezogen.

ca. 3 Jahre

Dein Kind kann nun immer mehr und besser erzählen. Es versteht, dass die Mimik nicht zwingend dem wahren Gefühl entspricht.

ca. 4,5 Jahre

Dein Kind lernt die Fähigkeit der Perspektivübernahme. Es kann sich in andere hineinversetzen und einfache Mengen- und Zeitbegriffe begreifen. Es entdeckt zunehmend, dass andere einen eigenen Kopf und eigene Gedanken haben.

ca. 5 – 7 Jahre

Dein Kind lernt zunehmend, sich in andere hinzuversetzen. Es kann bewusst lügen, um Konsequenzen zu umgehen oder Anerkennung zu bekommen.

GEMEINSAM DURCH DEN ALLTAG

Im Alltag gibt es viele typische Situationen, in denen dein Kind seine Autonomie ausleben möchte und du besonders gefordert bist. Wir möchten dir helfen, dein Kind besser zu verstehen, zu begleiten und eure Erlebnisse aus der Kinderperspektive zu betrachten.

Wir geben dir Impulse und Anregungen, wie du bedürfnisorientiert reagieren und dein Kind begleiten kannst. Vielleicht kannst du manche Impulse auf Situationen, die hier nicht beschrieben sind, übertragen. Du wirst auch nicht jeden Tag alle Situationen erleben. Manche wirst du auch nie kennenlernen, denn jedes Kind ist individuell. Jeder Tag ist ein neuer Tag und du wirst gemeinsam mit deinem Kind immer stärker werden. Ihr werdet euren gemeinsamen Weg finden.

Mache es dir gemütlich. Wenn du möchtest, nimm gerne Stift und Papier zur Hand und schreibe bei den einzelnen Kapiteln mit, was du für dich umsetzen möchtest. Manchmal haben wir auch kleine Fragen und Anregungen für dich, die du entweder gleich oder in einem ruhigen Moment für dich beantworten kannst.

Und täglich grüßt das Murmeltier – Gemeinsam durch den Morgen

Aufwachen und aufstehen

TOM, LINA UND DAS AUFSTEHEN

Wie so oft hat Tom an diesem Morgen wieder Schwierigkeiten, seine Tochter Lina (4,5 Jahre) aus dem Bett zu bekommen. Es ist ein ziemlicher Kampf und am Ende weint Lina und Tom ist nassgeschwitzt. Tom fragt sich, warum es an manch einem Morgen so ein Kampf ist und an anderen Lina quietschfidel aus dem Bett springt und es ihr gar nicht schnell genug gehen kann.

Manche Kinder brauchen morgens mehr Anlaufzeit – was bei uns Erwachsenen nicht anders ist. Es gibt diejenigen, die mehrmals auf die Schlummertaste drücken und andere stehen munter und fröhlich vor dem ersten Weckerklingeln auf. Nachteulen und Lerchen. Die „Lerchen" gehen abends früh ins Bett, kommen morgens recht leicht aus dem Bett und starten fit in den Tag. Die sogenannten „Nachteulen" werden abends meist später müde und kommen morgens dadurch nicht so leicht aus dem Bett. Warum sollte es bei deinem Kind anders sein? Natürlich ist es wunderbar, wenn du dir mit deinem Kind morgens mehr Zeit lassen kannst – es gibt aber eben auch Situationen, in denen dies nicht möglich ist. **Wenn dein Kind morgens nicht aufstehen möchte, versuche mit ihm ins Gespräch zu gehen** und mit ihm gemeinsam herauszufinden, was es braucht. Vielleicht nicht genau in der Situation, denn das kann das Kind überfordern, aber am Vorabend. Es kann sein, dass ihm die „Schlummer-Funktion" hilft, also dass du vor der eigentlichen Aufstehzeit schon mal ins Zimmer kommst und es weckst. Hier noch ein paar weitere Tipps:

Liebevolles wecken für kleine Nachteulen:

- Mach im Flur das Licht an und die Kinderzimmertüre auf, so dringen die Geräusche ins Zimmer – du musst nicht leise sein, aber auch nicht unbedingt staubsaugen.
- Mach den Rollladen ein kleines Stück hoch.
- Streichle deinem Kind über den Rücken und wünsche ihm einen „Guten Morgen“.
- Vielleicht mag es dein Kind, mit einem Hörspiel oder Musik aufzuwachen.
- Sei kreativ und beziehe dein Kind mit ein!

Beschäftigung für frühe Vögel:

- Legt am Vorabend ein ruhiges Spiel oder Bilderbuch für den nächsten Morgen bereit. So kann sich dein Kind bereits allein beschäftigen, bis die anderen Familienmitglieder aufwachen und sich fertig gemacht haben.
- Oder gönnt euch Kuschelzeit im Bett. Manchmal schlafen Kinder hier nochmals mit ein.

Jedes Kind braucht eine andere Aufwachbegleitung – passend zur Einschlafbegleitung gibt es auch diese.

An manchen Tagen möchte dein Kind nicht aufstehen, weil es keine Lust auf die Kita hat. Auch wir gehen nicht jeden Tag gleich gerne zur Arbeit. Allerdings können wir aufgrund unserer Erfahrungen und Strategien, die wir uns über die Jahre angeeignet haben, besser damit umgehen als unsere Kinder. Dies muss dein Kind erst lernen und du kannst ihm verschiedene Möglichkeiten aufzeigen, damit es in der Situation entspannter sein kann. Meistens ist nichts Besonderes vorgefallen. Kommt das aber häufiger vor, spricht mit der Kita, woran es liegen könnte. Vielleicht nennt dir auch dein Kind den Grund.

Gravierendere Schlafprobleme

Hast du das Gefühl, dass mit dem Schlaf-Wach-Rhythmus deines Kindes grundlegend etwas nicht stimmt, sprich das bei deinem Kinderarzt oder deiner Kinderärztin an oder überlege, ob euch eine Beratung zum Thema Schlafen helfen kann. Denn ein gesunder Rhythmus trägt dazu bei, dass wir uns wohlfühlen und leistungsfähig sind. Das gilt vor allem für Kinder. Vielleicht hilft dir auch ein kurzes **Schlafprotokoll** dabei, einen Auslöser für die Müdigkeit am Morgen zu finden. Mache dir hier am besten immer eine Spalte für den Abend und eine für den Morgen. Wir sind uns sicher, dass du gemeinsam mit deinem Kind einen guten Weg findest, der für alle stressfreier und angenehmer ist. Im Kapitel ➔ „Ins Bett gehen und schlafen“ gehen wir intensiver auf das Thema Einschlafen ein.

Feel Goods

- Nimm dir an Tagen, an denen du keinen Zeitdruck hast, Zeit – vor allem für dich selbst.
- Mach dir deinen Lieblingstee oder Kaffee und für dein Kind den Lieblingskakao.
- Genieß den ersten Sonnenstrahl, der dich an der Nase kitzelt.

Bilderbuchempfehlungen

- „Morgens bei uns!“ von Kim Crocket Corson
- „Aufgewacht, kleiner Bär!“ von Sylvia Tress
- „Aufstehen, Anziehen, Zähne putzen“ von Petra Kummermehr
- „Gregor, die gelenkige Giraffe“ – ein Yogamitmachbuch für Kinder von Yvette Himmel

Die Kleiderfrage

SIBYLLE, ANNA UND DAS ANZIEHEN

Jeden Morgen das Gleiche. Anna (3 Jahre) möchte sich einfach nicht anziehen. Es gibt täglich Diskussionen, Kämpfe, Tränen.

Mama Sibylle ist mit den Nerven am Ende und weiß nicht weiter. Sie findet so einen schlechten Start in den Tag sehr schlimm und hat auch das Gefühl, dass es Anna nicht guttut.

Auswahl der Kleidung
Manchmal ist dein Kind einfach mit der Situation, sich ein Outfit auszusuchen und anzuziehen, überfordert.

- Wenn es dabei (noch) deine Unterstützung braucht, dann ist es wichtig, dass du sie ihm auch gibst und es nicht alleinlässt in der herausfordernden Situation.
- Um dein Kind bei der Kleiderauswahl mehr miteinzubeziehen, kannst du am Abend zuvor gemeinsam mit ihm ein Outfit zusammenstellen. Es kann nämlich sein, dass es deinem Kind morgens noch zu viel ist, solche Entscheidungen zu treffen – abends die Klamotten zu richten, ist viel entspannter.

Wie immer gibt es aber auch genau das Gegenteil. Manche Kinder sind bereits so selbstständig und können es kaum ertragen, wenn ihnen vorgeschrieben wird, was sie anzuziehen haben.

- Hast du ein solches Kind, beziehe es so gut es geht bei der Auswahl der Kleidung für den nächsten Tag mit ein. Wenn es keine schwerwiegenden Hindernisse gibt (zum Beispiel extreme Kälte etc.) und nur dein eigener Geschmack dagegenspricht, solltest du diesen Wünschen auch so oft es geht nachkommen – warum auch nicht?

Ist es so schwer auszuhalten, wenn dein Kind ein Outfit trägt, das du nie anziehen würdest? Rote Ringelsocken zu einem gestreiften rosa Rock, dazu ein grünes T-Shirt mit blau gepunkteter Strickjacke drüber – wenn das Kind damit glücklich ist und sich wohlfühlt, was spricht denn tatsächlich dagegen?

- Und wenn dein Kind heute nun mal im Schlafanzug in die Kita gehen möchte – warum denn nicht? Vielleicht finden es die Kinder in der Kita doof und werden lachen; davor möchtest du dein Kind natürlich gerne beschützen. Das weißt du aber nicht. Vielleicht finden sie es auch großartig und es findet bald eine Pyjamaparty in der Kita statt. **Tipp**: Packe ein reguläres Outfit in die Tasche und weise die Erzieher*innen auf die Wechselklamotten hin. Natürlich soll sich dein Kind nicht den ganzen Tag der Lächerlichkeit preisgeben. Das könnte dann aber auch Anlass für die Kita sein, mit den Kindern über Vielfalt, Toleranz und Akzeptanz zu sprechen.

Und seien wir mal ehrlich, wir saßen während des Homeoffice auch schon im Schlafanzug – zumindest mit Schlafanzughose – am Schreibtisch. Vielleicht gefällt deinem Kind auch das Motiv, das auf dem Schlafanzug ist, so gut, dass es ihn deshalb tragen möchte. Wäre es dann nicht eine Idee, etwas Ähnliches zum Anziehen morgens herzurichten? Es kann aber auch sein, dass dein Kind die Wärme des Schlafanzuges angenehm findet und ihn deshalb unbedingt anbehalten möchte, da die Kleidung aus dem Schrank so kalt ist. Dann kann es helfen, wenn die Kleidungsstücke zuvor auf der Heizung liegen.

Es wird aber auch Situationen geben, da kannst du deinem Kind die alleinige Entscheidung nicht übertragen.

HOLGER, ELISA UND DER BIKINI

Elisa (4 Jahre) möchte heute im Bikini in die Kita gehen. Es ist der 13. Dezember und es schneit. Papa Holger hält den Bikini bei minus fünf Grad für die Kita für keine gute Idee, so selbstbestimmt sie auch sein mag.

- In solchen Situationen braucht dein Kind dich noch als Korrektiv, als jemanden, der den Überblick hat und Situationen besser einschätzen kann.
- Es kann die Konsequenzen noch nicht abschätzen und auch Temperaturangaben nicht verstehen. Das kannst du thematisieren und dein Kind durch die Enttäuschung begleiten.
- Erkläre ihm die Lage altersgerecht und lass es spüren, warum man in der Kälte warme Kleidung braucht. *„Ich verstehe dich. Mir wäre es jetzt auch lieber, wenn es Sommer wäre und wir im Bikini an den Strand gehen könnten. Heute aber ist es sehr kalt und ein Bikini ist keine gute Idee. Du würdest frieren. Wir öffnen gleich mal das Fenster, sodass du spüren kannst, wie kalt es draußen ist. Du kannst den Bikini aber unter deinem Pullover und deiner Hose tragen, wenn du möchtest. Und wenn du später nach Hause kommst, darfst du im Bikini in die Badewanne hüpfen.“*
- Vielleicht hilft es deinem Kind auch, wenn du morgens die Außentemperatur fühlst und das Wetter beschreibst. So wird dein Kind miteinbezogen und kann lernen, warum man in den verschiedenen Jahreszeiten unterschiedliche Kleidung benötigt.
- Lass dein Kind aber auch selbst fühlen, warum eine Mütze im Winter den Kopf warmhält. Das geht nur, wenn es spüren kann, wie der Kopf auskühlt. Wie oft hast du zu deinem Kind schon gesagt, dass es eine Jacke anziehen soll, weil es dir kalt war? Deinem Kind ist es aber vielleicht wirklich nicht kalt. Gib ihm selbst die Chance zu testen, was passiert.

- Frag nach ein paar Minuten „*Darf ich mal deine Hände halten, wie fühlen sie sich an?*" So bekommt dein Kind die Möglichkeit, Temperaturen zu erkennen, und zu verstehen, welche Wirkung sie auf den menschlichen Körper haben.
- Und wenn dein Kind einen warmen Kopf hat, überlege, ob es wirklich eine Mütze benötigt oder ob es dir nur darum geht, dass du dich damit besser fühlst.

KLEIDERSTRASSE UND PLATTES KIND

Zwei Methoden sind besonders hilfreich dabei, das Anziehen spielerisch und locker zu gestalten:

Die Kleiderstraße": Du legst die einzelnen Kleidungsstücke Stück für Stück auf den Boden, vom Bett ins Bad beispielsweise. Unterwäsche, Strumpfhose, Hose/Kleid, Oberteil und so weiter. Das Kind sammelt die Klamotten auf, indem es hineinschlüpft. Das Ganze lässt sich spielerisch gestalten.

Das „platte Kind": Leg für dein Kind am Abend eine „platte XY" (Hier Kindernamen einfügen; zum Beispiel „platte Lena")" bereit: Du legst ein komplettes Outfit drapiert auf den Boden. Nur eben ohne Kind drin, also „platt". Das kannst du natürlich auch gerne mit deinem Kind entspannt am Abend gemeinsam machen. Den Rock über die Strumpfhose, das Oberteil über den Rock, Unterwäsche daneben. Manchmal kann man damit spielen und die Ärmel in die Hüfte legen oder spielerisch einen Arm nach oben setzen. Dein Kind kann also aufstehen und in ein komplettes Outfit, ohne nachzudenken, schlüpfen. Zuvor sieht es bereits, wie das Outfit aussehen wird. An manchen Tagen werden es auch zwei Outfits und das Kind entscheidet erst am nächsten Morgen, welches heute das Richtige ist. Du merkst schon, du kannst damit spielen, wie es für dich und dein Kind passt. Wir kennen Kinder, die sich noch als junge Erwachsene vor wichtigen Terminen ihr Outfit so zurechtlegen.

Habt ihr ständig solche Diskussionen, mach dir in einem ruhigen Moment Gedanken zu folgenden Punkten (gerne auch schriftlich):

- Mag dein Kind keine Mützen und wird regelmäßig wütend, wenn es eine tragen soll? Vielleicht liegt es an Mützen generell, dann kann man eine Alternative (Basecap, Kapuze, Stirnband etc.) finden. Ist es genau diese Mütze, die so ungern angezogen wird, weil sie vielleicht kratzt oder über das Gesicht gezogen werden muss?
- Manche Kleidungsstücke sind zwar hübsch, aber nicht unbedingt bequem anzuziehen. Ein Rollkragenpullover kann für ein Kind absoluter Horror sein, das Gefühl, den Pulli über Kopf zu ziehen beängstigend und unerträglich. Manches dauert auch einfach viel zu lange, komplizierte Knöpfe zum Beispiel. Manchmal liegt es also an den Kleidungsstücken an sich und kein bisschen am Kind.
- Wie ist denn die Zimmertemperatur im Raum? Manchmal ist es Kindern einfach auch zu kalt und ungemütlich, den Schlafanzug aus- und neue Klamotten für den Tag anzuziehen.
- Kleine Kuschelmonster brauchen den Körperkontakt mit Mama oder Papa und genießen es, wenn die Eltern in der Früh noch beim Anziehen helfen. Kann man diese Zeit einplanen, so ist es ein wunderschöner Start in den Tag, verbunden mit extra Kuscheleinheiten.

Alleine anziehen

Ein weiteres und oftmals auch großes Streitthema ist das „Alleine-Anziehen“. Dein Kind möchte vieles gerne allein machen und verweigert dabei jegliche Hilfe.

FRANKA, MIA UND DAS ANZIEH-THEATER

Ähnliche geht es Franka mit ihrer Tochter Mia. Mia (3 Jahre) versucht sich morgens allein anzuziehen, Franka will schnell helfen und schon bekommt sie ein lautes und wütendes „Ich mach das allein!" zu hören. Franka hält sich zurück und nachdem Mia die Socke nach dem dritten Mal wieder nicht über den Fuß bekommt, fängt sie an zu brüllen und zu weinen. Franka versteht nicht, warum Mia sich nicht hat helfen lassen, und hätte ihr diese Wut, die sie nun verspürt, gerne erspart.

Du kannst mit deinem Kind das An- und Ausziehen spielerisch erlernen. Dafür gibt es verschiedene Möglichkeiten:

- An Puppen zum Beispiel. Es gibt spezielle Lernstofftiere/-puppen, die an- und natürlich auch ausgezogen werden können.
- Des Weiteren bieten sich Webrahmen an, die mit Knöpfen, Reißverschlüssen und Klettverschlüssen ausgestattet sind und an denen dein Kind üben kann.
- Es gibt viele Lieder und Sprüche, deren Texte speziell auf die An- und Ausziehsituation eingehen und gemeinsam mit den Kindern gesungen oder gereimt werden können.
- Es kann helfen, wenn ihr euch hin und wieder gemeinsam verkleidet, also spielerisch ohne Zeitdruck lustige Klamotten anzieht. Lasst das Kind sich ausprobieren – der lustige Hut oder aber auch die Strumpfhose auf dem Kopf. So bekommt dein Kind ein Gefühl für die jeweiligen Gegenstände und kann sich auf lustige Art und Weise ausprobieren.

AB WANN KÖNNEN SICH KINDER ALLEIN ANZIEHEN?

Wie immer gibt es keine allgemeingültigen Einstufungen. In der Regel – und es ist völlig okay, wenn das Kind von dieser Regel abweicht – beginnen Kinder um den ersten Geburtstag herum, beim Ausziehen zu helfen. Sprich den Body nach oben zu ziehen, die Arme hochzuheben und so weiter. Socken und Mützen können bereits sehr viel früher ausgezogen werden, sind sie doch oft nicht so beliebte Kleidungsstücke. Mit etwa 20 Monaten klappt es schon, eine lockere Hose hoch- und runterzuziehen. Das Ausziehen funktioniert immer besser, das Anziehen wird so langsam auch geübt. Zwischen dem zweiten und dritten Geburtstag glückt das Anziehen einfacher Kleidungsstücke bei dem meisten Kindern – mit mehr oder weniger Hilfe. Etwa zwischen vier und sechs Jahren sind die Kinder dann in der Lage, sich ohne Hilfe weitgehend komplett allein anzuziehen. Das Anziehen, das bei uns Erwachsenen automatisch passiert, setzt eine Menge Fähigkeiten voraus; allem voran motorische Fähigkeiten. Außerdem muss das Kind komplexe Zusammenhänge erkennen – die Beine kommen in die Hose, die Arme aber in die Ärmel und so weiter. Was kinderleicht aussieht, ist es nicht. Last, but not least: Du dienst natürlich auch immer als Vorbild, von dir schaut sich dein Kind ab, wie es geht.

Feel Goods

- Bereite mit deinem Kind gemeinsam eine Bikini- oder Pyjama-Party vor.
- Macht einen Ausflug ins Schwimmbad.

Bilderbuchempfehlungen

- „Jetzt aber dalli! Nie mehr Hektik am Morgen“ von Jakob Heine
- „Mein Anzieh-Mix-Max“ von Miriam Cordes
- „Auf und zu, das kann ich schon“ von Antje Flad
- „Mein Anzieh-Stickerspaß“ von Katharina Lena Orso

Klo doof, alles doof!

VIKTOR, MILA UND DAS KLO

Mila (4 Jahre) weigert sich lautstark, aufs Klo zu gehen, sie bekommt jedes Mal einen Tobsuchtsanfall, wenn ihr Papa Viktor nur fragt, ob sie auf die Toilette gehen möchte. Er weiß nicht mehr weiter und merkt, wie er selbst seine Gefühle nicht jedes Mal unter Kontrolle hat und das Thema in ihm Verzweiflung auslöst. Viktors Mutter hat vor Kurzem gesagt, er müsse Mila einfach aufs Klo setzen, sonst wird sie das nie lernen – denn es wäre ja bequem, eine Windel zu tragen.

Dass dein Kind nicht aufs Klo möchte, hat nichts damit zu tun, dass es faul oder zu bequem ist. Die Sauberkeitsentwicklung ist ein sehr sensibles Thema und ein wichtiger Schritt in der Autonomieentwicklung. Eine achtsame Begleitung ist gerade hier sehr wichtig.

Viktor könnte es helfen, mit Mila das Gespräch zu suchen, um gemeinsam herauszufinden, was bei ihr das Thema ist. Es gibt Kinder, die Angst vor dem Klogang haben, weil sie zum Beispiel ein negatives Erlebnis hatten oder ein anderes Kind ihnen etwas Gruseliges wie beispielsweise eine Geschichte vom Klomonster erzählt hat.

- Ein „Monster-Spray“, das durch das Sprühen die Monster verjagt, kann in diesem Fall sehr hilfreich sein. Füllt dafür (gefärbtes) Wasser in eine Sprühflasche und stellt sie neben das Klo.
- Manchen Kindern hilft es, wenn sie nicht allein aufs Klo gehen müssen.
- Für andere kann es eine Möglichkeit sein, mit mithilfe eines Bilderbuches über das Thema zu sprechen.
- Dann gibt es Kinder, die einfach noch Zeit brauchen. Dein Kind signalisiert dir, wann es an der Zeit ist.
- Ein Töpfchen kann die Angst vor der großen Toilette nehmen.

Tipps für die Sauberkeitsentwicklung:

- Biete deinem Kind Töpfchen und Klo an – manche Kinder bevorzugen den Toilettensitz. Für das ein oder andere Kind ist das Erwachsenenklo zu groß, ein spezieller kleiner Kinderaufsatz für die Toilette kann hier Abhilfe schaffen. Versetz dich in die Perspektive deines Kindes: Eine Erwachsenentoilette ist riesig, es kommt nicht mit den Beinen auf den Boden und fühlt sich dem aus seiner Sicht großen und bedrohlichen Loch unter dem Po regelrecht ausgeliefert.
- Dein Kind lernt durch Nachahmung. Wenn es für dich nicht unangenehm ist, nimm dein Kind mit, wenn du auf die Toilette gehst.
- Gerade im Sommer kannst du dein Kind nackt herumlaufen lassen. So merkt es, wann sich die Blase entleert.
- Stell einen Hocker oder eine Toilettentreppe ans Klo, damit dein Kind selbstständig hochklettern kann. Das kann deinem Kind auch helfen, sich auf dem Klo zu entspannen.
- Wähle Kleidung aus, die dein Kind selbst an- und ausziehen kann.
- Verwende eine Höschenwindel anstatt der normalen Windel. Das fördert die Selbstständigkeit und dein Kind kann schneller aufs Klo, wenn es möchte.
- Beziehe dein Kind von Anfang an mit ein – so kann es beim Wickeln auch schon mithelfen und z. B. die Windel aus der Schublade holen.
- Wichtig ist es auch, kommende Schritte anzukündigen, wie *„Jetzt ziehen wir erst die Strumpfhose aus, hilfst du mir dabei?“*
- Vermeide bitte Belohnungs- und Bestrafungssysteme genauso wie nächtliches Wecken (damit nichts ins Bett geht) oder das veraltete Töpfchentraining.
- Schau mit deinem Kind Bilderbücher zu dem Thema an und biete ihm immer wieder das Töpfchen oder Klo an.
- Und das Wichtigste: Gib deinem Kind Zeit, denn Rom wurde ja auch nicht an einem Tag erbaut.

BETTINA, SIMON UND DAS TÖPFCHENTRAINING

Bettina ist mit ihrem Sohn Simon (3 Jahre) zur Eingewöhnung in der Kita. Sie werden beide morgens herzlich begrüßt und Simon kann es kaum abwarten, mit seiner Mama die Räume der Kita zu erforschen. Gemeinsam mit der Bezugserzieherin Petra gehen sie in den Gruppenraum der Schmetterlingskinder. Bettina fragt bei Petra nach, wie das mit dem Wickeln während der Eingewöhnung ist, da Simon schon seit sechs Uhr wach ist und vermutlich bald eine frische Windel benötigt. Petra schaut Bettina verdutzt an und sagt: „Also bei uns hier im Kindergarten sind alle Kinder trocken. Windeln sind bei uns unerwünscht." Bettina ist sprachlos, denn das hört sie zum ersten Mal. Vor der Eingewöhnung hat ihr dies niemand aus der Kita mitgeteilt. Sie selbst drängt Simon zu Hause auch nicht dazu, aufs Töpfchen oder Klo zugehen. Er zeigt bisher überhaupt kein Interesse dafür. Sobald die Frage nach dem Töpfchen kommt, blockt er direkt ab und wird teilweise sogar sehr aufbrausend. Bettina ist verunsichert, denn sie möchte Simon nicht dazu drängen – gerade jetzt in der Eingewöhnungsphase wollte sie ihm Zeit geben. Sie sucht abends das Gespräch mit ihrer Mutter. Diese erzählt ihr vom Töpfchentraining und wie gut das damals bei Bettina und ihrem Bruder funktioniert hat. Nun fragt sich Bettina, ob sie und ihr Mann mit Simon mehr dahinter hätten sein sollen.

In der Frühpädagogik spricht man bewusst von einer Sauberkeitsentwicklung und nicht von Erziehung, denn der Gang zur Toilette kann nicht anerzogen werden. Die Sauberkeitsentwicklung ist ein intimes und sensibles Thema. Deswegen verläuft sie bei jedem Kind anders. Begleite dein Kind liebevoll, setze es nicht unter Druck und gib ihm die Zeit, die es benötigt. Natürlich kannst du jederzeit deinem Kind das Klo oder ein Töpfchen anbieten. Bei vielen Kindern beginnt das Interesse für die Toilette, wenn sie in die Kita gehen – denn hier sind die Toiletten auf Kinderhöhe und sie können sich selbstständig hinsetzen. Bei manchen aber auch nicht und daran ist nichts falsch. Es ist einfach noch nicht an der Zeit.

TÖPFCHENTRAINING AUS VERGANGENEN TAGEN

Kinder werden beim sogenannten „Töpfchentraining" oder „Toilettentraining" auf das Töpfchen gesetzt – so lange, bis sie dann die Blase oder den Darm entleeren. Dies ist aber kein bewusstes Tun, die Kinder können hiermit noch nichts anfangen. Auch ein Belohnungs- oder gar Bestrafungssystem wurde früher gerne eingesetzt. Mittlerweile hat sich allerdings herausgestellt, dass diese Trainings keinen Vorteil bringen: Die Kinder werden damit nicht früher sauber als andere. Wie unfair ist es auch, belohnt oder bestraft zu werden für eine Sache, die man noch gar nicht willentlich steuern kann.

Was passiert in der Sauberkeitsentwicklung und warum bringt Töpfchentraining nichts?

Zwischen dem 18. und 24. Lebensmonat beginnt dein Kind wahrzunehmen, dass sich die Blase füllt und leert. Vielleicht äußert dein Kind schon, dass es aufs Töpfchen muss und zeigt dir dadurch, dass es diesen Vorgang jetzt bewusst wahrnimmt. Macht es dies noch nicht und zeigt auch kein Interesse am Klo, dann braucht es noch Zeit, die Signale des Körpers zu verstehen. Im Zuge der Autonomiephase ist die Kontrolle über die Blase ein wichtiger Meilenstein in der Entwicklung deines Kindes hin zur eigenen Selbstständigkeit. Es ist wichtig, diese Impulse wahrzunehmen und sie dahingehend zu unterstützen und zu bestärken. Das soll immer ohne Druck geschehen. Die vollständige Darmkontrolle deines Kindes setzt erst zwischen dem dritten und vierten Lebensjahr ein. Dies lässt sich nicht durch ein „Training" beschleunigen – im Gegenteil, es sind Raum, Zeit und Intimität wichtig. Dadurch kann das individuelle Tempo deines Kindes achtsam begleitet werden.

Durch eine strenge oder frühe Sauberkeitserziehung entsteht in deinem Kind ein sehr hoher Druck. Bei diesen Kindern ist es in der Regel so, dass sie genauso wie Kinder, die nicht „trainiert" werden, mit spätestens fünf Jahren nachts und tagsüber keine Windel mehr brauchen. Somit bietet das Töpfchentraining keinen Vorteil, sondern schadet nur deinem Kind. Es befindet sich in einer Phase, in welcher es für sich entscheidet, dass es noch nicht loslassen möchte. Je mehr Druck ausgeübt wird, desto mehr hält es den Stuhlgang zurück und entwickelt einen Widerstand.

Dass dein Kind nicht gerne aufs Klo geht, kann auch damit zusammenhängen, dass es unter einer „Darmträgheit" leidet. Diese ist häufig vererbt und das Kind leidet unter diesem Umstand. Meist sind auch die Eltern oder Verwandte davon betroffen. Hier ist es umso wichtiger, keinen Druck auszuüben und deinem Kind Zeit zu lassen. Genauso fatal ist es, wenn dir in diesem Entwicklungsprozess deines Kindes „Faulheit" vorgeworfen wird. Kaum ein Thema wird so heiß unter Eltern diskutiert und verglichen wie die Frage: „Wann hat dein Kind keine Windel mehr getragen?" Und genau hier sind viele nicht ehrlich. Andere wiederum können sich überhaupt nicht mehr erinnern, wann ihr Kind keine Windel mehr getragen hat. **Weil es auch überhaupt nicht relevant ist!** Wichtig ist es, dass du dein Kind begleitest und keinen Druck aufbaust. Und das Gespräch mit dem Kinderarzt oder der Kinderärztin deines Vertrauens suchst, wenn dir etwas komisch vorkommt. Es gibt auch Beratungsstellen genau zu diesem Thema. Dein Kind versteht oft noch gar nicht, was in seinem Körper vor sich geht und reagiert deshalb manchmal auch mit gefühlsstarken Ausbrüchen.

Bitte verweigere deinem Kind das Trinken kurz vor dem Zubettgehen nicht. Ein durstiges Kind kann sich nicht entspannen und schläft schlechter. Du hast damit also nichts gewonnen, sondern die Einschlafbegleitung verschiebt sich nach hinten, weil das Kind gedanklich immer beim Glas Wasser ist. Dein Kind muss beim Entleeren der Blase und des Darms erst einmal „lernen", den Schließmuskel bewusst zu entspannen und dann auch anzuspannen. Der Körper muss nach und nach die Schlaftiefe anpassen und gleichzeitig muss im Gehirn die Produktion des antidiuretischen Hormons gebildet werden. Das sorgt, dafür, dass nachts weniger Urin produziert wird und dein Kind nachts nicht mehr aufs Klo muss. „Nässen" ältere Kinder (nach dem sechsten Lebensjahr) immer wieder nachts ein, kann es sein, dass dieses Hormon nicht ausreichend produziert wird. Dadurch fehlt das Signal an das Gehirn, dass das Kind aufwacht und aufs Klo muss. Das solltet ihr ärztlich abklären lassen. Das „Einnässen" kann aber auch z. B. durch die Trennung der Eltern, die Geburt eines Geschwisterchens oder andere einschneidende Ereignisse ausgelöst werden.

Tipp: Alle gesetzlichen Krankenkassen zahlen für Kinder ab sechs Jahren die Windeln als Hilfsmittel!

Wir haben es unter anderem dem Kinderarzt Remo H. Lago zu verdanken, dass es heute eine entspanntere Sicht auf das Sauberwerden gibt und klar ist, dass du das nicht mit deinem Kind „trainieren" musst. Wichtig ist stattdessen, Zeit und Anreize zu bieten sowie ein gutes Vorbild zu sein.

Natürlich gibt es auch das gegenteilige „Problem": **Dein Kind möchte keine Windel mehr tragen, ist aber noch nicht in der Lage, die Blase richtig zu kontrollieren und es geht öfters etwas daneben.**

- Ganz wichtig: Stelle dein Kind nie bloß oder beschäme es! Hier gilt es ebenso liebevoll zu begleiten.

- Es kann sein, dass dein Kind z. B. eine Höschenwindel anzieht, da es damit selbstbestimmt aufs Klo gehen kann. Manche Kinder verweigern aber auch das. Dann hilft nur, ganz viel Wechselkleidung dabeizuhaben. Meistens nehmen die Kinder die Höschenwindel an, sobald es mehrmals in die Hose gegangen ist. Denn sie werden ja jedes Mal aus dem Spiel gerissen, wenn sie umgezogen werden müssen.
- Natürlich möchtest du dein Kind schützen, damit andere (vor allem Kinder) sich nicht lustig machen. Hier helfen Gespräche. Kinder sind in diesen Situationen normalerweise alt genug, um zu verstehen, was die Höschenwindel für Vorteile bietet und dass sie damit trotzdem eigenständig auf das Klo gehen können.
- Du kannst deinem Kind zum Beispiel auch erklären, dass Astronauten früher im Weltall Windeln tragen mussten, weil es noch keine richtigen Toiletten in den Raumschiffen gab.

Bei der Sauberkeitsentwicklung ist es wichtig, das Kind einfühlsam zu begleiten und zu nichts zu drängen.

„SAUBER SEIN" IN DER KITA

Denk an das Beispiel von Bettina und Simon. Wünschenswert wäre es gewesen, gemeinsam mit der Kita zu überlegen, wie man ihr Kind achtsam auf dem Weg der Sauberkeitsentwicklung begleiten kann. Viele Träger haben den Ansatz „Sauber sein bei Vertragsbeginn" bereits aus ihren Verträgen gestrichen. Die Platzvergabe darf juristisch nicht daran gebunden sein. Stellt sich die Kita stur, bringe gerne Fachartikel und neueste Studien ein. Um Konflikte zu vermeiden, bietet sich immer das persönliche Gespräch an, gerne auch mit der Leitung, dem Träger oder einer Fachberatung.

Feel Goods

- Stelle Monsterspray mit deinem Kind zusammen her – die Anleitung findest du weiter vorne im Kapitel „Klo doof – alles doof".
- Dekoriere das Klo ansprechend.
- Stelle für dein Kind Bücher in einem Korb neben dem Klo bereit.

Bilderbuchempfehlungen

- „Keine Angst vor Löwen!" von Heinz Janisch und Katja Gehrmann
- „Moritz Moppelpo braucht keine Windel mehr" von Hermine Stellmacher
- „Die Kackwurstfabrik" von Maria Baseler und Annemarie van den Brink

Good to know: Kinder in ihren Emotionen ernst nehmen und begleiten

Damit Kinder lernen können, ihre Gefühle wahr- und ernst zu nehmen, brauchen sie unsere ehrliche Begleitung – auf Augenhöhe und mit allem Respekt. Kinder brauchen die Sicherheit, jedes Gefühl ausleben zu dürfen, ohne bewertet oder sanktioniert zu werden. Nur so können sie Gefühle überhaupt kennenlernen, wahrnehmen, irgendwann benennen und lernen, damit umzugehen. Es gibt keine schlechten Gefühle. Sie fühlen sich nur unterschiedlich an. Wut zum Beispiel fühlt sich deutlich anders an als Glück. Aber ist sie schlechter? Sie ist genauso ein Gefühl wie die von uns Erwachsenen positiv besetzen Gefühle. Genauso stark, genauso überwältigend, genauso verwirrend. Genauso intensiv. Wir Erwachsenen haben gelernt, Gefühle zu bewerten. Wichtiger aber ist, zu lernen, mit den Gefühlen umzugehen und diese irgendwann zu regulieren. Das aber muss begleitet und selbst erfahren werden. Denn: Gefühle sind ja da. Das Kind muss nur lernen, damit umzugehen.

Ist dein Kind also wütend, verzweifelt, traurig, ängstlich, ...

- kannst du hinterfragen, warum es sich so fühlt und Verständnis sowie echtes Interesse dafür zeigen.
- Das mag im akuten Moment nicht immer möglich sein, zu tief steckt das Kind in dieser Emotion, um antworten zu können. Signalisiere deinem Kind in diesem Fall, dass du da bist, es nicht allein da durch muss und es völlig okay ist und nicht weniger geliebt wird oder abgelehnt wird, nur weil es gerade so wütend, verzweifelt, traurig oder ängstlich ist.
- Manchmal reicht es schon, Augenkontakt mit dem Kind zu halten und nicht aus der Situation zu gehen.
- Sprich mit ihm, wenn es möglich ist: *„Ich sehe, wie wütend (verzweifelt, traurig, ängstlich) du bist! Was ist denn der Grund dafür? Was kann ich tun, sodass du nicht mehr so wütend (verzweifelt, traurig, ängstlich) sein musst?"*
- Du zeigst ihm ehrliches Interesse und Empathie und gibst ihm die Möglichkeit, sich mit seinen Gefühlen in einem geschützten Rahmen auseinanderzusetzen.
- Vielleicht möchte es jetzt mit dir darüber sprechen, dann könnt ihr gemeinsam herausfinden, was denn hinter diesen Gefühlen steckt und eine Strategie entwickeln, wie es aus diesen Gefühlen wieder herauskommt. Daran wächst dein Kind.
- Vielleicht möchte es aber auch nicht darüber sprechen und das ist völlig okay. Es fühlt sich aber in seinen Gefühlen wahr- und ernst genommen und hat gelernt, Emotionen völlig wertfrei zuzulassen.
- Oft ist auch klar, was diese Gefühle / den Trotzanafall ausgelöst hat. Das macht es einfacher, diese Situation aufzugreifen. *„Ich verstehe, dass es dich ärgert, dass wir heute nicht mehr auf den Spielplatz gegangen sind / ich keinen Kuchen gebacken habe / usw."*
- Biete realistische Lösungsmöglichkeiten an, am besten natürlich mit dem Kind gemeinsam.
- Versuche, nicht gleich das Negative im Kind zu sehen („Das macht es jetzt mit Absicht!"), sondern die wirklichen Beweggründe.

Manchmal verändern sich die Emotionen während einer Situation. Aus Wut wird pure Verzweiflung oder Trauer.

SILKE, ELISA UND DAS ANZIEHEN

Die knapp zweijährige Elisa möchte unbedingt ihr Oberteil selbst anziehen. Es will aber einfach nicht funktionieren. Anfangs ist sie darüber sehr wütend. Sie versucht es immer und immer wieder, manchmal funktioniert es beinahe, dann will der Kopf nicht durch die Öffnung. Die Wut schlägt langsam in pure Verzweiflung um. Dicke Tränen kullern über ihr Gesicht. Ihre Mama Silke nimmt beide Gefühle wahr und begleitet sie verbal. Sie würde ihrer Tochter gerne helfen, aber Elisa schiebt ihre Mama immer wieder weg – „Leine machen!" Erst als Silke ihr ein anderes Oberteil anbietet, darf sie Elisa helfen. Gemeinsam schaffen sie es und Elisa ist stolz wie Bolle, es fast allein geschafft zu haben.

In diesem Beispiel gab es gleich drei verschiedene Gefühle beim Kind und alle hatten ihre Berechtigung und sind nachvollziehbar. Es kann aber sein, dass es dir nicht immer sofort offensichtlich ist, welches Gefühl bei deinem Kind gerade am stärksten ist. Frag nach, vielleicht kann es das Gefühl benennen oder beschreiben. Am wichtigsten allerdings ist, dass die Gefühle nicht bewertet oder infrage gestellt werden („Wegen so einer Kleinigkeit bist du jetzt so verzweifelt?"). Nur so kann dein Kind lernen, mit Gefühlen gut umzugehen und sich mit steigendem Alter selbst zu regulieren. Durch Lob, welches mit echter Anerkennung und Wertschätzung verbunden ist, unterstützt du dein Kind hierbei.

LOBEN UND ANERKENNEN

Natürlich ist es okay, wenn du dein Kind lobst. Das Streben nach Anerkennung ist ein Bedürfnis, das in uns Menschen verankert ist. Wichtig dabei ist jedoch, dass du dir bewusst bist, was du mit einem Lob erreichen möchtest.

Folgende Fragen können dir helfen, dein Kind anerkennend und wertschätzend zu loben:

- Ermutigst du dein Kind mit deinem Lob? Möchtest du ihm wirklich Wertschätzung und Anerkennung zeigen? *„Ich habe gesehen, wie du deine Schuhe ausgezogen hast! Das hast du ganz allein geschafft!"* oder möchtest du nur ein von dir erwünschtes Verhalten verstärken? („Du hast so toll aufgeräumt!")
- Lobst du dein Kind, wenn es etwas „Tolles" gemacht hat? Begegnest ihm aber nicht auf Augenhöhe, wenn es etwas „Falsches" getan hat? Die Gefahr, dass dein Kind irgendwann für sich übersetzt, dass es Zuneigung, Liebe und Wertschätzung von dir nur dann erhält, wenn es etwas „Tolles" vollbracht hat, ist groß. Achte also darauf, auch bei Kritik zugewandt und liebevoll zu sein.

Lob ohne Bewertung, also eine echte Mitfreude und Wertschätzung über etwas Erreichtes, ist authentisch und ehrlich. Damit stärkst du dein Kind und seine sozialen Fähigkeiten genauso wie sein Selbstbewusstsein.

Wut und andere Gefühle

DIANA, MARCEL UND DER WUTANFALL

Marcel (3 Jahre) und bleibt plötzlich auf der Straße stehen. „Mama, trag mich heim!" Diana denkt gar nicht daran, ihren Sohn nach Hause zu tragen. „Er hat zwei gesunde Beine und kann laufen. Ich fange erst gar nicht an, ihn so zu verwöhnen", ist Dianas Faustregel. Marcel schreit und brüllt und wirft sich auf den Boden. Diana ist sehr genervt von den Faxen ihres Kindes.

Was passiert? Marcel ist erst drei Jahre alt. Er wird schneller müde als seine Mutter. Seine kleinen Beinchen tragen ihn noch nicht so weit wie die seiner Mutter. Es geht nicht darum, dass er keine Lust mehr hat, zu laufen. Er kann schlicht und ergreifend nicht mehr. Diana fühlt sich veräppelt. Noch auf dem Spielplatz ist Marcel wie ein junges Reh herumgesprungen. Und jetzt auf dem Heimweg hat er plötzlich keine Lust mehr zu laufen und möchte getragen werden? Diana möchte Marcel nicht „verziehen" und nach Hause tragen. Auf der anderen Seite hat sie einen weinende Marcel und der Heimweg ist alles andere als entspannt. Was soll sie tun?

Wenn es uns schlecht geht, möchten wir auch getragen werden. Im übertragenen Sinne natürlich. Wobei es nach einer langen Wanderung auch schön ist, anschließend mit dem Auto nach Hause fahren zu können. Nichts anderes passiert gerade beim Kind. Von daher ist es kein „Verwöhnen", wenn Diana ihren Sohn nach Hause trägt (oder in den Buggy setzt), sondern einfach eine Hilfe in einer anstrengenden Situation. Marcel kann seine Kräfte noch nicht einteilen oder vorausschauend agieren. Deshalb hat er den noch anstehenden Heimweg überhaupt nicht im Blick, wenn er sich auf dem Spielplatz austobt. Das kann man von einem Kind in diesem Alter nicht erwarten.

Sätze wie „Ach, das ist doch nicht so schlimm“ oder gar „Deswegen weinst du? Du bist doch kein Baby mehr!“ …

- werten Gefühle ab, das Kind wird ins Lächerliche gezogen.
- erniedrigen dein Kind und vermitteln ihm, dass sein Gefühl jetzt falsch ist.
- Damit wird es dann alleingelassen und bekommt keine Inspiration von dir, wie es mit dem jeweiligen Gefühl nun umgehen kann.

Nur weil du keine Angst vor dem Keller hast, heißt das nicht, dass dein Kind auch keine haben darf. Hast du Ängste? Vor Spinnen, vor dem Zahnarzt, vor dem Fliegen? Wie sehr hilft dir dabei, wenn andere lachen und dir sagen, dass du „doch keine Angst haben brauchst?“ Du würdest dich in diesem Moment ausgelacht und nicht ernst genommen fühlen und dich und unter Umständen schämen. Dabei handelt es sich um etwas, was du erst mal nicht steuern kannst. **Versuche mit deinem Kind herauszufinden, was ihm Angst macht. Hör ihm zu, nimm es ernst und respektiere diese Angst.** So könnt ihr gemeinsam überlegen, ob es eine Strategie aus der Angst gibt und wie diese aussehen kann. Dein Kind wird wahrgenommen und geht gestärkt und voller Vertrauen in sich und dich aus der Situation. Es hat gelernt, dass es Gefühle spüren darf, sich mitteilen kann und nicht allein damit ist. Das gilt nicht nur für Wut und Angst, sondern für alle Gefühle.

Deine eigenen Gefühle kennenlernen

Um dein Kind gut durch die Gefühle begleiten zu können, ist es wichtig, dass du selbst eine breite Palette an Gefühlen benennen kannst. Das ist nicht immer einfach und fällt dem einen schwerer oder der anderen leichter.

Such dir fünf Gefühle aus, bei denen es dir besonders leichtfällt, sie zu zeigen. Findest du auch fünf Gefühle, die dir schwerer fallen?

- wütend
- traurig
- frustriert
- glücklich
- müde
- fröhlich
- überrascht
- ängstlich
- sauer
- aggressiv
- schuldig
- hilflos
- enttäuscht
- neugierig
- stolz
- zufrieden

Tipp: Um dein Kind möglichst gut in seinen Gefühlen begleiten zu können, helfen auch Bilderbücher, in denen das Thema Gefühle aufgegriffen wird. Auch Spiele, in denen Gefühle eine Rolle spielen, sind hier wertvolle Unterstützungen. Zum Beispiel ein Gefühlsmemory. Gefühlskarten oder ein selbstgestaltetes Plakat, auf das jedes Familienmitglied jeden Tag mit einem Smiley seine momentane Befindlichkeit (gut/schlecht/traurig/müde etc.) pinnen kann, können hilfreich sein. Die Wut wird im Kapitel ➔ „Gemeinsam durch die Wut“ noch eine größere Rolle spielen.

ALTE SPRÜCHE, NEU GEKONTERT

„Ihr werdet schon noch sehen, was ihr von eurer Erziehungsmethode habt!"

Ja. Werden wir. Wir gehen davon aus, dass wir sehen werden, wie unser Kind zu einem sicher gebundenen Menschen heranwächst, der geliebt wird, dem vertraut wird, der sich frei entfalten durfte und jederzeit gesehen wird. Vermutlich wird unser Kind so zu einer starken Persönlichkeit reifen, die über ein gesundes Selbstvertrauen und Empathie verfügt. Wir freuen uns darauf!

Lass es doch einfach mal schreien und ignorier es doch auch mal! Das Kind gewöhnt sich noch daran, dass du gleich reagierst!"

Möchtest du, dass ich diesen Satz das nächste Mal zu dir sage, wenn du bei mir zu Besuch bist und etwas brauchst? Oder Liebeskummer hast? Traurig bist und weinst? Nein? Aber mein eigenes Kind soll ich ignorieren, wenn es mich braucht?

Macht keinen Sinn, findest du nicht auch? Ich finde es wunderschön, dass mein Kind sich so auf mich verlassen kann und weiß, dass ich da bin, wenn es mich braucht. Daran darf es sich sehr gerne gewöhnen.

Babys, die man schreien lässt, können sogar richtige Todesangst entwickeln. Also nein, ich ignoriere mein Kind nicht, wenn es mich braucht.

Auf die Plätze, fertig, los – Gemeinsam das Haus verlassen

Vom Trödeln und Noch-spielen-Wollen

CLAIRE, KAI UND DER AUFBRUCH

Monika ist mit ihrer Tochter Claire (5 Jahre) auf dem Spielplatz und als es Zeit ist heimzugehen, macht Claire ein riesiges Theater – sie brüllt und weint. Immer wieder schreit sie: „Ich will noch weiterspielen." Monika versteht das nicht. Da haben sie nun mehrere Stunden auf dem Spielplatz verbracht und dann bekommt Claire so einen Trotzkopf. Was soll sie denn noch machen? Wenn es nach Claire geht, könnte sie vermutlich den ganzen Tag auf dem Spielplatz verbringen.

Kinder haben noch kein richtiges Zeitgefühl und gerade beim Spielen vergessen sie alles um sich herum. Ähnlich ergeht es Helena mit ihrem Sohn Kai (3,5 Jahre). In ihren Augen trödelt er morgens immer, wenn sie das Haus verlassen. Er zieht sich sehr langsam an und auch das Treppenlaufen dauert fast doppelt so lange. Seit ein paar Tagen beobachtet sie auch ein ähnliches Verhalten, wenn sie ihn zum Essen ruft oder wenn sie beim Kinderturnen in die Umkleidekabinen gehen. Erst gestern hat sie zu ihm gesagt, dass sie und sein Papa ohne ihn anfangen würden zu essen, wenn er sich nicht beeilt. Damit fing das Gebrüll an. Kai beruhigte sich überhaupt nicht mehr und steigerte sich immer weiter rein. Helena wusste überhaupt nicht, was sie tun sollte, und hat ihn brüllen lassen, da er überhaupt nicht auf sie reagiert hat.

Übergänge
Vielleicht hast du das bei deinem Kind auch schon beobachtet: Im ersten Moment spielt es völlig ausgelassen im Kinderzimmer und wenn du es zum Essen rufst, ist es vorbei mit dem Frieden. Oder du hast mit deinem Kind einen Kampf, bis ihr es nach draußen schafft. Sobald ihr draußen seid, ist alles wieder in Ordnung.

Geht es hier wirklich um Trotz, Trödeln oder keine Lust? Nein! Vielmehr geht es um die Übergänge von einer Situation in die nächste.

Für dein Kind sind Übergänge im Alltag oftmals eine große Herausforderung. Hierzu gehören auch vermeintlich kleine Übergänge, wie zum Beispiel mit dem Spielen aufzuhören und zum Essen zu gehen oder sich anzuziehen, um dann auf den Spielplatz zu können. Dein Kind empfindet Zeit als etwas sehr Abstraktes, es kann nicht in die Zukunft planen und befindet sich meistens im Hier und Jetzt. Das kindliche Zeitgefühl bezieht sich nicht auf Uhrzeiten, sondern orientiert sich an Bekanntem im Tagesablauf. Aus diesem Grund sind Rituale etwas sehr Wichtiges, um dein Kind auf diese Übergänge vorzubereiten. Aber auch Sanduhren oder Angaben, wie beispielsweise *„Du kannst noch zwei Lieder hören, dann müssen wir uns anziehen“* können ihm helfen, Übergänge besser zu meistern.

Stellen wir uns einmal vor, dass dein Kind ein Auto ist und auf einer Straße fährt. Es fährt mal weiter links, mal weiter rechts und manchmal vielleicht auch Schlangenlinien. Die Fahrbahnmarkierungen und Straßenschilder bilden hierbei eure Rituale – also die Struktur, anhand derer sich dein Kind zurechtfinden und orientieren kann. Sie schränken es dabei nicht ein, sondern geben ihm genügend Spielraum, um sich auf die neue Situation einstellen zu können. Unerwartetes und Spontanes, wie ein herbeirauschender LKW oder ein plötzlicher Fußgänger / eine plötzliche Fußgängerin auf der Straße, können Autofahrer*innen ganz schön aus dem Konzept und ins

Schlingern bringen. So können auch Übergänge dein Kind unter Stress setzen und „ins Schlingern“ bringen, auch wenn diese ihm eigentlich bekannt sind. Während dein Kind ins Spiel vertieft ist, kann es überfordernd sein, wenn ein Übergang zu plötzlich und unerwartet kommt. Durch Rituale wird es sich besser darauf einstellen können.

RITUALE

Rituale sind kleine Helferlein im Alltag.

- Durch Rituale kann sich dein Kind auf die Übergänge einstellen.
- Sie geben ihm Sicherheit und Struktur.
- Sie stärken sein Zeitgefühl, nicht nur für die Uhrzeit, auch für Wochentage, Monate oder Jahreszeiten.
- Stimme Rituale immer auf dein Kind und euch als Familie ab.
- Rituale sollten nicht in Stein gemeißelt sein, denn oftmals hat ein neues Ritual etwas Magisches und kann Wunder bewirken.
- Das Ritual sollte zu der jeweiligen Situation passen und somit eindeutig sein, z. B. abends ruhige Musik spielen lassen, denn laute Musik könnte hier das Gegenteil bewirken und dein Kind dreht nochmal richtig auf.
- Rituale reduzieren Ängste.
- Rituale fördern Lernprozesse, denn sie wiederholen sich.

Natürlich soll euer Tag nicht nur aus Ritualen bestehen, sondern sie sollen sich mit Abwechslungen die Waage halten. Rituale können auch die verschiedenen Sinne deines Kindes ansprechen. Hier ein paar Beispiele:

Rituale für den Alltag

- Sanduhren, als sichtbares Ritual, z. B. um eine Spielzeit zu begrenzen und den nächsten Schritt im Alltag anzukündigen
- eine Klangschale, ein Lied oder eine Triangel als hörbares Ritual
- das Zimmer lüften oder einen Duft versprühen als duftendes Ritual
- ein Schlafwichtel oder ein Anti-Monster-Spray als magisches Ritual

Trödeln

Du hast es eilig und dein Kind sammelt beim Laufen jeden einzelnen Stein ein. Kennst du das? Dein Kind will dich damit nicht ärgern, sondern es will seine Umwelt entdecken – denn es gibt so viel Interessantes zu sehen. Gerade vor Baustellten verbringen Eltern viel Zeit Du könntest natürlich dein Kind einfach schnappen und weiterlaufen oder es in den Kinderwagen setzen. Das wäre allerdings sehr übergriffig und würde verständlicherweise zu großen Protesten führen.

- Achtsamer ist es, dir entweder die Zeit zu nehmen und mit deinem Kind gemeinsam diese Schätze zu entdecken.
- Oder bei Zeitnot eine klare, aber liebevolle Haltung zu zeigen: Erkläre deinem Kind, dass jetzt leider keine Zeit dafür ist. Es kann sich einen Stein aussuchen und dann geht es aber weiter.
- Entspannter ist es auch, wenn ihr zwei Routen habt. Die eine Route bietet recht wenig Reize und ist geeignet, wenn es mal schnell gehen muss und nicht so viel Zeit ist. Die andere ist viel interessanter, führt zum Beispiel am Spielplatz vorbei oder durch den Park. Diese kannst du mit deinem Kind nehmen, wenn ihr Zeit habt und es egal ist, wann ihr am Ziel ankommt.
- Du könntest aber auch die einzelnen Stationen eines längeren Weges ankündigen: *„Zuerst laufen wir beim Bäcker vorbei, dann steigen wir an der Bushaltestelle in den Bus und fahren zur Kita.“*
- Baue wenn möglich einen zeitlichen Puffer ein und gib deinem Kind Signale wie *„Gleich kommt der Bus, du kannst dir jetzt noch einen Stein aussuchen und dann müssen wir weiter, sonst fährt der Bus ohne uns.“*

Drohe deinem Kind bitte nicht, es einfach stehen zu lassen und ohne es nach Hause zu gehen. Das würdest du vermutlich eh nicht tun, also verzichtet auf solche Sprüche. Damit spielst du nur mit den Urängsten deines Kindes, tatsächlich verlassen zu werden. Das Ergebnis mag zwar sein, dass dein Kind angelaufen kommt – aber aus Angst und Panik. Du vermittelst dabei außerdem, dass du dein Kind verlassen würdest, wenn es nicht deinen Vorstellungen entspricht. Dein Kind vertraut dir! Findet also bitte eine andere gemeinsame Lösung.

Feel Goods

- Nimm dir bewusst Zeit für dich. Das können fünf Minuten im Badezimmer sein oder noch besser längere Einheiten, die nur dir gehören. Mach die Augen zu, atme durch, hör deine Lieblingsmusik, tanze durch das Haus, sitz einfach nur so da – was immer du möchtest. Konzentriere dich nur auf dich. Jetzt bist nur du dran.
- Bastle eine Sanduhr mit deinem Kind

Bilderbuchempfehlungen

- „Bin gleich fertig!“ von Martin Baltscheit und Anne-Kathrin Behl
- „Wieso? Weshalb? Warum? Die Uhr und die Zeit“ von Angela Weinhold
- „Die Kleine Hummel Bommel und die Zeit“ von Maite Kelly und Britta Sabbag
- „Fünf Minuten“ von Liz Garton Scanlon und Audres Vernick

Im Supermarkt

GEORG, MALTE UND DER WUTANFALL

Georg ist mit Malte (4 Jahre) beim Einkaufen. Malte nörgelt während des ganzen Einkaufs und am Ende hat er es geschafft, an der Kasse einen Schokoriegel zu schnappen und auf das Band zu legen. Georg bemerkt dies, legt den Schokoriegel wieder in das Regal und sagt: „Nein, es gibt nichts Süßes." Und schon kippt die Stimmung von Malte ganz.

Malte saß im Einkaufswagen und wollte vielleicht auch gerne mit „einkaufen" und hat nicht die Möglichkeit bekommen mitzuhelfen – er hätte gerne auch etwas in den Wagen gelegt.

Gibt es diese Situationen bei euch auch?

- Dann schreibe zum Beispiel mit deinem Kind einen Einkaufszettel
- und beziehe es beim Einkauf mit ein, lass es zum Beispiel Lebensmittel in den Wagen legen.
- Oder es gibt vielleicht die Möglichkeit, dass dein Kind den Einkauf am Ende bezahlen darf?

Oftmals passiert beim Einkaufen auch etwas, mit dem du nicht gerechnet hast und somit gar nicht verstehst, was in diesem Moment für dein Kind so schwierig ist.

SIMONE, MARLENE UND DIE SÜSSIGKEITEN

So ergeht es auch Simone, die nach der Kita noch schnell mit ihrer Tochter Marlene (3,5 Jahre) in die Drogerie gegangen ist, da das Müsli am Morgen ausgegangen ist.

Als sie am Regal mit dem Müsli angekommen sind, stellt Simone fest, dass Marlenes Lieblingsmüsli eine neue Verpackung hat. Anstatt der freundlichen Biene ist nun ein lächelndes Kind darauf zusehen. Simone will das Müsli gerade in den Einkaufswagen legen, den Marlene schiebt, da protestiert Marlene: „Nein, nein, nein, das ist das falsche Müsli." Simone erklärt ihr, dass es das gleiche Müsli ist und sich nur die Verpackung geändert hat. Marlene wird immer lauter, fängt an zu weinen und auf den Boden zu stampfen. Mittlerweile hat sich schon eine ältere Dame eingemischt: „Die Mama hat doch gesagt, dass es das gleiche Müsli ist, jetzt hör auf sie und sei schön brav." Simone ist das sichtlich peinlich und sie versucht nochmals mit Engelszungen, Marlene die Lage zu erklären. Doch die hört gar nicht mehr zu und, brüllt und weint. Ein älterer Herr schaltet sich ein: „Das gehört sich aber für ein Mädchen gar nicht, dass du so wütend bist und nicht auf die Mama hörst". Simone ist völlig verzweifelt und verspricht Marlene deshalb: „Du darfst dir was bei den Süßis aussuchen, wenn wir das Müsli jetzt mitnehmen." Marlene wird ruhiger und schaut ihre Mama mit großen Augen an. Simone bekräftigt nochmal: „Ja du hast richtig gehört, du darfst dir ausnahmsweise was aussuchen, wenn wir das Müsli jetzt in den Einkaufswagen legen." Marlene nickt und legt das Müsli in den Wagen. Die ältere Dame wendet sich an den Herrn „Die tanzt ihrer Mutter ganz schön auf der Nase herum, früher hätte es das nicht gegeben und die Kinder haben einfach gespurt."

Es gibt Situationen, da solltest du dir überlegen, ob und wie du dein Kind mehr einbeziehen und es entscheiden lassen kannst. In dem Beispiel von Simone und Marlene könntest du dir folgende Fragen stellen:

- Warum bringt die neue Müslipackung Marlene so aus der Fassung? Die letzten Male haben sie immer das Müsli mit der Biene gekauft und nun ist es eine neue Verpackung, das verunsichert Marlene und das hat sie ihrer Mutter sogar gesagt. Marlene versteht noch nicht, dass in der neuen Verpackung das gleiche Müsli ist wie in der alten. Ihre Reaktion ist ein Schutzmechanismus vor etwas vermeintlich Neuem (s. Kapitel „Ihh Brokkoli!").

- Wie hätte Simone reagieren können?
  Simone hätte sagen können: *„Oh, da hast du Recht, Marlene, das sieht ganz anders aus – die Biene fehlt. Das ist komisch. In der Verpackung ist aber unser Müsli. Schau das Bild an, da isst das Kind das Müsli, das du auch so gerne morgens isst."* Oder ein Müsli aus dem Regal nehmen, bei dem durch die Packung das Müsli sichtbar ist. Simone könnte ihr auch aus bestimmten Müslisorten (die sie auswählt) die Auswahl lassen und Marlene damit das Gefühl geben, dass sie sie ernst nimmt. Wenn gar nichts mehr geht und Marlene schon so in Abwehrhaltung geht, kann sie den Müslikauf verschieben. Auch das ist völlig okay.
- Wie stellt sich die Situation aus Sicht des Kindes dar?
  Kennst du auch ähnliche Situationen, wo du sehr großen Wert auf ein bestimmtes Produkt legst? Tampons, Duschgel, Shampoo, Kosmetika oder bei bestimmten Werkzeugen?

Natürlich verfügen wir Erwachsenen über eine ausgeprägtere Impulskontrolle, dennoch löst so eine Situation auch in uns ein Gefühl von Frust aus. Dieses Gefühl verspüren unsere Kinder auch, können es aber noch nicht kontrollieren und gerade, wenn sie noch jünger sind, können sie es unter Umständen nicht mal sprachlich ausdrücken oder überhaupt einordnen. Deshalb ist es wichtig, dass du dein Kind in den Gefühlsausbrüchen begleitest und den sprachlichen Teil übernimmst: *„Ich merke gerade, dass es dich sehr frustriert, dass das Bienenmüsli nicht mehr da ist."*

Die meisten anderen um euch herum werden sich diese Gedanken wahrscheinlich gerade nicht machen. Deshalb kommt es oft zu doofen Kommentaren von Leuten, die euch beobachten. Natürlich weiß es jede*r besser und möchte sein oder ihr Würstchen in den Senftopf tunken. Ungefragt seine Meinung zu sagen, ist irgendwie sehr in Mode gekommen und das finden wir sehr schade. Denn wenn ich nicht nach deiner Meinung frage, musst du mir deine auch nicht sagen – vor allem, wenn ich dich gar nicht kenne. Das ist leichter gesagt als getan. Merk dir eines: **Du musst dich nicht rechtfertigen und schon gar nicht gegenüber Fremden.** Aber ein schlagfertiger Satz kann entwaffnen. Versuche dir welche parat zu legen und sie dann in solchen Situationen einfach aus dem Ärmel zu schütteln.

Hörst du den Satz: „Jetzt hat das Kind aber seinen Willen bekommen", antworte doch mit: *„Ja und andersherum hätte ich ihn bekommen, wir wechseln uns hier ab – denn es kann ja nicht sein, dass ich freches Früchtchen immer meinen Willen bekomme."* Lass die Personen dann auch einfach stehen.

GEMEINSAM EINKAUFEN

Es kann entlastend sein, auch einfach ohne Kinder einzukaufen – gerade wenn Kinder übermüdet sind und ein Einkauf zu einem unnötigen Machtkampf wird. Frage dich, ob du jetzt wirklich gemeinsam mit deinem Kind einkaufen gehen musst oder ob du es vielleicht ein bisschen später aus der Kita abholst. Normalerweise wird das Einkaufen mit Kindern ab ca. dem fünften Geburtstag wieder entspannter, denn hier verfügen die Kinder über eine deutlich bessere Impulskontrolle und können ähnliche Situationen besser aushalten.

Feel Goods

- Wann hast du dir das letzte Mal nur etwas für dich gekauft? Wenn es möglich ist, gönn dir etwas Schönes. Eine neue Handtasche,

einen Akkuschrauber oder ein Stück Kuchen, einfach so. Weil du es dir wert bist.
- Gestalte mit deinem Kind eine Einkaufsliste (z. B. mit Bildern), entweder zum Mitnehmen oder für zu Hause.

Bilderbuchempfehlungen

- „Lotta geht einkaufen“ von Friderike Bostelmann
- „Pit und Pelle gehen einkaufen“ von Stefanie Schütz und Susanne Göhlich

Wenn Oma und Opa plötzlich abgelehnt werden

BERND, JULIUS UND DAS RUMPELSTILZCHEN

Bernd kommt von der Arbeit nach Hause und hört schon durch die geschlossene Wohnungstür seinen Sohn Julius (4,5 Jahre) schreien: „Nein ich will nicht zu Oma Brigitte!“ Als Bernd ins Wohnzimmer kommt, sieht er seine Frau Melanie völlig erschöpft auf dem Sofa sitzen, während Julius wie ein Rumpelstilzchen um sie herum hüpft und vor Zorn brüllt. Diese Situation hatten sie vor ein paar Tagen schon einmal, und es hat sie sehr viel Überredungskunst gekostet, dass Julius mitkam.

Die Situation, dass Kinder plötzlich nicht mehr zu den Großeltern möchten oder eine andere, vertraute Person von einem Tag auf den anderen ablehnen, kommt häufiger vor, als man denkt. Diese Situation ist besonders schwierig, weil natürlich die Gefühle dieser Person verletzt werden und es oft nicht gleich nachvollziehbar ist, aus welchen Gründen das Kind dieses Verhalten zeigt. **Gehe in solchen Fällen besonders sensibel vor, aber stelle das Bedürfnis deines Kindes in den Vordergrund.** Manchmal ist solch eine Situation einfach zu lösen. Vielleicht ist es „nur“ das neue Parfum der Oma, das dazu führt, dass das Kind die Oma „nicht mehr riechen kann“. Oder ein neues Bild im Wohnzimmer, das Angst macht, oder Musik, die jedes Mal läuft, wenn das Kind zu Besuch ist. Tatsächlich können solche Dinge, die in unseren Augen Kleinigkeiten sind, dazu führen, dass sich das Kind plötzlich nicht mehr wohlfühlt. Manchmal kann es die Ursache auch selbst benennen („Opa stinkt!“), oftmals fehlen ihm aber noch die Worte oder es weiß selbst noch nicht so genau, was stört. Dann liegt es an dir, mit viel Gespür und Gefühl den Grund herauszufinden. Manchmal liegen die Gründe aber auch tiefer und sind schwieriger zu beheben. Ist etwas vorgefallen, das das Kind nicht loslässt? Hier können zum Beispiel unterschiedliche Erziehungsstile verantwortlich sein: Das Kind musste aufessen, sitzen bleiben obwohl es das nicht möchte, wurde erniedrigt durch Sätze wie „Du bist doch kein Baby mehr“ oder andere Verhaltensweisen, die es von zu Hause nicht kennt.

Ob du die Gründe kennst oder nicht, du kannst auch hier dein Kind unterstützen und begleiten:

- **Suche das Gespräch mit deinem Kind.** Vielleicht verrät es dir den Grund. Konkret, weil es die Situation gut benennen kann („Mir ist es immer zu laut bei Tante Ines und Onkel Georg“) oder abstrakt („Das wohnt ein Monster und das verschluckt mich, wenn wir zu Rolf wollen“). Auch bei umschreibenden Erklärungen bekommst du eventuell eine Vorstellung davon, was los ist, und kannst daran anknüpfen.
- **Nimm die Gefühle deines Kindes bitte immer ernst** und respektiere die Beweggründe, auch wenn diese in deinen Augen das Verhalten und die damit verbundene Abwehr nicht rechtfertigen. Für dein Kind sind sie gravierend und es braucht dich, um ernst genommen zu werden.
- **Überlege gemeinsam mit deinem Kind, was ihm helfen könnte** bzw. was ihr gemeinsam verändern könnt, um den Besuch angenehm werden zu lassen.

- **Suche das Gespräch mit den Großeltern bzw. der betreffenden Person**. Ganz wichtig: Erkläre ihnen, dass sie das Verhalten auf gar keinen Fall persönlich nehmen dürfen. Das dürfte schwierig zu vermitteln sein, lehnt dein Kind doch ganz konkret diese Person ab. Dennoch ist es meistens nichts Grundsätzliches, sondern eine Momentaufnahme. Diese muss ernst genommen und angeschaut werden. Gehe hier ganz behutsam und sensibel vor, denn natürlich trifft es die Großeltern (oder den Onkel, die Tante ...) wenn sie so unvermittelt vom geliebten Kind abgelehnt werden.
- **Unterstütze dein Kind dabei, diese Situation zu lösen.** Die eigene Befindlichkeit darf da sein, darf aber nicht über den Gefühlen des Kindes stehen.
- **Versuche zu vermitteln, auch wenn es schwerfällt.** Erkläre, dass die Reaktion deines Kindes nicht persönlich genommen werden soll. Dass du verstehst, dass solch eine Reaktion traurig macht. Es aber wichtig ist, dass diese Gefühle nicht auf dein Kind übertragen werden. Es kann sich in diesem Moment nicht anders ausdrücken, da es noch zu jung ist und seine eigenen Gefühle nicht steuern oder „angemessen" reagieren kann. Konkret kannst du sagen: *„Es sind eure Gefühle, macht bitte das so viel jüngere Kind nicht dafür verantwortlich. Das wäre eine ziemliche Bürde für so ein kleines Wesen. Versucht gemeinsam mit mir herauszufinden, was der Grund für das Verhalten sein könnte."*
- **Reflektiere, wann diese Besuche in der Regel stattfinden.** Unter der Woche, nach der Kita? Vielleicht ist dein Kind dann schon zu müde, um einen Besuch gut meistern zu können. Auch wenn es sich um eine vertraute Umgebung dreht, ist es nicht das Zuhause. Oder finden die Besuche am Wochenende statt? Vielleicht war die Woche für dein Kind so voller Impulse, dass es am Wochenende gerne auch Zeit ausschließlich mit dir und am liebsten daheim verbringen möchte. Obwohl es Oma und Opa sehr liebt, ist der Besuch ein „weiterer Termin". Hier könntest du versuchen, bewusste Familienzeiten einzuführen und darauf zu achten, dass dein Kind

genug Zeit mit dir oder einfach nur zu Hause verbringen kann. Was braucht dein Kind, um abzuschalten? Wie kann es dir trotzdem gelingen, einen Besuch einzuplanen?

- **Versuche den Perspektivwechsel.** Wie ist das für dich nach einem langen Arbeitstag? Willst du da nur nach Hause oder bist du immer offen für ein Treffen mit Freund*innen? Der Kitaalltag, so bereichernd er sein kann, ist auch anstrengend. Manche Kinder möchten danach einfach nur ihre Ruhe. Dieses Bedürfnis kann plötzlich und ohne Vorwarnung auftauchen, sollte aber respektiert werden.
- **Beziehe dein Kind in die Überlegungen mit ein.** Je älter dein Kind, umso konkreter kannst du die Situation auch besprechen. Bei einem kleineren Kind musst du mehr auf die Signale, die es aussendet, achten. Vielleicht hilft es, wenn die Großeltern zu euch kommen. So ist dein Kind zu Hause in vertrauter Umgebung und kann Oma und Opa ins Spiel miteinbeziehen. Oder sich ins vertraute Zimmer zurückziehen, wenn es doch zu viel wird.
- **Und manchmal hilft es auch, wenn ein Besuch einmal ausfällt**. Das ist traurig für die Großeltern, aber wichtig fürs Kind. Vielleicht liegt es auch an den Übergängen. Weiß das Kind, dass ihr gleich zu Oma und Opa losfahren möchtet? Oder kündigst du den Besuch erst ganz kurz vor Abfahrt an und erwartest, dass dein Kind auf der Stelle alles stehen und liegen lässt und mit dir kommt? Wie würdest du dich fühlen, wenn du gerade gemütlich auf dem Sofa eingekuschelt mitten in einem Buch vertieft wärst und dein Partner oder deine Partnerin dich vom Sofa ins Auto zu Freund*innen verfrachten würde, obwohl du gar nicht in der Stimmung dafür bist? Du wärst zu Recht verärgert und würdest das auch zum Ausdruck bringen. Nichts anderes macht dein Kind gerade.
- **Besprich also deine Pläne mit deinem Kind oder plant am besten gemeinsam.** Eine Idee könnte sein, einen visuellen Plan zu gestalten, sodass dein Kind sehen kann, was ansteht. Lass deinem Kind auch genug Zeit. Unter der Woche ist es oft stressig, nicht immer kann es so agieren, wie es möchte (Schuhe selbst anziehen

und so weiter). Am Wochenende sollte hier ausreichend Zeit eingeplant werden. Oma und Opa werden es verstehen, wenn ihr eine halbe Stunde später kommt, weil dein Kind sich selbst anziehen möchte.

Natürlich kannst du das auf alle Personen übertragen, die davon betroffen sind. Das können auch Onkel und Tanten, gute Freund*innen von euch oder andere Eltern sein.

Grundsätzlich gilt außerdem: Auch Kinder empfinden Zuneigung und Ablehnung, genauso wie wir Erwachsenen. Das ist gerade innerhalb der Familie nicht einfach, aber du musst das akzeptieren.

Feel Goods

- Stöbere gemeinsam mit deinem Kind und den Großeltern in alten Fotoalben.
- Lächle! Lächeln macht gute Laune, da dabei das Glückshormon Dopamin ausgeschüttet wird.

Bilderbuchempfehlungen

- „Max sagt stoppt“ von Christian Tielmann
- „Pia muss nicht perfekt sein“ von Mark Pett und Gary Rubinstein
- „Baby Hummel Bommel – will das nicht“ von Maite Kelly und Britta Sabbag

Good to know: Generationenkonflikte bei der Erziehung

SUSANNE, MERLE UND OMAS RATSCHLÄGE

Susanne graut es vor dem nächsten Besuch bei ihren Eltern. Sie liebt ihre Eltern, gar keine Frage. Ihre Tochter Merle (2 Jahre) jedoch ist zurzeit in einer starken Autonomiephase Beim letzten Besuch bei Oma und Opa gab es anschließend am Telefon eine sehr unschöne Auseinandersetzung zwischen Susanne und ihren Eltern. Ihre Mutter warf ihr vor, Merle komplett zu verziehen. Auslöser war ein Wutanfall von Merle, den Susanne mit viel Geduld und Liebe begleitete. Sie setze sich mit ihrer wütenden Tochter auf den Boden und hielt sie so lange im Arm, bis Merle sich wieder beruhigte. Susannes Mutter ist der Meinung, dass sie Merle „nun auch noch für ihren Trotz belohne" und Merle so nie lernen würde, „wie man sich benimmt". Susanne ist überzeugt von ihrem Weg, weiß aber, dass ihre Eltern diesen nicht immer verstehen oder gutheißen. Sie hat schon viele gute Ratschläge von ihren Eltern erhalten, aber in diesem Punkt werden sie sich nicht einig. Für Susanne ist das eine schwierige Situation, die auch Merle unbewusst mitbekommt.

Gut gemeinte Ratschläge deiner eigenen (Schwieger-)Eltern sind ein sehr sensibles Thema, da es die Großeltern ja auch „nur gut meinen" und oft nicht verstehen, warum du dein Kind anders begleitest als sie es mit ihren getan haben. Deine (Schwieger-)Eltern sind anders sozialisiert und kommen aus einer anderen Generation. Sie brauchen dich, um deine Verhaltensweisen und deine Vorstellung von Erziehung zu verstehen, denn vieles ist für sie neu und vielleicht auch fremd. Im besten Falle kann es zu einem sehr positiven Dialog und Austausch kommen. **Wichtig: Als Paar solltet ihr unbedingt an einem Strang ziehen und eure Erziehungsinteressen gemeinsam vertreten.**

Habe Geduld und versuche zu verstehen, dass dein Weg für die Großeltern bedeuten kann: „Wir haben es mit dir in deinen Augen falsch gemacht." Darum geht es aber nicht. Du machst es einfach anders. Das heißt nicht zwangsläufig, dass es deine Eltern falsch gemacht haben. Dennoch ist es dir wichtig, dass du deinen Weg in der Begleitung deines Kindes so gehst, wie du es für dich richtig hältst – und das am besten gemeinsam mit den Großeltern.

Tipps für den Dialog mit den Großeltern

- Verdeutliche deine Haltung und Position und mache klar, dass du erwartest, dass ihr vor deinem Kind an einem Strang zieht.
- Teile mit, was dir besonders wichtig ist.
- Frage sie, was sie bezüglich deines Weges der Begleitung wissen möchten.
- Frage deine (Schwieger-)Eltern, wie sie reagieren würden und warum.
- Zeige dann deinen Weg auf und erläutere diesen. So kommt ihr in den Austausch und Dialog.
- Frage deine (Schwieger-)Eltern, was konkret sie anders machen als noch deren Eltern und was sie übernommen haben.
- Hast du Dinge übernommen und konntest sie gut in deinen Erziehungsweg mit einbauen? Lass es deine Eltern gerne wissen.

Kommt ihr nicht zusammen, so lass dich nicht verunsichern, auch wenn es nicht leicht ist, sich hier gegenüber den eigenen Eltern oder Schwiegereltern durchzusetzen. Du bist hier aber der Anwalt oder die Anwältin deines Kindes und es vertraut auf dich. Im Gespräch können dich folgende Aussagen unterstützen:

Formulierungshilfen für den Dialog mit den Großeltern

- *„Ich verstehe, dass euch das Verhalten meines Kindes verletzt. Es ist aber noch ein Kind und kann seine Gefühle nicht differenzieren/regulieren. Es passiert nichts mit Absicht, es möchte euch nicht verletzen. Lasst uns gemeinsam anschauen, was gerade bei meinem Kind los ist."*
- *„Bitte respektiert die Grenze meines Kindes."*
- *„Bitte erwartet keine Dinge von ihm, die es nicht freiwillig geben möchte. Akzeptiert ein Nein."*
- *„Mein Kind muss euch kein Küsschen geben, wenn es das nicht möchte."* Dies ist besonders wichtig, um meinem Kind zu vermitteln, dass es die Kontrolle über seinen Körper hat und allein entscheidet, wie es damit umgeht. Es muss auch nicht für ein Foto posieren, wenn es nicht möchte.
- *„Macht euch nicht lustig über mein Kind. Es weint und macht euch deutlich, dass es ein bestimmtes Verhalten gerade nicht möchte (Kitzeln, spaßhaftes Ärgern, …) und ihr lacht, weil es für euch‚nur' Spaß ist? Es vertraut euch und ihr ignoriert seine Bedürfnisse und Gefühle. Ein Nein ist immer ein deutliches Zeichen aufzuhören."*
- *„Bitte erniedrigt mein Kind nicht. Sätze wie‚Du bist doch kein Baby mehr' oder‚Deine Cousine kann dies oder das aber schon längst' möchte ich nicht hören. Es ist kein Wettbewerb und mein Kind darf sich im eigenen Tempo entwickeln."*
- *„Bitte erpresst mein Kind nicht emotional. Ich verstehe, wenn ihr traurig seid, dass mein Kind heute nicht zu euch kommen oder mit euch kuscheln möchte. Aber respektiert diese Entscheidung bitte und kommt nicht mit Sätzen wie‚Oh, da ist die Oma aber jetzt enttäuscht' oder‚Oh, da wird der Opa aber sehr traurig sein'. Ihr seid alt genug, mit euren Emotionen umgehen zu können, mein Kind ist es noch nicht."*

- *„Mein Kind muss nicht aufessen, nicht probieren, wenn es nicht möchte und was euch sonst noch so wichtig ist. Bitte respektiert das und zwingt mein Kind nicht zu Dingen, die es nicht möchte. Respektiert an dieser Stelle auch mich und meine Art, mein Kind zu begleiten. Wir können gerne darüber sprechen und ich erkläre euch, warum mir diese Dinge so wichtig sind, aber ich stelle sie nicht zur Diskussion."*
- *„Nein, mein Kind tanzt mir nicht auf der Nase herum, wenn ich ein Bedürfnis befriedige oder mein Kind durch einen Wutanfall begleite. Es braucht mich an der Stelle und ich bin da für mein Kind. In unserer Familie helfen wir uns doch gegenseitig, oder? Jetzt helfe ich meinem Kind."*
- *„Ich weiß, ihr seid anders aufgewachsen. Habt selbst eine andere Erziehung genossen und eure eigenen Kinder anders erzogen. Jetzt aber bin ich an der Reihe und mache es an mancher Stelle anderes. Ich erläutere euch gerne, wo und warum ich so handle. Bitte versteht und respektiert das."*
- *„Lasst uns gemeinsam mit dem Kind herausfinden, was es gerade so schwierig bei euch macht. Bitte habt Verständnis, dass sich mein Kind gerade in einer ganz besonderen Phase befindet. Lasst es uns gemeinsam als Familie begleiten und eigene Befindlichkeiten hinten anstellen Das heißt nicht, dass ihr diese nicht haben dürft. Darüber spreche ich auch gerne mit euch, aber in einem ruhigen Moment."*

Wichtig: **Führe diese Gespräche nicht im Beisein deines Kindes.** Auch wenn es vielleicht den Inhalt nicht Wort für Wort versteht, so bekommt es doch die Schwingungen und die vermutlich angespannte Stimmung zwischen dir und den Großeltern mit. Dies würde die Situation nur unnötig verkomplizieren.

ALTE SPRÜCHE, NEU GEKONTERT

„Du verwöhnst dein Kind zu sehr!"

Ein Baby und Kleinkind kann man nicht verwöhnen, man kann maximal seine Bedürfnisse befriedigen und ihm Liebe und Geborgenheit geben. Wie schön, dass mir das so oft gelingt, es soll sich ja wohl fühlen. So wie du, wenn du mein Gast bist – dann „verwöhne" ich dich auch gerne. Ich selbst genieße es auch, wenn mich jemand verwöhnt. Denn ein Zuviel an Liebe gibt es nicht.

„Also, früher hätte es so was ja nicht gegeben!"

Doch, früher hat es „so was" auch gegeben. Nur waren die Reaktionen der Eltern oft andere und das Kind hat aus Angst vor harten Sanktionen ein bestimmtes Verhalten nicht mehr gezeigt. Ich möchte nicht, dass mein Kind Angst vor mir hat, sondern durch mein Vorbild lernt, wenn etwas nicht richtig ist.

Gemeinsam durch die Wut – Von großen und kleinen Wutmonstern

Wutanfälle in der Öffentlichkeit

FRANK, MIRIAM UND DIE WUT

Miriam (4 Jahre) wirft sich unvermittelt auf dem Heimweg von der Kita auf die Straße, weint, brüllt und schlägt auf den Boden. Ihr Papa Frank ist ratlos. Er möchte seiner Tochter gerne helfen, ihm sind die Blicke der Passanten unangenehm und wenn er ganz ehrlich ist: Er kann seine Tochter nicht verstehen und ist von ihren Wutanfällen auf offener Straße schnell genervt.

Diese Situation hast du vielleicht schon mal beobachten können oder hast sie sogar selbst erlebt.

Wenn die meisten Zuschauer der Szene Eltern sind und ehrlich, werden ihnen diese Situationen mehr als bekannt vorkommen. Oft bedeuten Blicke gar nicht „Schaut mal dieses ungezogene Kind an“, sondern „Ich kenne diese Situation und fühle gerade mit dir“. Dumme Kommentare kann es immer geben. Versuche sie zu ignorieren. In diesem Moment sind nur du und dein Kind wichtig. Nicht irgendwelche Fremden, die die Situation gar nicht richtig einschätzen können.

- Versuche durchzuatmen und konzentriere dich auf dich und dein Kind.
- Bieten dir Fremde aber Hilfe an, die dir sinnvoll erscheint, dann nimm sie gerne an. Denn oftmals kann der Blick von außen auch hilfreich sein.

Diese Art Hilfe bieten nur Menschen an, die solche Situationen sehr gut kennen und sich damals vielleicht selbst Hilfe gewünscht hätten.

Auslöser für Wutanfälle

Gibt es einen akuten Auslöser für die Wut und kannst du ihn ausmachen? Es kann viele Gründe dafür geben, zum Beispiel:

Dein Kind ...

- hat sich erschrocken. Vor einem lauten LKW oder vor Menschen, die es beinahe umgerannt hätten. Dinge, die uns gar nicht auffallen, können Kindern schnell Angst einjagen, zumal sie auch noch eine ganz andere Perspektive haben.
- ist hingefallen und hat sich wehgetan oder ist wütend und frustriert deshalb.
- fühlt sich nicht wohl. Es friert, es ist müde und möchte nicht mehr laufen, es fühlt sich krank etc. Der Wutanfall signalisiert: „Ich kann nicht mehr, bitte hilf mir."
- war abgelenkt von einer wunderbaren Sache und durfte sich ihr nicht widmen – wie frustrierend! Zum Beispiel könnte das ein besonders schöner Stein gewesen sein, ein Schmetterling, eine Hauswand, eine Blume in einem Garten und so weiter. Du hast das gar nicht bemerkt und bist einfach weitergegangen! Wie ärgerlich.

Es werden auch Wutanfälle kommen, für die du den Grund nicht herausfindest, auch nicht im Nachgang. Wichtig ist, wie bei allem, dein Kind zu begleiten.

Wie kannst du mit der Situation umgehen?

- Lass dich nicht stressen. Klingt leichter, als es ist. Ein Wutanfall in der Öffentlichkeit zieht natürlich auch die Aufmerksamkeit anderer auf sich. Du fühlst dich mit deinem Kind wie auf dem Präsentierteller und hast vielleicht das Gefühl, als hilfloses Elternteil abgestempelt zu werden, das sein Kind nicht erziehen kann. Das ist natürlich kompletter Unsinn, aber leider sind solche Gedanken tief verwurzelt in uns und führen dazu, dass du dich automatisch schlecht fühlst. **Tu das nicht!**

- Begleite dein Kind. Es ist in einem emotionalen Ausnahmezustand und braucht dich – und zwar jetzt.
- Wenn es die Zeit zulässt: Was spricht dagegen, dich mit deinem Kind auf den Boden zu setzen und es in den Arm zu nehmen, bis die Tränen und die Wut versiegen und es sich wieder beruhigt hat – wenn es dies zulässt? Wenn nicht, dann nicht. Dann:
  - Signalisiere, dass du da bist.
  - Halte Abstand, aber bleibe sichtbar.
  - Lass dein Kind die Wut ausleben – ignoriere Blicke von außen.

Die Straße hat schon lautere Geräusche erlebt. Dein Kind wird auch nicht das erste mit einem Wutanfall sein. Es bekommt das Gefühl vermittelt, dass es gesehen und angenommen wird – auch in einer extremen Ausnahmesituation. Dein Kind muss da nicht allein durch, auch wenn es sein kann, dass es dich erst mal von sich wegstößt. Das ist oft eine Übersprungshandlung, denn dieses starke Gefühl der Wut bringt dein Kind völlig durcheinander. Es kann nicht mehr klar denken und reagiert einfach nur noch. **Gefühlschaos pur!**

Aber Mama oder Papa sind da, um zu helfen, aus diesem Chaos wieder herauszufinden. Auch wenn es schwerfällt: **Versuche ruhig zu bleiben**. Du änderst mit deiner eigenen Wut oder durch Schimpfen rein gar nichts. Außer, dass die Situation immer mehr eskaliert. Würdest du am liebsten jetzt auch mit dem Fuß auf den Boden aufstampfen, weil dich die Situation stresst? Du machst das vermutlich nicht, weil du gelernt hast, dich zurückzuhalten, und du deine Gefühle sehr viel besser regulieren kannst als dein Kind. Der Impuls aber ist manchmal da (bestimmt auch in anderen Situationen) und der einzige Unterschied zu deinem Kind ist, dass du ihm nicht nachgibst.

Zurück zur Straße. Konntest du herausfinden, was den Wutanfall ausgelöst hat? Das könnte dabei helfen:

Wutanfälle nachbesprechen und vorbeugen

- Frage dein Kind (je nach Alter), aber erwarte erst mal keine befriedigende Antwort von ihm. Es wird zu tief in den Emotionen stecken, um gezielt darauf antworten zu können. Vielleicht weiß es auch selbst gar nicht, was den Wutanfall ausgelöst hat. Verschiebe dann dieses Gespräch auf später. Vielleicht könnt ihr am Abend vor dem Einschlafen darüber sprechen, was diese Wut ausgelöst hat? Wenn sich alle beruhigt haben, bekommt es leichter einen Zugang zu diesem Gefühl und kann es manchmal sogar benennen.
- Überlege, ob ihr gemeinsam eine Lösung für das nächste Mal findet. Kann dein Kind sich früher bemerkbar machen, wenn es zum Beispiel bei der schönen Blume im Garten an der Straße stehen bleiben möchte?
- Finde heraus, was deinem Kind Angst gemacht hat. War es ein lautes Geräusch, so könnt ihr euch damit auseinandersetzen. (Schaut euch ein Buch über einen LKW an, beobachtet beim nächsten Spaziergang bewusst vorbeifahrende LKWs und so weiter).
- War ihm einfach alles zu viel? Vielleicht findest du einen kürzen Nachhauseweg von der Kita, verschiebe die anschließenden Einkäufe, nimm einen Buggy zur Sicherheit mit oder ein Tragetuch und so weiter.
- Bleibe auch bei der Nachbesprechung einfühlsam und bei den Ich-Botschaften. ➔ „Liebevoll Grenzen setzen – Straffrei begleiten“
- Es ist völlig legitim, deinem Kind mitzuteilen, dass die Situation bei allem Verständnis nicht schön war. *„Ich wollte dir gerne früher helfen, aber ich wusste nicht, warum du so wütend warst. Du wusstest es in diesem Moment wohl auch nicht. Was kann dir beim nächsten Mal helfen? Eine Umarmung? Überlege mal.“*
- Spielt mehrere Situationen durch und überlegt gemeinsam, wie ihr das nächste Mal durch diese Situation gehen könnt.

ANNE, PAUL, LUISE UND DER FAHRRADHELM

Gemeinsam mit ihren beiden Kindern Paul (3 Jahre) und Luise (5 Jahre) möchte Anne einen kleinen Ausflug mit Laufrad und Roller unternehmen. Sie macht eine klare Ansage im Hof vor der Abfahrt: „Ihr müsst erst eure Helme aufsetzen, dann fahren wir los." Luise setzt ihren Helm auf und wartet. Paul allerdings will seinen Helm nicht aufsetzen. Anne sagte zu ihm: „Wir fahren aber erst los, wenn du deinen Helm aufsetzt." Sie erklärt ihm, warum es ihr so wichtig ist. Paul bleibt von diesen Ausführungen jedoch unbeeindruckt – einen Helm würde er ganz bestimmt nicht tragen.

Die Situation eskaliert. Es folgt ein Wutanfall bei Paul, begleitet von lautem Schreien. Er wirft sich und andere Dinge auf den Boden, tritt nach seiner Mutter und steigert sich immer mehr in seine Wut.

Paul weint und tobt. Er kann sich selbst nicht mehr beruhigen und braucht Anne, um aus seiner Wut herauszufinden. Anne reagiert wie folgt: Sie gibt ihm Raum und erklärt noch mal, dass sie fahren können, sobald er den Helm aufhat. Sie signalisiert ihm, dass sie da ist, auch wenn er sie noch aktiv wegstößt. Sie bleibt ganz ruhig. Nach einer Weile kommt er zu ihr. Sie darf ihn in den Arm nehmen und trösten. Sie spürt, wie seine Wut weniger wird, er ihre Umarmung braucht und ruhiger wird. Ohne ein Wort zu sagen, nimmt er seinen Helm und setzt ihn auf. Anne, Paul und Luise können losfahren.

Anne hat die Gefühle und die Wut ihres Sohnes ernst genommen. Sie hat gespürt, dass sich die Situation mit Druck oder Drohungen ("Wenn du den Helm jetzt nicht endlich aufsetzt, fahren wir gar nicht mehr!") nicht lösen ließe. Im Gegenteil – das hätte nur Gegendruck aufgebaut und Paul wäre mit seinen Emotionen allein gelassen worden. So aber durfte er seine Wut ausleben. Mit der Sicherheit, seine

Mutter in der Nähe zu wissen und jederzeit zu ihr kommen zu können, konnte er sich selbst beruhigen. Als es für ihn an der Zeit war, näherte er sich ihr an und ließ sich in den Arm nehmen. Er wurde nicht zurückgestoßen, obwohl er sich anders verhalten hatte, als es sich Anne an der Stelle von ihrem Sohn gewünscht hätte.

Paul hat auch in einer emotional schwierigen Situation die Sicherheit gehabt, von seiner Mutter jederzeit gesehen, angenommen und geliebt zu werden. Das hat ihm geholfen, mit seiner Wut umzugehen. Es waren anstrengende Minuten, die sich am Ende aber sehr gelohnt haben.

Anne würde diesen Weg bestimmt immer wieder gehen, obwohl sie die Gedankenblasen der Nachbarn, natürlich förmlich vor sich gesehen hat:

- „Oh, der ist aber ganz schön schwierig."
- „Dem sollte sie jetzt aber mal zeigen, wer das Sagen hat."
- „Der tanzt ihr ja bald nur noch auf der Nase rum."
- „Wieso sitzt sie da so gelassen und wartet, bei mir wäre der jetzt längst ..."

Vielleicht hatten Annes Nachbarn diese Gedanken. Vielleicht aber auch nicht. Am Ende zählt nur die Beziehung von Anne zu ihrem Sohn.

Was aber, wenn du nicht so viel Zeit hast wie Anne in dieser Situation?

- Dann sei klar und deutlich.
- Formuliere, dass es keine Option ist, ohne Helm zu fahren. Biete eine Alternative an, falls es die gibt (*„Dann laufen wir ohne Roller oder schieben das Laufrad"*).
- Dein Kind darf Nein sagen zum Helm, aber du darfst dann auch Nein sagen zum Laufrad oder um welches Fahrzeug es sich eben

handelt. Hier geht es dann nicht um Macht, sondern um die Sicherheit deines Kindes und es darf keine Unsicherheit geben. Du würdest dein Kind ja auch nicht ohne es anzuschnallen in den Kindersitz setzen, nur weil das Kind das gerade nicht möchte!?

Und natürlich: Du als Vorbild solltest natürlich auch immer einen Helm tragen, wenn du mit dem Fahrrad unterwegs bist. Nur so kann dein Kind lernen, dass es etwas ganz Selbstverständliches ist und einfach dazugehört.

AUF WUTANFÄLLE VORBEREITEN

In der Autonomiephase kommen Wutanfälle nicht selten vor. Häufig in ähnlichen Situationen. Meistens passieren solche Wutanfälle zuerst im sicheren Zuhause, erst später in der Öffentlichkeit. Nimm diese Situationen bewusst wahr und übertrage sie auf draußen. Spiele sie zu Hause im Kopf alle durch und probiere verschiedene Strategien im Umgang damit. Die mögen nicht alle in der Praxis auch helfen, aber du fühlst dich sicherer und gewappnet. Den imaginären Koffer mit Lösungsstrategien hast du so immer im Kopf dabei. Spiele auch die unterschiedlichen Reaktionen anderer Leute durch. Was könnte dir helfen, was würde dich stressen? Gibt es Antworten auf übergriffiges Einmischen, die du dir zurechtlegen kannst, um sie dann parat zu haben?

An manchen Tagen ist einfach der Wurm drin. Du bist sowieso schon sehr spät dran und dann bekommt dein Kind noch aus heiterem Himmel auf der Straße einen Wutanfall. Es wirft sich auf den Boden und schreit. Du hast es eilig und keine Zeit, dich mit dem kleinen Wutzwerg auf die Straße zu setzen und ihn angebracht zu begleiten.

Wenn keine Zeit für eine komplette Begleitung bleibt

- Bleib klar in deinen Aussagen und signalisiere, wie ernst du es meinst: *„Du bist wütend, das sehe ich. Ich möchte dich gerne verstehen, aber wir haben im Moment keine Zeit. Wir müssen jetzt weitergehen. Du kannst hier nicht liegen bleiben."*
- *„Lass uns später darüber sprechen."* Stelle auch hier keine Fragen, wenn du nicht mit allen Antworten leben kannst. *„Wollen wir jetzt weitergehen?"*, ist eine Frage, auf die dein Kind auch mit einem klaren Nein antworten kann. Und dann? Respektierst du diese Antwort oder muss dein Kind doch machen, was du willst und seine Antwort wird ignoriert? Dann ist eine Frage unfair. Also stell sie gar nicht erst
- Teile deinem Kind klar und ruhig mit, was du möchtest und setze so einen klaren Rahmen. Dein Kind ist auf dich und deine Aussage angewiesen, um selbst klar zu handeln und nicht verwirrt zu werden. Gehen oder nicht gehen? Mama hat doch gefragt. Weiß Mama selbst nicht, was wir machen sollen? Dann spiele ich lieber noch ein bisschen, scheint ja nicht so eilig zu sein. Klare Haltung genauso wie klare Ansagen weisen deinem Kind die Richtung und führen zu Kooperation.
- Teile aber klar deine Bedürfnisse mit (weiterzugehen) und deine eigenen Gefühle (*„Wir kommen zu spät, das bringt mir Ärger, das stresst mich jetzt"*). Wenn du in anderen Situationen kooperativ auf dein Kind eingegangen bist und jeder im System Familie mal seine eigenen Bedürfnisse hinter den Bedürfnissen anderer, die gerade dringender sind, anstellt, so wird dein Kind auch immer häufiger kooperieren, wenn es mal brennt.

ABLENKEN

Wenn nichts anderes mehr geht, kannst du auch zur Ablenkung greifen: *„Schau mal, da ist ein Bagger auf der anderen Straßenseite, lass uns den kurz ansehen, wir müssen eh die Straße wechseln."* Ablenkung sollte aber nicht die erste Wahl sein, denn dein Kind soll sich ja mit seiner Wut auseinandersetzen. So aber wird es nur unterbrochen und hat nichts daraus gelernt. Ablenkung verändert die Gefühle nicht und macht sie auch nicht ungeschehen. Wenn aber gar nichts anderes mehr möglich ist, dann greife darauf zurück. Wenn es funktioniert und die Situation sich dadurch entspannt, hast du genau das Richtige getan. Thematisiere die entstandenen Gefühle zu einem späteren Zeitpunkt, falls es sich ergibt. Wenn nicht, dann beim nächsten Mal. Wichtig ist, dass Ablenkung nicht regelmäßig zum Einsatz kommt, denn dadurch verdrängt dein Kind seine die Gefühle nur, schiebt sie auf die Seite oder empfindet sie gar als falsch.

ACHTUNG! Richtet sich die Wut gegen andere Menschen, Tiere oder Gegenstände, die dabei ernsthaft zu Schaden kommen können, musst du sofort eingreifen und dein Kind aus der Situation holen. Das Gleiche gilt natürlich auch bei selbstverletzendem Verhalten. (➔ „Und dann kam diese plötzliche Wut“) Hast du Sorge, dass dein Kind ein konstantes aggressives Verhalten an den Tag legt, so solltest du genauer hinsehen und dir auch Unterstützung holen (➔ „Hier findest du Hilfe“).

Feel Goods

- Bastle mit deinem Kind zusammen Wutbälle, die ihr knautschen, werfen oder treten könnt. Anleitungen findest du im Internet.
- Vielleicht hilft es, dein Kind für einen Sport anzumelden. Bewegung ist ein guter Ausgleich und hilft, Wut abzubauen.

- Hol dir einen „Anker“ her. Das kann ein Lieblingsort sein, das Meer, die Berge, Liegen im grünen Gras – ein Ort, den du mit guten Gefühlen verbindest. Mach für einen Moment die Augen zu und stell dir vor, wie du da gerade bist. Tanke die Kraft, die du für den Alltag brauchst.

Bilderbuchempfehlungen

- „Meine wilde Wut“ von Jan von Holleben, Jörg Isermeyer und Arne Jørgen Kjosbakken
- „Wenn kleine Tiere wütend sind“ von Regina Schwarz und Eva Muszynksi

Vom Ja- und Neinsagen

ELISABETH, LEA UND DAS NEIN

Elisabeth weiß nicht mehr weiter. Sie hat das Gefühl, dass ihre Tochter Lea (2 Jahre) sehr stark auf das Wort **Nein** reagiert. Die Erklärung danach hört sie schon gar nicht mehr, sondern bekommt einen richtigen Wutanfall. Sie erzählt ihrer Freundin Tina davon, denn deren Sohn Moritz ist fast genauso alt wie Lea. Tina erzählt ihr, dass sobald sie das Wort **Nein** nicht verwendet und es anders beschreibt, Moritz ihr zuhören kann und sie gemeinsam einen Weg finden können, miteinander zu reden.

Wenn das Wort Nein zu oft verwendet wird, verliert es irgendwann die Bedeutung. Außerdem prägt es eine negative Umgebung und frustriert. Viel schöner sind Ja-Sätze. Im Grunde sagen sie das Gleiche aus, nur viel positiver und oft wertschätzender, wie folgende Beispiele verdeutlichen:

„Ich möchte noch spielen.“	„**Nein**, das geht jetzt nicht, wir müssen los, in den Kindergarten.“
„Ich möchte noch spielen.“	*„**Ja**, das darfst du auch. Jetzt gehen wir erst mal in den Kindergarten, da warten die anderen Kinder zum Spielen schon auf dich.“*
„Ich möchte etwas naschen.“	„**Nein**, wir wollen jetzt Abendessen.“
„Ich möchte etwas naschen.“	*„**Ja**, nach dem Abendessen darfst du noch eine Kleinigkeit naschen.“*

Nein

Es gibt Situationen, da ist ein Nein unabdingbar und wichtig, beispielsweise um Gefahr für dein Kind oder andere abzuwenden. Hier schützt ein Nein sogar. Dein Kind braucht in diesem Fall eine klare Richtung, die du als Elternteil vorgibst.

Allerdings gibt es auch viele Situationen, da wäre es durchaus möglich, ein Nein mehr zu hinterfragen und Alternativen zu finden. In der Theorie sehr einfach, in der Praxis oft schwer. Ein Nein geht sehr schnell von den Lippen. Aber was wollen wir damit erreichen? In der Regel, dass ein Kind etwas nicht mehr tut. Hört es viele Neins, so wird es irgendwann lernen, dass es mit einer bestimmten Sache aufhören soll, wenn es dieses Wort hört. Vielleicht wird es das auch tun, um Mama oder Papa nicht zu verärgern oder selbst keinen Ärger zu bekommen. Vielleicht wird es das Nein aber auch ignorieren, weil es zu häufig eingesetzt wird und keine echte Bedeutung mehr hat. Hat das Kind bei so vielen Neins also verstanden, warum es eine bestimmte Sache nicht mehr tun sollte? Vermutlich nicht.

Es gibt aber auch Situationen, da ist ein Nein nicht angemessen, nämlich wenn es um Grundbedürfnisse unserer Kinder geht. „Mama ich habe Hunger, kann ich einen Apfel essen?“ oder „Papa, ich möchte gerne mit dir noch kuscheln.“ In diesen Situationen müssen wir Erwachsene unsere Bedürfnisse zurückstellen.

Es gehört zu den Entwicklungsschritten unserer Kinder dazu, dass sie Grenzen kennenlernen und wir ihnen diese aufzeigen. Allerdings solltest du auch hier überlegen, ob diese Grenze durch ein Nein deutlich wird oder euer Kind zum Beispiel eine Erklärung benötigt, um zu verstehen, dass es gefährlich ist, bei Rot über die Ampel zu gehen.

Beim Neinsagen ist es wichtig, authentisch zu sein. Säuselst du ein Nein und lächelst dabei, dann hat dieses Nein sehr wenig Bedeutung.

Es zählen natürlich auch deine Grundbedürfnisse. Hast du beispielsweise schlimme Bauchschmerzen oder Kreislaufprobleme, ist es völlig in Ordnung, Nein zu sagen, ohne dass Gefahr in Verzug ist. In solchen Situationen fällt es einem unglaublich schwer, immer die richtigen Worte zu finden. **Und das ist okay!**

ACHTUNG: Denke daran, dass ein Nein eine Grenze aufzeigt. Das muss bei Kindern wie Erwachsenen gehört und respektiert werden.

Nehmen wir einmal die Situation, dass du Quatsch mit deinem Kind machst und es kitzelst. Es sagt mehrmals Nein und du machst einfach weiter. Du lachst sogar und nimmst es an dieser Stelle nicht ernst. Für dich ist es lustig, für dein Kind eine Situation des Ausgeliefertseins. Dein Kind lernt nun, dass sein Nein keine Bedeutung hat. Das kann fatale Auswirkungen haben, wenn ein Nein deines Kindes in einer weniger lustigen Situation wichtig sein sollte und es sich nicht traut, deutlich Nein zu sagen. Aus der Erfahrung heraus, dass es sowieso nicht gehört wird. Und warum soll es in einer anderen Situation selbst aufhören, wenn du Nein sagst?! Dein Kind soll lernen, dass Nein eine Grenze bedeutet und deshalb überschreite diese auch nicht.

Ja

Mit einem Ja möchtest du dein Kind bestärken und sein Selbstwertgefühl steigern. Du hast in den Beispielsätzen gesehen, was für eine positive Wirkung ein Ja habe kann, ohne dass der Sinn sich ändert. Eine Ja-Umgebung zu schaffen, bedeutet, eine positive und konsequente Haltung zu vertreten. Heißt das, man soll das Wort Nein gar nicht verwenden? Natürlich darfst du es verwenden, aber es sollte zur Situation passen und möglichst sparsam verwendet werden. Dadurch entsteht eine achtsame Begleitung deines Kindes. Ein Nein kann Frust und Wut erzeugen. Klar sollen Kinder lernen, Frust auch auszuhalten. Das können sie aber erst, wenn sie ihre Gefühle auch kontrollieren und ihre Impulse steuern können. Dies gelingt deinem Kind etwa zwischen dem fünften und siebten Geburtstag. Es klappt am besten, wenn du es auf diesem Weg begleitest und unterstützt und nicht einfach von ihm erwartest, dass es das selbst kann.

DIE JA-UMGEBUNG

Um möglichst wenig Nein sagen zu müssen, ist es wichtig und hilfreich, eine liebevolle Ja-Umgebung zu schaffen. Du möchtest dein Kind in seinem Entdeckerdrang bestärken und ihm auch Möglichkeiten bieten, sich auszuprobieren. Ein Kind nicht auszubremsen mit zu vielen Neins, ist eine große Kunst, aber es ist wichtig. Die Umgebung dazu kannst du ihm schaffen. Von Anfang an. Dein Kind ist mit der Geburt bei dir eingezogen und hat als krabbelndes Kleinkind genauso wie du das Recht, sich im Haus frei und sicher zu bewegen. Für die passenden Rahmenbedingungen musst du sorgen. Stört es dich also, dass dein Kind ständig an die teure Bodenvase greift, musst du sie wegräumen. Oder aber du sagst hundert Mal am Tag das Wort Nein. Das ist anstrengend für alle.

Ein Kind in diesem Alter hat noch kein Verständnis für Geld, Wert oder Zerbrechlichkeit. Das alles muss es erst noch lernen. Für ein Kind ist alles erst mal spannend und ein Entdeckungsspiel. „Das kann kaputtgehen“ ist dabei keine verständliche Aussage für ein Kleinkind. Erst wenn es gesehen hat, dass ein Glas auch zerbrechen kann, wird es das irgendwann verstehen und vorsichtig sein. Das heißt nicht, dass du dein Kind nun einen Karton Gläser kaputt machen lassen sollst, um einen Lerneffekt zu erzielen. Es heißt aber, dass du am Anfang darauf achtest, dass der Becher erst mal unkaputtbar ist, solange dieser noch unkontrolliert auf den Boden donnert. Ist dein Kind älter, so kannst du viel einfacher erklären, dass Glas zerbrechen kann und man vorsichtig damit umgehen muss. Und bis dahin hat es vielleicht das eine oder andere Mal auch schon ein zerbrochenes Glas erlebt.

Je älter dein Kind ist, desto mehr wirst du ein Nein begründen können, desto mehr wirst du aber auch andere Formulierungen gefunden haben, die dein Kind positiver mitnehmen:

- *„Eine Alternative dazu wäre …“*
- *„Ich möchte das nicht, weil …”*
- *„Wie könntest du es anders gestalten?”*
- *„Warum hast du das so gemacht? Ich möchte es gerne verstehen.”*
- *„Bitte mach das nicht allein. Lass es uns gemeinsam versuchen.”*
- *„Jetzt geht es nicht, aber wie wäre es mit …?”*

Vor dem nächsten Nein kannst du dir folgende Punkte überlegen:

- Ist das Nein tatsächlich notwendig?
- Bist du in einer Situation, in der dein Kind oder andere in echter Gefahr sind und/oder verletzt werden können? Dinge kaputt gehen? Dann ist ein Nein völlig angemessen.
- Ist dein Nein sachlich begründet oder nutzt du gerade deine Macht?
- Ist dein Kind überhaupt altersgemäß und entwicklungsgemäß schon in der Lage, ein Nein zu verstehen und umzusetzen?

- Sagst du gerade Nein, weil es deinen Bedürfnissen widerspricht, und wie könntest du das in Einklang mit deinem Kind bringen? Ein Nein kann also durchaus begründet sein. Wichtig ist jedoch, dass du dir dessen bewusst bist und das – je nach Alter deines Kindes – auch thematisiert.
- Sagst du gerade Nein, weil es gesellschaftlich gerade so erwartet wird, weil „man das nicht macht" und kannst du ein Nein zu einem Ja umwandeln, weil es für dich persönlich okay ist?
- Ist dir dein Nein so wichtig, dass du auch in die Auseinandersetzung mit deinem Kind gehst, oder wäre es nicht für alle entspannter und stressfreier, an der Stelle einfach Ja zu sagen?
- Was passiert, wenn du einfach Ja sagst?

Merke dir also:

- Ein Nein ist in Ordnung und wichtig in konkreten Situationen, vor allem, wenn Gefahr in Verzug ist oder das Wohl von anderen Personen oder Gegenständen gefährdet ist.
- Nutze Nein in allen anderen Situationen sehr minimiert oder überhaupt nicht mehr, da du bereits eine entsprechende Ja-Umgebung geschaffen hast und ein Nein so gar nicht mehr nötig ist.

Macht Jasagen Kinder konfliktunfähig?

Schaffen wir so eine Generation, die nie gelernt hat, mit Grenzen umzugehen und Konflikte auszuhalten? Nein! Konflikte und die entsprechende Konfliktbewältigung sind sehr wichtig für die Entwicklung und Reifung eines Kindes. Die werden und möchten wir auch nicht von unseren Kindern fernhalten. Können wir auch gar nicht, denn davon wird es im Laufe des Lebens unserer Kinder noch genug geben. Davor können und wollen wir sie auch gar nicht immer schützen, denn daran werden sie wachsen. Im eigenen Zuhause, innerhalb der Familie aber können wir dafür sorgen, dass das Potenzial für unnötige Konflikte gering bleibt und somit echte Konflikte mehr Raum und Unterstützung bekommen. Darauf kommt es am Ende nämlich an: Du stärkst dein Kind, begleitest es bei schwerwiegenden Konflikten und hilfst ihm, eine Lösung zu finden.

Wir begleiten also eine Generation, die sich sehr bewusst mit Konflikten auseinandersetzt und diese respektvoll lösen möchte.

Feel Goods

- Wir können dir für einen Filmeabend (ohne Kinder) „Der Ja-Sager“ mit Jim Carrey empfehlen oder „Yes Day“ mit Jennifer Garner.

Bilderbuchempfehlungen

- „Gefühle Wimmelbuch“ von Alexandra Helm
- „Das NEINhorn“ von Mark-Uwe Kling“
- „Ich bin stark, ich sag laut Nein!“ von Susa Apenrade und Katrin Fröhlich
- „Stopp, das will ich nicht! Geschichten vom Neinsagen und Grenzen ziehen“ von Brigitte Kolloch und Elisabeth Zöller

Und dann kam diese plötzliche Wut

FRIEDERIKE, CLEMENS UND DAS SCHREIEN

Friederike weiß nicht, wie sie mit der plötzlichen Wut ihres Sohnes Clemens (4 Jahre) umgehen soll. Seine Wut zeigte er in diesen Momenten meist durch einen Schrei oder Schlagen – vor allem in Situationen, in denen man ihm sagt, dass er etwas nicht tun darf oder er weiß, dass Friederike und Daniel dieses Verhalten gar nicht mögen. Wenn er zum Beispiel seine Schwester ärgert. Auch Bitten, denen er nicht nachkommen möchte, werden mit einem Wutanfall oder Schreien beantwortet, obwohl diese Aufforderungen in einem ruhigen, zugewandten Ton erfolgen.

Kinder empfinden Forderungen, etwas zu tun oder zu lassen, oft als Ermahnungen. Sie sind für sie mit einer Pflicht verbunden. Im Kind kann das Gefühl entstehen, dass es sein Gesicht verliert – besonders bei Ermahnungen vor anderen. Forderst du Dinge nicht mit sofortiger Umsetzung und gibst deinem Kind Zeit, dann hat es die Chance, sich darauf einzustellen und sie einige Zeit später zu erfüllen. Natürlich ist dies nicht immer machbar, aber versuche es doch mal in den Situationen, in denen es möglich ist. Wenn du deinem Kind einen Ausweg bieten kannst, schafft ihr es, einen gemeinsamen Weg zu finden, ohne dass die Wut groß wird. Zum Beispiel so:

- *„Du hast zwei Möglichkeiten, du kannst dich jetzt anziehen oder sobald die Sanduhr abgelaufen ist. Denn wir müssen dann los in die Kita.“* Hier kannst du deinem Kind erklären, warum es wichtig ist und dass ihr zu einer bestimmten Zeit in der Kita sein müsst. Aber es hat die Möglichkeit, sich darauf vorzubereiten.

oder

- *„Ich gebe dir Zeit und wenn du so weit bist, dann können wir uns anziehen und rausgehen zum Spielen.“* Hier ist eine Situation, in der dein Kind selbst entscheiden kann, wann es sich anzieht, und eine Forderung ist nicht nötig.

ANTONIA, LEO UND DER FRUST

Antonia (6 Jahre) bekommt starke Wutanfälle, wenn sie etwas malt oder bastelt, und es ihr nicht so gelingt, wie sie es sich in ihrem Kopf vorstellt. Oft zerstört sie dann ihre eigenen Kunstwerke, an denen sie unter Umständen schon eine ganze Weile gearbeitet hat. Der Versuch, ihr zu helfen, misslingt ihrer Mutter Gaby oft. Ein „Ist doch nicht so schlimm“ oder „Das sieht doch toll aus“ macht Antonia dann nur noch wütender. Angebote, wie man das Kunstwerk retten könnte, kommen nicht an.

Eine ähnliche Situation spielte sich bei Veronika und ihrem Sohn Leo (3 Jahre) ab. Leo zog sich morgens die Jacke an und versuchte den Reißverschluss zu zumachen. Es scheiterte daran, dass er ihn unten nicht zusammenbekam und ein Hochziehen so gar nicht möglich war. Veronika ließ es ihn ein paar Mal ausprobieren und gab ihm Zeit. Doch Leo wurde immer wütender und fing an zu weinen. Veronika wollte ihm helfen, aber er fing an, nach ihr zu schlagen.

Manchmal hilft in solchen Momenten nur Verständnis für den Ärger deines Kindes. Es möchte schon groß sein – gerade Kinder in Leos Alter hören oft den Satz „Jetzt bist du ja schon ein großes Kindergartenkind". Es möchte alles allein ausprobieren und so selbstständig sein wie du. Das kannst du zum Beispiel auch beim Schuhebinden beobachten – das möchten Kinder auch unbedingt allein machen. Sie wollen das unbedingt können und wenn sie merken, dass es nicht klappt, dann kochen die Gefühle über und die Wut kommt raus. Wut auf die Jacke, die Schuhe oder eben das selbstgemalte Bild. Wut auf sich selbst. In solchen Situationen möchtest du deinem Kind einfach nur helfen und ihm die Jacke zumachen oder einen schönen Baum zeichnen. Doch genau das kann dein Kind in dieser Situation überhaupt nicht gebrauchen. Eine nicht so einfache Situation.

Deinem Kind hilft am besten,

- wenn du in diesem Moment für es da bist.
- Sprich die Gefühle aus und zeige ihm, dass es völlig in Ordnung ist, auch mal wütend zu sein.
- Hat sich dein Kind beruhigt, findet gemeinsam eine Lösung *„Soll ich deine Finger nehmen und wir versuchen es gemeinsam?"*. Macht Zwischenerfolge deutlich *„Sieh mal, jetzt haben wir den Reißverschluss unten zusammen gemacht und du kannst ihn dann schon ganz allein hochziehen."*

AUTOAGGRESSION

Manche Kinder zeigen in solchen Situationen aber auch ein ganz anderes Verhalten: Sie verletzen sich selbst. Dies nennt man Autoaggression. Der Wutanfall besteht also nicht aus Schreien oder Toben, sondern sie schlagen beim Schuheanziehen den Kopf gegen die Wand oder nehmen die Hand in den Mund und beißen sich selbst. 20 Prozent der Kinder bis zum siebten Lebensjahr, also jedes fünfte Kind, zeigen ein selbstverletzendes Verhalten in Situationen, in denen sie mit ihren Gefühlen überfordert sind. Das kann übrigens auch bei Freude passieren.

Dein Kind hat für sich eine schlechte Verhaltensweise für die Wut gefunden. Diese Situationen sind kaum auszuhalten und du bist versucht, unbewusst dieses Verhalten zu unterbinden, gerade in Situationen, in denen andere Personen um dich herumstehen. Oftmals sehen solche Momente aber schlimmer aus, als sie tatsächlich sind. Das soll aber nicht heißen, dass du dein Kind weitermachen lässt. Der menschliche Körper ist im Grunde auf das Leben ausgerichtet und hat somit einen Selbsterhaltungstrieb. In den Momenten, in denen dein Kind solch ein Verhalten zeigt, ist es innerlich meist hin- und hergerissen zwischen „Ich will das jetzt allein schaffen“ und „Ich brauche deine Hilfe.“ Es steckt mitten in der Autonomiephase – es möchte groß sein, alles allein können und dann kommt das Leben vorbei und zeigt ihm, dass es das eben noch nicht kann. Ein Wutanfall kommt, der es allerdings noch wütender macht und es richtet diese Wut gegen sich selbst.

Du fragst dich vielleicht in solchen Situationen, was du falsch gemacht hast und weißt gar nicht, wie du mit anderen über das Thema sprechen sollst. Sollst du aber!

- Sprich mit anderen darüber, gerade mit Personen, denen du vertraust. Du wirst merken, dass du nicht allein bist.
- Sorgst du dich aber, hole dir bitte Hilfe! Denn natürlich kann ein selbstverletzendes Verhalten deinem Kind schaden.
- Versuche mit deinem Kind Wege zu finden, wie es die Aggression nicht gegen sich selbst richten, sondern anders damit umgehen kann. In einen Boxsack boxen, in ein Kissen schreien, auf einen Gummiring beißen ...
- Zeige deinem Kind, dass die empfundene Wut oder Enttäuschung nachvollziehbar ist.
- Zeige ihm aber auch, dass es nicht in Ordnung ist, die Wut gegen sich selbst oder andere zu richten und diese zu verletzen. Dein Kind macht nichts falsch, es versucht dir etwas mitzuteilen, was du aktuell nicht verstehst.
- Beziehe dein Kind mit ein, wenn du versuchst, eine Lösung zu finden.
- Stelle Fragen *„Wie kann ich dir helfen?“* oder *„Sollen wir mal überlegen, wie wir das Problem lösen können?“*

Feel Goods

- Bastle mit deinem Kind ein Wutkissen oder ein Wutmonster – natürlich kann es auch etwas sein, das ihr zu Hause habt und „aufpimpt“. Es kann dein Kind in der Wut begleiten. Ähnlich wie ein Sorgenfresser.
- Kauft schicken Kauschmuck, in den man überwältigende Gefühle „beißen“ kann. Du findest viele Angebote dazu im Internet.

Bilderbuchempfehlungen

- Der böse Kern“ von Jory John und Pete Oswald
- „Wohin mit meiner Wut“ von Dagmar Geisler

Good to know: Wohin mit der ganzen Wut?

Zum Thema Wut können dir zusammenfassend folgende Punkte helfen:

- Die Wut begleiten heißt nicht, sie zu beenden. Schon gar nicht du für dein Kind. Wut begleiten bedeutet, sie auch auszuhalten und gemeinsam mit deinem Kind da durchzugehen, für dein Kind da zu sein und ihm Rückhalt und Sicherheit zu geben.
- Du kannst die Wut deinem Kind nicht abnehmen. Auch wenn du es ablenkst, verlagerst oder unterdrückst du die Wut nur. Hilf deinem Kind, die Wut anzunehmen und einen Weg zu finden, damit umzugehen und wieder herauszufinden.
- Ist dein Kind in einem Wutanfall gefangen und findet nicht mehr heraus, findet Strategien, die ihm helfen können. Wichtig sind dabei klare Ansage wie z. B. *„Schau mir in die Augen und atme tief durch."*
- Schau gemeinsam mit deinem Kind Bilderbücher zum Thema Wut an. Sprecht darüber. Kann dein Kind sich wiederfinden?
- Kann die Wut umgeleitet werden? Zum Beispiel mithilfe eines Wutkissens, auf das dein Kind einschlagen darf oder durch einen lauten Schrei.
- Ist dein Kind generell voller Power? Vielleicht findet ihr einen Sport, bei dem dein Kind sich auspowern kann.
- Schaut euch gemeinsam im Spiegel an und schneidet Grimassen. Wie verändert sich euer Gesicht, wenn ihr wütend seid? Oder traurig? Oder fröhlich? Spielt einige Emotionen durch und beobachtet euch gegenseitig.
- Hat dein Kind zu wenig Bewegung? Kinder brauchen Bewegung, um sich weiterzuentwickeln. Fehlt sie ihnen – zum Beispiel auch nach einer langen Autofahrt – so könne sie schnell wütend werden. Baue also immer wieder Momente in den Tag ein, in denen sich dein Kind ausreichend bewegen kann.

- Reflektiere, wie du mit Wut umgehst. Schreist du andere an, wenn du wütend bist? Hat dich dein Kind schon mal Gegenstände vor lauter Wut werfen sehen? Fluchst du beim Autofahren? Du bist Vorbild und dein Kind orientiert sich auch an dir, wie du mit Wut umgehst.
- Bleib ruhig. Je wütender du wirst, desto wütender wird dein Kind werden. Das ist schwierig, aber so wichtig für dein Kind und die Situation. Es braucht dich als ruhenden Pol, um nicht weiter zu eskalieren. Es ist außerdem viel schwieriger, einer ruhigen Person gegenüber wütend zu bleiben als einer ebenfalls sehr aufgebrachten Person. Falls es gerade nicht möglich ist und du die Gelegenheit hast, aus der Situation zu gehen (und jemand anders bleibt beim Kind oder es passt situativ), dann nutze sie. Lass dein Kind aber bitte nicht einfach so stehen, sondern kündige an, dass du gerade eine kurze Pause brauchst.
- Wut bedeutet, dass eine Grenze überschritten ist – wie auch immer diese Grenze individuell aussehen mag. Gerade Kinder in der Autonomiephase stoßen immer wieder an ihre eigenen oder an vorgegebene Grenzen. Kein Wunder, dass Wut in dieser Phase so oft vorkommt. Sie ist also wichtig, um zu erkennen, dass gerade an eine Grenze gestoßen wurde. Wichtig ist nun zu lernen, wie man damit umgeht. Bestrafe dein Kind nicht, sondern hilf ihm, damit umzugehen.
- Wut ist ein Gefühl und Gefühle sind grundsätzlich sehr wichtig. Gut, dass dein Kind Wut empfinden kann. Für den Umgang damit braucht es deine Begleitung.
- Es ist okay, dass du Wut und andere Gefühle spürst und zeigst – lasse sie nur bitte nie an deinem Kind aus.

ALTE SPRÜCHE, NEU GEKONTERT

„So wie dein Kind sich jetzt schon aufführt, wirst du noch viel Spaß haben!“

Ich hoffe doch sehr, dass ich noch viel Spaß mit meinem Kind haben werde. Danke für den schönen Wunsch.

„Dein Kind hat aber seinen eigenen Kopf!“

Ja, und es würde doch auch seltsam aussehen, wenn es keinen oder meinen aufhätte, oder nicht?

Ich bin da und du bist da – Gemeinsam mittendrin

Schimpfwörter

CLARA, FRIDA UND DER KACKAPUPS

Aus dem Kinderzimmer von Clara und Frida (4 Jahre) hallt es in Dauerschleife: „Du Kackapups!“ „Du Stinktier!“

Dominik und Jenny schauen sich verdutzt an. Was sind denn das für Wörter, die ihre Zwillinge sich hier um die Ohren hauen? Noch komischer ist es, dass die zwei danach immer wieder in schallendes Gelächter ausbrechen. Jenny hat Sorge, dass die Zwillinge diese Schimpfwörter auch in der Kita oder bei Freunden benutzen.

Mitten in der Autonomiephase entdecken die meisten Kinder die Schimpfwörter. Du hast dich bestimmt schon öfters gefragt, woher hat mein Kind diese Wörter und warum ist es so fasziniert davon?

In den meisten Fällen hast du das Gefühl, dass dein Kind gar nicht versteht, was es gerade sagt. Es findet das Wort an sich nicht interessant, sondern deine Reaktion darauf. Es merkt, dass es mit einem einzigen Wort deine volle Aufmerksamkeit hat. Nach und nach testet es, wer auf welches Wort wie reagiert. Lächelst du betreten oder schimpfst du, kitzelt es dein Kind noch mehr, Schimpfwörter zu sagen. Einfach ignorieren bringt nur bei ganz kleinen Kindern etwas. Denn sie sprechen vieles einfach nur nach und warten darauf, dass wir es wiederholen. Ignorieren kann dazu führen, dass dein Kind denkt, dass es nicht schlimm ist und das Wort eventuell in seinen Wortschatz aufnimmt. Schimpfst du nun mit einem zwei- oder dreijährigem Kind, wird es für sich nur das Schimpfwort herausfiltern, und alles andere vergessen. Ähnlich dem Wort *nicht* im Kapitel ➔ „Wie es beginnt“.

Was sind also angemessene Reaktionen auf Schimpfwörter?

- Oftmals lässt sich das Interesse an einem Schimpfwort dämpfen, indem du mit deinem Kind ausmachst, wo es dies sagen darf, zum Beispiel „Scheiße“ nur im Bad oder auf dem Klo.
- Erkläre deinem Kind, dass es Worte gibt, die nicht nett sind und andere verletzen. Denn dein Kind muss, wie du mittlerweile weißt, Einfühlungsvermögen und Feinfühligkeit erst lernen. Am besten geht dies in einem ruhigen Gespräch, ohne belehrend oder wütend auf dein Kind zu sein.
- Frage nach, ob es überhaupt weiß, was es da sagt. Denn meistens haben Kinder das Wort aufgeschnappt und sprechen es einfach nach.
- Überlege, warum dein Kind in Situationen Schimpfwörter oder verletzende Sachen sagt. Ein „Du bist doof“ von deinem weinenden Kind kann Verzweiflung ausdrücken, weil es sich nicht verstanden fühlt.

FÄKALSPRACHE

Ein „Kackapups“ von deinem lachenden Kind zeigt hingegen, dass es sich in der „analen Phase“ befindet und sich nicht nur damit beschäftigt, was aus dem eigenen Körper rauskommt. Sondern auch eine große Freude daran hat, Wörter aus diesem Themenbereich, die es kennt, zu kombinieren. Da darfst du auch mal schmunzeln. Auch hier kann helfen, die Wörter in einem privaten Rahmen zu erlauben, zum Beispiel im Kinderzimmer.

Ein „Himmel, Arsch und Zwirn“ zeigt außerdem, dass dein Kind dir und anderen sehr aufmerksam zuhört und alles Gesagte wie ein Schwamm aufsaugt.

Hier wären wir auch schon beim Thema: Du bist ein Vorbild für dein Kind. Fluchst und schimpfst du und verwendest dabei solche Wörter, macht dein Kind das nach. Deshalb solltest du dir überlegen, welche Wörter für dich in Ordnung sind und du auch bei deinem Kind dulden kannst. Trifft dies auf einige (Schimpf-)Wörter nicht zu, solltest du dir Alternativen überlegen. „Sapperlot" statt „Scheiße" oder „Armleuchter" statt „Arschloch". Ersetzt du diese Wörter durch für dich akzeptable Wörter, gehen sie irgendwann auch in deinen Sprachgebrauch über.

Ein letzter Punkt, der uns wichtig ist: **Fluchen kann auch befreiend wirken.** Denn seien wir mal ehrlich, wie oft fluchen wir und ein Teil der Wut verfliegt dabei. Wenn es bei uns so ist, warum sollte es bei unseren Kindern anders sein? Schaffe deinem Kind Gelegenheiten, Druck abzulassen. Du könntest zum Beispiel mit ihm vereinbaren, dass es zum Fluchen ins Badezimmer geht und danach die ganzen schlimmen Wörter im Klo runterspült.

Feel Goods

- Erstelle mit deinem Kind eine Liste mit „bösen Wörtern" und stelle diesen „liebe Wörter" gegenüber.
- Fluche einmal ganz laut – dann, wenn dich niemand hören kann. Tut gut, oder? Lass das doch auch bei deinem Kind zu.

Bilderbuchempfehlungen

- „Du Gruselgorilla – du Schmusegorilla" von Heinz Janisch und Isabel Pin
- „Die kleine Motzkuh" von Anette Langen und Imke Sönnichsen
- „Das große Schimpfen" von Michael Esscoffier

Flunkern und Lügen

KORNAD, JAKOB UND DAS HÄNDEWASCHEN

Konrad hat das Abendessen gekocht und ruft ins Kinderzimmer: „Es gibt gleich Abendessen, wäscht du dir die Hände und kommst zum Essen bitte." Kurze Zeit später sitzt Jakob (3 Jahre) am Esstisch und Konrad fragt ihn, ob er sich die Hände gewaschen hat und bekommt ein „Ja" zu hören. Nora kommt mit Lara (1 Jahr) aus dem Bad und schaut Jakob tadelnd an: „Junger Mann, wir lügen nicht. Du hast dir die Hände nicht gewaschen."

Wir lügen mehrmals am Tag, zum Beispiel wenn wir andere nicht verletzen möchten: „Ja, deine neue Frisur gefällt mir sehr gut." Doch Lügen braucht Übung – kein Kind kommt als Lügner*in auf die Welt.

Dein Kind sagt normalerweise immer die Wahrheit, was euch bestimmt schon mal in eine unangenehme Lage gebracht hat. Erst mit circa vier Jahren können sich Kinder in die Gefühle anderer hineinversetzen. Oft bringen wir unseren Kindern das Lügen sogar bei. Das beste Beispiel sind Geschenke. Auch wenn sie den Kindern nicht gefallen, machen wir ihnen deutlich, dass sie sich höflich dafür bedanken sollen. Sie bekommen auch mit, wie wir Erwachsenen lügen, beispielsweise wenn wir zu spät dran sind und die Schuld auf den Verkehr schieben. Sie verstehen dann nicht, warum ihre Lüge bezüglich des Händewaschens nicht akzeptiert wird.

DIE MAGISCHE PHASE

Kinder zwischen vier und sechs Jahren befinden sich in der sogenannten magischen Phase. Hier können sie Wirklichkeit und Fantasie nur schwer oder gar nicht unterscheiden. Somit ist es für sie dann auch kein Lügen, wenn etwas in ihrem Kopf tatsächlich so stattfindet. In dieser Phase haben manche Kinder auch einen „unsichtbaren Freund" oder eine „unsichtbare Freundin", der oder die mit ihnen Abenteuer erlebt und sie beschützt. Kinder verstehen mit der Zeit immer mehr, was nur in ihrem Kopf (Fantasie) passiert und lernen, das von der Wirklichkeit zu unterscheiden. Das braucht aber Zeit.

Flunkern ist ein ganz normaler Lernprozess deines Kindes. Anstatt mit ihm zu schimpfen und es zu bestrafen, ist es wichtiger, mit ihm zu sprechen. **Vermittle deinem Kind, dass Ehrlichkeit wichtig ist und warum das so ist.**

DREI ARTEN VON LÜGEN

1. Die Angeberlüge

„Ich kann schon längst schwimmen."
Dein Kind hat ein geringes Selbstwertgefühl und versucht über diese Lüge, besser dazustehen. Begegne deinem Kind mit Aufmerksamkeit und Verständnis. Zeige Anerkennung und Wertschätzung. Erkläre auch, dass so eine Lüge oftmals schnell durchschaut wird. Stärke es in seinen Interessen und Fähigkeiten.

2. Die Vermeidungslüge

„Ich habe den Wassermalkasten nicht umgeworfen, das war unsere Katze."
Wie hast du das letzte Mal reagiert, als deinem Kind etwas aus Versehen passiert ist? Kinder haben meistens Angst vor Konsequenzen,wenn sie in solchen Situationen lügen. Hast du schon mal versucht, deinem Kind mit Verständnis zu begegnen? Denn beim Spielen passiert es schon mal, dass man tief in seine Fantasiewelt eintaucht und alles um einen herum vergisst. Zeige deinem Kind, dass die Wahrheit weniger schlimm ist als die Lüge.

3. Die Nachahmungs- oder Höflichkeitslüge

„Das Essen war sehr lecker."

... aber eigentlich hat dir der Eintopf deiner Schwiegermutter überhaupt nicht geschmeckt und das erzählst du auch auf dem Nachhauseweg. Dein Kind orientiert sich hier an dir. Es bekommt mit, dass Lügen in Ordnung ist. Dir fällt oft vermutlich gar nicht auf, dass du lügst. Wir Erwachsenen müssen uns hier öfters unserer Vorbildrolle bewusst sein. Erkläre deinem Kind, warum man aus Höflichkeit lügt und das es aber immer besser ist, dies zu vermeiden. Statt aus Höflichkeit zu lügen, könntest du auch ehrlich sein und in Ich-Botschaften formulieren: *„Ich esse nicht gerne scharf, weil ich es nicht vertrage. Wäre es möglich,* dass *ich das nächste Mal eine Portion haben kann, bevor du es würzt?"* oder *„Ich weiß, dass du gerne After-Eight isst. Leider mag ich es gar nicht."*

Wichtig – in allen drei Fällen – ist es, dein Kind nie vor anderen bloßzustellen. Suche immer einen geschützten Rahmen und sprich mit deinem Kind über das Lügen.

Flunkereien und Lügen haben auch positive Seiten. Um zu lügen, muss man kreativ sein. Beim Lügen wird die Fantasie angeregt. Ebenso lernt dein Kind hierbei, dass jemand anderes nicht das Gleiche denkt wie es selbst. Das ist ein wichtiger Schritt in der kindlichen Entwicklung, der deinem Kind ermöglicht, sich in andere hineinversetzen zu können.

Feel Goods

- Schau dir den Film der „Der Dummschwätzer" mit Jim Carrey an.

Bilderbuchempfehlungen

- „Flunkerfisch" von Julia Donaldson und Axel Scheffler
- „Da stimmt doch was nicht" von Ralf Butschkow

Beschimpfungen

JOHANNA, PHILLIP UND DIE DOOFE MAMA

Johanna ist mit ihrem Sohn Phillip (4 Jahre) bei einer befreundeten Familie, die ebenfalls Kinder in Phillips Alter hat. Als sie gehen möchte und Phillip bittet, sich zu verabschieden, reagiert ihr Sohn zuerst nicht. Noch mal darauf angesprochen, beginnt er zu diskutieren und schlägt so auch noch zehn Minuten heraus. Als diese jedoch um sind, besteht Johanna darauf, nach Hause zu fahren. Phillip findet das überhaupt nicht gut und möchte noch nicht gehen – zu spannend ist gerade das Spiel mit den beiden anderen Kindern. Als er merkt, dass er keine Chance mehr hat, schreit er Johanna mitten ins Gesicht: „Du bist die gemeinste und doofste Mama auf der ganzen, ganzen Welt!"

Hast du das schon mal gehört? Es ist ein Stich mitten ins Herz. Wohl wissend, dass es dein Kind nicht so meint, trifft es dich emotional sehr. Was aber möchte dein Kind dir damit sagen?

Sätze wie diese sind eine der stärksten Waffen, die dein Kind hat. „Du bist nicht mehr mein*e Freund*in!" oder „Du hast mir gar nichts zu sagen!" oder sogar „Ich hasse dich!"

Das sind Geschütze, die dein Kind dann auffährt, wenn es die Emotionen, welche in ihm wüten, nicht mehr anders ausdrücken kann. Es ist eine Strategie deines Kindes, um mit dieser Situation umzugehen. Es ist überfordert, und hat keine Ahnung, wie es da wieder herauskommen soll. Also schlägt es verbal um sich, mit Worten, die treffen. Emotional schwierig, aber wichtig für dich zu wissen: **Dein Kind meint es nicht so und kann gar nicht verstehen, was das in dir auslöst.** Wohl aber steckt eine tiefe Emotion und nicht selten echte Verzweiflung deines Kindes dahinter, wenn es zu solchen Mitteln greift.

Vermutlich warst du der Auslöser, weil du ihm etwas verboten hast oder Ähnliches. Dein Kind ist also sauer auf die Situation und auf dich, kann sich aber aufgrund seines mangelnden Wortschatzes noch nicht anders ausdrücken. Es weiß sich also nicht anders zu helfen und kommt mit den heftigsten Drohungen, die es zu bieten hat. Es ist eine reine Verzweiflungstat deines Kindes.

Anhand dreier häufiger „Beschimpfungen" zeigen wir dir, wie du darauf reagieren kannst:

Du hast mir gar nichts zu sagen!
Dein Kind weiß sehr wohl, dass du „etwas zu sagen hast". An der Stelle aber möchte es dies nicht hören und „weißt dich in die Schranken". Einen Versuch ist es ja wert.

Dahinter steckt auch der Wunsch, ernst genommen zu werden. Es will, dass du ihm auf Augenhöhe begegnest. Dein Kind möchte auch in seiner Selbstständigkeit nicht eingeschränkt sein und nichts vorgeschrieben bekommen – wer möchte das schon? Trotzdem gibt es natürlich Situationen, da wirst du Entscheidungen treffen, die nicht mit deinem Kind abgestimmt werden können oder die ihm nicht gefallen. Versuche, den Druck herauszunehmen.

Mögliche Antworten könnten sein:

- *„Okay. ich liebe dich, verstehe dich und kann deine Wut nachvollziehen. Ich wäre jetzt an deiner Stelle auch sehr wütend. Du bist toll und ich möchte dich jetzt gerne in den Arm nehmen, wenn du das auch möchtest."*
- *„Wollen wir zusammen einen Kakao kochen und darüber reden?*
- *„Ich verstehe, dass du lieber allein sein möchtest. Ich bin danach für dich da, falls du kuscheln möchtest."*
- *„Wollen wir kuscheln ohne, dass irgendjemand etwas sagt? Würde dir das guttun?"*

Du bist nicht mehr meine Freundin/mein Freund!

Womöglich denkst du dir gerade, dass du auch gar nicht die Freundin oder der Freund deines Kindes sein möchtest. Du bist ein Elternteil und in dieser Rolle möchtest du auch bleiben. Für dein Kind aber bist du auch Freund oder Freundin als weiterer Ausdruck seiner Zuneigung. Das ist in seinen Augen oft die höchste Auszeichnung. Ein Beharren auf die Elternrolle und das Zurückweisen seiner Freundschaft wäre sehr schade. Was wäre denn die Botschaft? „Ich bin nicht deine Freundin / dein Freund (Zurückweisung einer großen Liebesgeste), sondern deine Mama / dein Papa (und somit in einer für dich unerreichbaren Machtrolle)." Freue dich lieber, dass dein Kind auch gerne mit dir befreundet wäre. Da ist ein großes Kompliment und schmälert deine Elternrolle kein bisschen. Unser Vorschlag:

„Ich merke, du bist gerade sehr, sehr wütend auf mich. Das ist okay. Ich würde mich sehr freuen, wenn ich bald wieder deine Freundin / dein Freund sein darf. Du entscheidest aber wann, ja?"

„Du doofe Mama!"

Reflektiere dich selbst. Hättest du anders reagieren können? Kindgerechter, verständlicher fürs Kind? Bedürfnisorientierter? Dann entschuldige dich doch bei deinem Kind.

„Es tut mir leid, ich habe mich gerade wirklich doof verhalten. Danke, dass du mir das gerade mitteilst."

Bitte nimm diese Aussagen deines Kindes nie persönlich, auch wenn das natürlich schwerfällt.

- Es ist völlig okay, dass es wehtut und du für einen Moment traurig oder auch verletzt bist. Versuche doch mal, in einem ruhigen Moment herauszufinden, warum dich die Worte deines Kindes so treffen. Oft steckt die eigene Lebensgeschichte dahinter (die Erfahrung, abgelehnt zu werden). Dein Kind lehnt dich nicht ab!

Es macht nur klar und deutlich, dass es verärgert, traurig, wütend oder enttäuscht ist und du bekommt es ungefiltert ab.

- Dein Kind vertraut dir! Bei dir darf es so sein, wie es ist, auch wenn es sich nicht so verhält, wie du es dir wünschst. Es liebt dich trotzdem! Das ist ein unglaublicher Vertrauensbeweis.
- Dein Kind bringt dich häufig an deine Grenze, erzwingt eine Auseinandersetzung mit dir selbst. Oft ist es wie ein Spiegel. Sich im Laufe der Elternschaft damit auseinanderzusetzen, kann dir vielleicht helfen.
- Bleib trotzdem bei deinem Nein oder deiner Entscheidung.
- Eine solch aufwühlende Situation ist auch nicht der richtige Zeitpunkt, mit deinem Kind darüber zu diskutieren, was man sagen darf und was nicht und wie man miteinander umgeht. Das kannst du zeitnah (vielleicht am Abend vor dem Zubettgehen) machen.
- Begleite lieber dein emotional sehr aufgewühltes Kind und maßregle es in diesem Moment nicht. Im Kapitel ➔ „Gemeinsam durch die Wut“ sind wir näher auf mögliche Strategien eingegangen, die dir und deinem Kind helfen können.

Feel Good

- Glücksmomenteglas: Befülle gemeinsam mit deinem Kind ein großes Glas mit schönen Erinnerungen. Das kann ein Stein sein, ein Zettel mit einer schönen Begebenheit, ein Rezept, ein Foto, eine Eintrittskarte, eine Postkarte, ein gemaltes Bild und so vieles mehr sein. Jedes Mal, wenn etwas besonders schön war, kommt ein Symbol dafür in dieses Glas. Immer wenn ihr einen blöden Tag zusammen hattet, könnt ihr die schönen Erinnerungen anschauen.

Bilderbuchempfehlungen

- „Manchmal gibt es einfach Streit“ von Dagmar Geisler
- „Alles doof, kleines Müffelmonster?“ von Julia Boehme und Franziska Harvey

Good to know: Beim Kinderarzt in der Autonomiephase

Es gibt Situationen, da wirst du das Gefühl haben, dass dein Kind „abliefern“ muss, und das macht dich nervös. Denn dein Kind ist zurzeit sehr unberechenbar in seinen Reaktionen. Gibt es diesen Druck aber tatsächlich oder existiert er nur in deiner Vorstellung, die unter Umständen auch noch von außen verstärkt wird?

Eine dieser Situationen ist die Untersuchungen in der Kinderarztpraxis.

EVA, FABIAN UND DIE VORSORGEUNTERSUCHUNG

Eva ist in Panik. Übermorgen ist die nächste U-Untersuchung beim Kinderarzt und ihr Sohn Fabian (4 Jahre) befindet sich momentan in seiner schlimmsten Autonomiephase Er macht nie, was er machen soll, oft sogar das Gegenteil davon. Außerdem wird er zurzeit sehr schnell wütend, wenn etwas nicht so läuft, wie er sich das gerade vorstellt. Eva hat Angst, dass er falsch eingeschätzt wird und er nicht zeigt, was er eigentlich kann. Sie befürchtet Nachteile für ihn und möchte ein paar Dinge vorher mit ihm üben – nur Fabian möchte das nicht. Der Termin rückt immer näher und Eva möchte ihn am liebsten absagen.

Diese Sorgen haben wir an den Kinderarzt Dr. Thomas Kirchner weitergegeben, der seit 2005 seine eigene Kinderarztpraxis in Weil der Stadt leitet und selbst zwei mittlerweile erwachsene Kinder hat.

„DIE ENTWICKLUNG DES KINDES IST KEIN WETTBEWERB"

Interview mit Kinderarzt Dr. Thomas Kirchner

„Herr Dr. Kirchner, viele Eltern haben fast schon Angst vor den U- Untersuchungen. Sie haben Angst, dass ihr Kind nicht „besteht" und vor allem während der Autonomiephase nicht kooperiert und somit ein falsches Bild entstehen kann. Können Sie den Eltern als Arzt diese Sorge nehmen?"

„Als Kinderärzt*innen haben wir über die Monate und Jahre ein Gesamtbild vom Kind. Von daher ist es wichtig, alle Untersuchungstermine wahrzunehmen. Wichtig ist uns, dass sich ein Kind körperlich zwischen dem 3. und 97. Perzentil entwickelt. [Die Perzentilen zeigen Durchschnittswerte an, wie groß und schwer Kinder in einem bestimmten Alter sind, Liegt dein Kind auf der 10. Perzentile, sind zehn Prozent der Kinder in seinem Alter kleiner/leichter und 90 Prozent größer/schwerer.] Daraus können wir schon sehr viel schließen."

„Im Internet kann man eine Menge darüber lesen, was ein Kind zu einer bestimmten U-Untersuchung können sollte und auf was geachtet wird. Dies setzt viele Eltern unter Druck".

„Die Untersuchung findet in der Regel sehr spielerisch statt und sollte für das Kind auch so angenehm wie möglich gestaltet sein. Erfahrene Ärzt*innen können währenddessen gut erkennen, wie ein Kind entwickelt ist und ob es sich altersgerecht im sehr weit gefassten Rahmen bewegt. Kein Kind muss zu einem bestimmten Zeitpunkt etwas können. Der Entwicklungszeitraum ist sehr groß, sodass die Kinder Zeit haben, sich ihrem Tempo gemäß zu entwickeln. Manche Kinder sprechen früher, manche sind dafür motorisch weiter. Und all das ist völlig im Rahmen einer gesunden Entwicklung."

„Was aber passiert, wenn ein Kind an diesem Tag so überhaupt nicht kooperiert und sich komplett verweigert? Bekommen Sie dann nicht ein falsches Bild vom Kind?“

„Im besten Falle kennen wir das Kind von Geburt an und begleiten die Entwicklung über mehrere Monate und Jahre. Ein Untersuchungstermin ist nur eine Momentaufnahme, aus der keine falschen Schlüsse gezogen werden sollten. Verweigert sich ein Kind komplett, so brechen wir die Untersuchung gegebenenfalls ab und vereinbaren einen neuen Termin. Es sollte keine Drucksituation aufgebaut werden, weder fürs Kind noch für die Eltern. Manchmal hat das Kind einfach einen schlechten Tag, so wie wir auch manchmal. Beim Ersatztermin kann die Welt schon wieder anders aussehen“.

„Manche Eltern bereiten sich regelrecht auf diese Untersuchungen vor und üben mit ihren Kindern. Was können Sie diesen Eltern raten?“

„Eine U-Untersuchung ist keine Prüfung. Das Kind muss nichts „abliefern“ oder etwas vorführen. Wir sind zu einem großen Teil damit beschäftigt, Eltern zu beruhigen und den Druck herauszunehmen. Eine Übungssituation zu Hause verschärft den Druck doch nur. Leider sind diese Einflüsse oft sehr gravierend und der Leistungsgedanke greift schon bei sehr vielen kleinen Kindern. Die Entwicklung eines Kindes aber ist keine Frage von Leistung und schon gar kein Wettbewerb. Sie geschieht sehr individuell und sollte behutsam begleitet werden. Ein Kind diesbezüglich unter Druck zu setzen, ist eher kontraproduktiv. Von daher rate ich allen Eltern: Entspannen Sie sich. Bleiben Sie mit ihren Kinderärzt*innen im Austausch. So wird die Entwicklung ihres Kindes regelmäßig im Blick behalten und man kann entsprechend reagieren, wenn doch etwas genauer beobachtet werden sollte. Wir sagen unseren Eltern immer: Lassen Sie sich nicht verrückt machen von anderen Eltern oder von völlig überzogenen Erwartungshaltungen von außen. Wir als Kinderärzt*innen sagen Ihnen schon, wenn etwas nicht passt. Das sollte Ihnen als Maßstab reichen."

„Das hört sich alles sehr entspannt an. Dennoch gibt es auch tatsächliche Entwicklungsverzögerungen, die frühzeitig angeschaut werden sollten."

„Ja, natürlich. Diese sind aber nicht daran festzumachen, dass ein Kind bei einem Termin nicht auf einem Bein stehen kann oder fünf Wörter weniger im Wortschatz hat. Wir Ärzt*innen sehen die Gesamtentwicklung des Kindes über einen längeren Zeitraum hinweg und intervenieren, wenn wir den Bedarf sehen."

„Was können Sie abschließend noch Eltern und vielleicht auch Kolleg*innen mit auf den Weg geben?"

„Ich kann mich nur wiederholen: Entspannen Sie sich. Die Zeit mit ihrem Kind vergeht so schnell, bis es erwachsen ist. Verbringen Sie die Zeit lieber mit kuscheln und spielen als mit Übungen vor der U-Untersuchung. Genießen Sie das Familienleben, genießen Sie die Zeit mit Ihrem Kind, machen Sie es sich und ihm so schön wie möglich. Jedes Kind entwickelt sich in seinem eigenen Tempo und der Rahmen, in dem es das tun darf, ist sehr weit gespannt. Bevor wir also von einer tatsächlichen Entwicklungsstörung sprechen, ist sehr viel Spielraum. Auch während der Autonomiephase die uns natürlich bekannt ist, können wir gut sehen, wie ein Kind entwickelt ist. Kolleg*innen empfehle ich ebenfalls, den Eltern eher den Druck zu nehmen, als ihn weiter aufzubauen. Lassen wir die Kinder einfach Kind sein."

ALTE SPRÜCHE, NEU GEKONTERT

„Dein Mädchen ist ganz schön wild, es könnte auch ein Junge sein"

„So weinerlich wie dein Junge ist, könnte er auch ein Mädchen sein!"

„Erstens: In unserer Familie schreiben wir keinem Geschlecht irgendwelche Eigenschaften zu oder ab.

Zweitens: Vielleicht verändert sich auch noch das Geschlecht. Aber ganz bestimmt nicht, weil es wilder oder emotionaler ist.

Drittens: Ich freue mich, dass mein Kind eine breite Palette an Gefühlen kennt und diese auch auslebt. Kein Gefühl ist besser oder schlechter als das andere. Bitte akzeptiere mein Kind so, wie es ist. So ist es nämlich wunderbar und genau richtig. Danke."

„Wie heißt das Zauberwort?"

„Für die Begleitung unserer Kinder: Liebe. Wenn du meinst, dass mein Kind „Bitte" und „Danke" sagen soll, dann lebe es ihm vor, wie wir auch. So lernt es von uns. Nicht durch das Hervorbeten noch leerer Worthülsen. Ansonsten denken wir uns oft ganz viele Zauberwörter aus, möchtest du ein paar hören?"

Ich bin schon groß – In der Kita

Bring- und Abholsituation in der Kita

ACHIM, MINA UND DIE VERABSCHIEDUNG

Achim holt seine Tochter Mina (2,5 Jahre) aus dem Kindergarten ab. Mina winkt ihm schon freudestrahlend zu, als er den Flur entlangläuft. Achim winkt ihr zurück. Die Erzieherin berichtet Achim, was Mina heute gegessen und gespielt hat. Währenddessen zupft Mina schon die ganze Zeit an Achims Jacke – er ignoriert es. Kurz darauf wirft sie ihre Schuhe und Klamotten auf den Boden. Und um dem Ganzen noch die Krönung aufzusetzen, fängt sie an, ständig „Papa" zu rufen. Achim ist genervt und sagt: „Du siehst doch, dass ich gerade noch mit Miriam spreche. Du musst jetzt einfach kurz warten." Achim verabschiedet sich von Miriam und setzt sich zu Mina an die Garderobe. Mina bekommt einen Wutanfall, als er ihr die Schuhe anziehen will und fängt an zu weinen. Achim ist es sichtlich unangenehm, da die anderen Eltern ihm schon Blicke zuwerfen. Kurzerhand schnappt er sich Minas Sachen, packt alles in ihren Rucksack und nimmt sie auf den Arm. Mia protestiert und schlägt nach ihrem Papa. Mina schreit auch die ganze Autofahrt über. Erst als sie die Wohnung betreten, wird Mina leiser und kuschelt sich an ihren Papa. Achim versteht überhaupt nicht, was passiert ist.

Versetzen wir uns mal in Minas Situation. Ein Kita-Tag ist ganz schön anstrengend und kostet Kraft. Ähnlich wie ein Arbeitstag bei uns Erwachsenen. Kinder müssen sich in der Kita an viele verschiedene Situationen anpassen und Eindrücke prasseln auf sie ein. Irgendwann ist der Akku dann auch leer. Ähnlich könnte es bei Mina gewesen sein, sie hatte vielleicht einen anstrengenden Tag und hat sich gefreut, dass ihr Papa sie nun endlich abholt. Sie konnte keine Geduld aufbringen, um noch das Gespräch zwischen ihrem Papa und Miriam abzuwarten. Es könnte aber auch einfach so sein, dass Mia abgeholt sein möchte, wenn ihr Papa in die Kita kommt. Weil sie sich freut, mit ihrem Papa Zeit zu verbringen. All diese Gefühle kann Mina in ihrem Alter noch nicht verbalisieren. Deshalb hat sie mit allen Mitteln versucht, seine Aufmerksamkeit zu erregen. Als ihr Papa überhaupt nicht auf sie reagierte, machte sie immer weiter, in der Hoffnung. dass er sich endlich ihr zuwenden würde. In dem Moment, als das endlich passierte, war sie aber schon drüber raus und konnte sich nur noch über den Wutanfall ausdrücken.

Natürlich ist es wichtig für dich zu wissen, was dein Kind den Tag über gemacht hat. Dennoch kann ihm dein Gespräch mit den Erzieher*innen sehr lange vorkommen. Viele Kinder werden auch unruhig, wenn sie merken, dass man über sie spricht und nicht mit ihnen. Das löst ein unangenehmes Gefühl aus, welches sie nicht benennen können.

So schaffst du eine entspannte Abholsituation:

- Begrüße beim Abholen zuerst dein Kind und begib dich auf Augenhöhe mit ihm. Im wahrsten Sinne des Wortes.
- Halte Übergaben mit den Erzieher*innen möglichst kurz. Ist es wirklich wichtig, dass du alles im Detail weißt?
- Beziehe bei den Übergaben dein Kind mit ein, nimm es zum Beispiel zu dir auf den Arm.
- Besprich für dein Kind unangenehme Situationen (wie z. B., dass es ein anderes Kind gehauen hat) nicht vor deinem Kind. Bitte die Erzieher*innen beispielsweise um einen kurzen Anruf, falls solche Themen auftauchen. Dann kannst du dich mit dem Thema auseinandersetzen und es mit deinem Kind anschließend zu Hause besprechen.
- Zusätzlich kannst du um ein Gespräch in einem ruhigen Rahmen gemeinsam mit dem Kind bitten, denn um das geht es ja. Unfair,

wenn über, aber nicht mit ihm gesprochen wird. Der wuselige Flur beim Abholen ist dazu allerdings nicht der geeignete Rahmen.

- Wahrscheinlich geht es deinem Kind besser, wenn du es in den Arm nimmst und ihm sagst: *„Ich muss noch kurz mit XY sprechen, legst du schon mal deine Jacke und Schuhe bereit, damit wir dann direkt nach Hause können.“*
- Sprich die Gefühle deines Kindes aus: *„Oh ich merke, du bist gerade sehr ungeduldig und möchtest gerne, dass wir uns beeilen.“* oder *„Ich glaube, dass dein Tag heute anstrengend war und du dich jetzt auf zu Hause freust.“*

Jedes Kind benötigt in solchen Situationen eine andere Begleitung. Wichtig ist nur, dass wir sie liebevoll begleiten und auf sie eingehen. So fühlen sie sich ernst genommen und mit ihren Gefühlen nicht alleingelassen.

DIE SACHE MIT DEM MITTAGSSCHLAF

Der Kita-Alltag deines Kindes ist nicht mit einem Tag zu Hause zu vergleichen. In der Kita gibt es viele Entscheidungen, die dein Kind treffen muss: „Mit wem möchte ich heute wo spielen und vor allem, was möchte ich spielen oder neben wem sitze ich im Morgenkreis und beim Mittagessen?" Es ist unterschiedlichen Reizen ausgesetzt, z. B. Geräuschen, Gerüchen, Gefühlen, …

Deshalb kann es auch sein, dass dein Kind in der Kita noch einen Mittagschlaf macht, auch wenn es ihn zu Hause nicht mehr benötigt. Denn im Schlaf verarbeitet dein Kind Erlebnisse und Eindrücke des Tages. Macht dein Kind keinen Mittagschlaf mehr, können die Kraftreserven beim Abholen aufgebraucht sein und der Tank muss erst mal wieder aufgeladen werden, indem du es unterstützt und ihm hilfst, mit der Situation zurechtzukommen.

Feel Goods

- Verbringe bewusst Zeit mit deinem Kind ohne Verpflichtungen. Geht z. B. auf den Lieblingsspielplatz deines Kindes oder probiert einen neuen Spielplatz aus.
- Während der Pandemie empfanden viele Eltern das Bringen und Abholen an der Kita-Türe als Erleichterung, da es hier (aus welchen Gründen auch immer) zu weniger Konflikten und Diskussionen mit den Kindern kommt. Vielleicht ist eure Kita offen dafür, das auch danach fortzuführen.
- Schau dir den Film „Die Kindergartendaddys" an und lache eine Runde herzhaft.

Bilderbuchempfehlungen

- „Kindergarten Wimmelbuch" von Carolin Görtler
- „Komm wir zeigen dir unsere Kita" von Constanze von Kitzing
- „Alex, abgeholt" von Danielle Graf und Katja Seidel

Beißen – Kratzen – Hauen

PETRA, EMIL UND DAS BEISSEN

Als Petra ihren Sohn Emil (2,5 Jahre) aus der Kita abholt, erzählt ihr der Erzieher Kristian, dass Emil heute mal wieder ein anderes Kind gebissen hat. Er versichert ihr, dass sie im Team das Thema „Beißen, hauen, kratzen" an dem Abend in der Teamsitzung besprechen, da derzeit mehrere Kinder damit zu tun haben und sie gut auf diese Kinder eingehen möchten. Petra soll sich nicht zu viele Gedanken machen, viele Kinder durchlaufen solch eine „Phase". Abends spricht Petra mit ihrem Mann und merkt, dass sie das Thema nicht loslässt – „Warum beißt Emil so oft", fragt sie sich, denn auch zu Hause oder auf dem Spielplatz hat sie das schon beobachtet.

Verhaltensweisen wie beißen, schlagen und kratzen kommen in der Krippe sehr häufig, aber auch im Kindergarten gar nicht so selten vor. Das löst starke Gefühle bei allen Beteiligten aus.

Folgende zwei Punkte sind unabdingbar im Umgang mit deinem Kind, wenn es kratzt, haut oder beißt:

- Erstens die grundsätzliche Wertschätzung, die du deinem Kind entgegenbringst.
- Wir wissen heute: Kein Kind handelt vorsätzlich böse, weil es anderen schaden möchte.

Oder andersherum: Dein Kind verhält sich in diesem Moment so, wie es seine Gefühle zulassen. Es findet die für sich im Moment beste Strategie, mit einer Situation/Emotion umzugehen. Es kennt gerade keine andere Lösungsstrategie und weiß sich nicht anders zu helfen.

Was löst dieses Thema in allen Beteiligten aus?

- **Kleinkinder, die gebissen wurden**, entwickeln zuweilen eine generalisierte Angst vor dem Kitabesuch. Auch Schlafstörungen und Alpträume nach Beißvorfällen werden von Eltern berichtet.
- **Kleinkinder, die andere Kinder beißen**, machen sehr schnell Ausschlusserfahrungen, was das Spielen in der Kita mit anderen Kindern angeht. Einladungen zu Kindern am Nachmittag oder zu Geburtstagen bleiben aus, wobei das meist mehr an den Eltern als am gebissenen Kleinkind selbst liegt.
- **Eltern, deren Kind beißt**, fühlen sich häufig alleingelassen, denn sie können das Beißverhalten des Kindes während ihrer Abwesenheit nicht beeinflussen. Es besteht meist eine große Verunsicherung, wie eine Verhaltensänderung erreicht werden kann. Doch auch abwehrendes Verhalten kann beobachtet werden sowie Ängste vor einem Ausschluss des Kindes vom Kitabesuch.
- **Eltern, deren Kind gebissen worden ist**, erscheint die Kita oft nicht mehr als sicherer Ort für ihr Kind. Nicht selten reagieren sie

aufgebracht und zornig. Dies ist insbesondere dann der Fall, wenn kein klares Konzept zum Umgang mit Beißverhalten vorliegt.
- Bei den **Fachkräften und Eltern** stellen sich oft Gefühle von Ohnmacht oder Hilflosigkeit ein, wenn das Beißen eines Kindes anhält oder sich ausbreitet, sodass plötzlich mehrere Kinder in der Gruppe beißen.

All diese Bedürfnisse sind ernst zu nehmen und bei allen Beteiligten ist es wichtig, Druck rauszunehmen. Viele Situationen lösen in Kindern das Gefühl von Stress aus, gerade jüngere Kinder können dieses Gefühl nicht benennen und reagieren deshalb mit Beißen. Es können aber auch ganz andere Gründe dahinterstecken, z. B. möchte ein Kind eigentlich Liebe ausdrücken.

WARUM BEISSEN KINDER?

Entwicklungsbedingte Ursachen:

- Forscherdrang: Kleine Kinder erforschen gerne mit dem Mund. Egal ob Bausteine, Pflanzen oder Mitmenschen. Dabei kann es auch zu Beißattacken kommen.
- Zahnen: Wenn Kinder zahnen, bringt es ihnen Erleichterung, auf alles draufzubeißen, was gerade da ist – eben auch das Kind, das zufällig beim Essen neben ihnen sitzt.
- Ausprobieren: Kinder testen Ursache-Wirkungs-Zusammenhänge. Das Kind merkt, dass etwas durch sein Handeln passiert, kann nur die Auswirkung noch nicht einschätzen.
- Lernen nach dem Prinzip Versuch und Irrtum: Kinder probieren einfach etwas aus und schauen, wie sich die Erwachsenen verhalten.

- Suche nach Aufmerksamkeit: Vor allem Kinder, die gerade weniger Aufmerksamkeit bekommen (z. B. nach der Geburt eines Geschwisterchens), sind hierfür sehr anfällig und probieren diese Taktik auch mal aus. Oft steckt ein Bedürfnis nach Nähe dahinter.
- Form der Kontaktaufnahme: Manchmal würden die Kinder gerne mit den anderen Kindern spielen, wissen aber nicht, wie sie die Kontaktaufnahme gestalten können. Sie werden dann körperlich, ohne es böse zu meinen. Oftmals reagieren die anderen Kinder dann mit Ablehnung, was das Kind dann noch mehr frustriert.

Emotional bedingte Ursachen (Ausdruck von Gefühlen)

- Ausdruck von Emotionen, die sie nicht verbalisiert können: von übermäßiger Freude bis hin zu Ärger, Angst, Stress, Überreizung oder Frustration. Bei größeren Kindern kann dies auch ein Ablassen von Druck sein, welchen sie aus irgendeinem Anlass in sich tragen.
- Über- oder Unterforderung, Unsicherheit, Orientierungslosigkeit oder Überreizung im Alltag
- Ohnmacht, wenn die ausgesendeten Signale nicht erkannt werden

Umgebungsbezogene Ursachen

- Reizüberflutung (zu grelles Licht, hektischer Tagesablauf, zu viele Spielsachen etc.)
- Räumliche Enge, zu wenig Rückzugsmöglichkeiten
- Unangemessene, zu hohe Erwartungen an das Kind
- Nachahmen: Kinder lernen von anderen Kindern. Sie schauen sich das Verhalten bei anderen Kindern ab und imitieren es, ohne sich etwas Böses dabei zu denken.

Ganz wichtig: Das Beißen des Kindes ist kein elterliches Versagen!

Was kannst du tun, um dein Kind beziehungs- und bedürfnisorientiert zu begleiten? Denke vom Problem zur Lösung! Wenn du dich nur auf das problematische Verhalten konzentrierst, dann bringt dich das nicht voran und ihr befindet euch in einem Kreislauf.

- Dein Kind überhört entwicklungsbedingt im Satz „Nicht schlagen" oft das „nicht". Denke lieber in Lösungen. Schlage deinem jüngeren Kind Handlungsalternativen vor. Ist es schon älter, frage es direkt, was es verbessern möchte oder wie du ihm helfen kannst.
- Viel hilft nicht viel. Wenn dein Verhalten, wie du bisher auf dein Kind reagierst hast, nicht geholfen hat, bringt es auch nichts, noch mehr davon zu zeigen. Hier solltest du nach neuen Wegen suchen und eine andere Methode ausprobieren. **Achtung:** Nicht jede Maßnahme ist für jedes Verhalten geeignet!
- Ermögliche deinem Kind eine Auszeit. Damit ist nicht gemeint, dein Kind in sein Zimmer zu schicken, sondern es aus der Situation rauszuholen und somit die Situation zu entschärfen.
- Nutzt Bewegung, um Emotionen anders rauszulassen.
- Lest gemeinsam Bücher zum Problemthema und sprecht darüber.
- Lebe die erwünschte Verhaltensweise vor und bestärke dein Kind dahingehend positiv (Vorbildfunktion).
- Setze liebevoll Grenzen und sei dabei konsequent. ➔ Liebevoll Grenzen setzen – Straffrei begleiten
- Gib körperliche Nähe, oftmals braucht dein Kind das in dieser Situation am meisten.
- Ermögliche Mitbestimmung und trefft gemeinsame Entscheidungen.
- Gib Struktur, kündige Übergänge an und lege gemeinsame Rituale fest.

Alle Kinder kommen als soziale Wesen auf die Welt, ihre sozialen Fähigkeiten prägen sich erst aus. Jedes Kind wir mit einem Temperament geborgen. Manche Kinder haben nur eine kleine Bandbreite an Ideen, um einen Konflikt zu lösen.

Hierbei kannst du dein Kind unterstützen:

- Das Thema Gefühle ist ganz wichtig für dein Kind im Kita-Alter. Es erlebt in der Autonomiephase so unterschiedliche Gefühle, die es oft noch nicht kennt und benennen kann. Hierzu gibt es Bücher oder Gefühlskarten. Ihr könnt auch gemeinsam ein Gefühlsbarometer basteln. Das alles hilft deinem Kind, Gefühle kennenzulernen und zu benennen.
- Dein Kind soll lernen, Konflikte selbstständig zu lösen, unabhängig von dir. Es übernimmt dadurch die Verantwortung für sein Handeln. Dabei braucht dein Kind aber dich, denn dieser Prozess muss begleitet und vorgelebt werden.
- Gewünschtes Verhalten kannst du auch im Alltag vorleben. Hier ist eine positive Verstärkung hilfreich: *„Max, ich sehe, du hast nach dem Spielen deine Bücher wieder aufgeräumt. Das finde ich prima!“*

Konflikte begleiten

Gibt es bei euch Probleme mit Beißen, Kratzen oder Hauen sollte an erster Stelle die Stressreduktion sowie die emotionale Sicherheit aller Beteiligten und auch der nicht-beteiligten Kinder stehen. Durch ruhiges und besonnenes Handeln und Unterstützung. Tadeln, Schimpfen oder Maßregeln erregt die Kinder noch mehr, die Unsicherheit verstärkt sich. Ruhiges Agieren bietet Sicherheit.

- Begleite altersentsprechend und der Entwicklung des Kindes angemessen.
- Sei Vermittler*in.
- Höre beide Seiten an, sei aufmerksam.
- Zeige Verständnis.
- Präsentiere nicht die Lösungen, sondern sucht gemeinsam nach ihnen.

- Sei ein „Sprachrohr" und kommuniziere, was für Gefühle du wahrnimmst. So kann dein Kind die Gefühle verstehen, die gerade in ihm hochkochen.
- Hole dein Kind aus der Situation heraus, wenn es sich nicht mehr zu helfen weiß, damit es Abstand zur Situation bekommt.
- Sind andere gefährdet, greife als Erwachsene*r ein und entschärfe Situationen.
- Erkläre deinem Kind, dass emotionales Verhalten wie Schlagen, Hauen usw. nicht in Ordnung ist. Biete Alternativen an, z. B. ins Kissen oder in den Boxsack schlagen, eine Runde schreien usw.
- Wenn du in der Nähe bist und siehst, dass ein Kind zum Beißen, Schlagen, Kratzen ansetzt, kannst du mit der Hand dazwischengehen. Aber reiße niemals beide Kinder voneinander weg. Die Handinnenfläche sollte zu dem Kind zeigen, dass die Grenze des anderen Kindes überschreiten möchte. Wende dich mit Worten an das Kind, sprich jedoch nicht das geplante konflikthafte Verhalten an. Benenne eine andere Tatsache: *„Hier baut gerade Simon einen Turm!"* So wird die Aufmerksamkeit des Kindes umgelenkt.
- Keine Zuschreibung von Täter- und Opferrollen! Fordere das Kind, welches gebissen, geschlagen oder geschubst wurde, nicht auf, sich zu wehren. Sätze wie „Jetzt beiß mal zurück, damit es merkt, dass es wehtut!" sind völlig fehl am Platz.
- Unterstütze dein Kind in der Formulierung der Grenzziehung: *„Sag Max, dass dir das wehtut", „Sage ihr, dass du das nicht möchtest!"*

Feel Goods

- Baue eine Kuschelhöhle mit deinem Kind.
- Schaut euch gemeinsam ein Bilderbuch an.

Bilderbuchempfehlungen

- „Das kleine WIR im Kindergarten" von Daniela Kunkel
- „Stopp! Lass mich in Ruhe! ruft Jakob" von Sandra Grimm

Streit unter Kindern

VERA. PAULINE UND DER GROSSE KRACH

Vera holt ihre Tochter Pauline (5 Jahre) aus der Kita ab. Sie merkt, dass Pauline ganz schlechte Laune hat und fragt sie im Auto, ob sie erzählen möchte, was los sei. Pauline erzählt wütend, dass sie heute in der Turnhalle waren, und sie zu zweit zusammengehen und sich massieren sollten. Fiona, Paulines Freundin, hat sich aber Sara als Partnerin ausgesucht und das hat Pauline wütend gemacht. Sie versteht nicht, warum Fiona Sara ausgesucht hat. Beim Mittagessen hat sich Fiona dann auch noch neben Sara gesetzt, was das Fass wohl zum Überlaufen gebracht hat. Pauline und Fiona haben sich beim Spielen dann richtig gestritten und angebrüllt, sodass Ulrike, die Erzieherin, sie in die Garderobe gesetzt hat, wo sie nachdenken sollten, ob ihr Verhalten richtig war. Pauline schäumt immer noch vor Wut und sagt mit Nachdruck: „Die blöde Fiona lade ich nicht zu meinem Geburtstag ein!" Vera versucht Pauline zu beruhigen. Doch Pauline will gar nicht zuhören. Zu Hause geht sie direkt in ihr Zimmer und signalisiert deutlich, dass sie allein sein möchte.

Wir nehmen Konflikte oft als etwas Unangenehmes und somit Negatives war. Dennoch können Konflikte auch Positives beinhalten.

Konflikte sind wertvolle Lernchancen.
Denn man lernt dabei;

- sich anzunähern,
- die Bedürfnisse und Gefühle des Gegenübers wahrzunehmen,
- seine Meinung zu sagen
- und den eigenen Standpunkt deutlich zu machen.

Damit dies aber nicht in Geschrei und womöglich noch körperlichen Kämpfen endet, brauchen unsere Kinder uns. Wir müssen sie im Konflikt begleiten, aber diesen nicht für sie lösen. Denn manchmal gibt es auch keine zufriedenstellende Lösung – vor allem nicht für alle. Der wichtigste Aspekt bei kindlichen Konflikten ist, den Umgang mit Wut und Frust zu lernen, die eigenen Gefühle zu bewältigen. Dazu müssen Kinder aber erst mal lernen, was gerade in und um sie herum passiert. Hier kommen wir Erwachsenen ins Spiel und nehmen die Rolle als Moderator*innen ein.

Kein Kind wird einfach so aggressiv! Konflikten liegen für Kinder wichtige Bedürfnisse und Wünsche zugrunde, die wir beachten müssen. Werden Kinder dann bei der Suche nach einer Lösung beteiligt, bekommen sie das Gefühl vermittelt „Ich bin wichtig". Sie lernen auch, dass nicht immer alle Wünsche erfüllt werden können, weil das Bedürfnis eines oder einer anderen wichtiger ist und deshalb beachtet werden muss. Hierbei müssen wir Erwachsenen meist auch kreativ werden, um gemeinsam eine Lösung zu finden, mit der alle leben können.

In welchen Situationen solltest du eingreifen? Immer dann, wenn dein Kind anderen schadet, Grenzen, die gesetzt wurden, überschreitet oder aber auch, wenn andere dein Kind verletzten. Hierbei ist es wichtig, dass du die Situation mit deinem Kind und auch mit den anderen besprichst. Fungiere hier als Moderator*in und schlichte den Streit. Gib deinem Kind auch Zeit, die Situation zu begreifen. Jedem Kind helfen andere Strategien. Pauline aus unserem Beispiel nimmt sich die selbstgewählte Auszeit im Kinderzimmer. Dies hilft ihr, ein bisschen Abstand zu bekommen, ihre Gefühle abkühlen zu lassen und somit die Situation anders wahrzunehmen.

AUSZEIT ALS BESTRAFUNG

Ein Punkt, bei welchem Vera eingreifen sollte – und auch du, wenn es dein Kind betrifft – ist die Auszeit, die Pauline in der Garderobe der Kita machen musste. Hier ist es wichtig, das Gespräch mit den Erzieher*innen zu suchen und herauszufinden, warum Pauline in der Garderobe sitzen musste. Hat Pauline sich diese Auszeit nicht allein ausgesucht und wurde sie allein gelassen, sind das Punkte, die man sehr wohl mit den Erzieher*innen besprechen sollte. Denn Kinder sollten nicht allein gelassen werden, außer sie wählen dies für sich selbst aus. Es kann aber auch sein, dass dein Kind nicht allein gelassen wurde. Tritt deswegen nicht direkt mit einem Vorwurf an die Kita heran. Nicht alle Einrichtungen sind offen für solche Rückmeldungen, aber du kannst es in einem respektvollen Ton auf jeden Fall versuchen.

Situationen, wie diese Auszeiten können Kinder überfordern. Werden sie öfters mit einer Auszeit bestraft, verbinden sie nur Negatives damit und es kann kein Lerneffekt eintreten. Oft wird in solchen Situationen auch eine Entschuldigung erwartet, obwohl das Kind noch gar nicht so weit ist. (➔ „Entschuldigen“, „Geschwisterstreit“)

Feel Goods

- Schaut doch mal, wie man sich in den unterschiedlichen Ländern der Welt entschuldigt.
- Überlege mit deinem Kind, was ihm nach einem Streit guttun würde. Vielleicht könnt ihr ein Ritual daraus machen?

Bilderbuchempfehlungen

- „Meins! Nein, meins!“ von Norbert Landa
- „Immer Drama mit dem Lama“ von Eefje Kuijl und Anna Taube

Good to know: Elterngespräche in der Kita

In Elterngesprächen sprichst du mit dem Betreuungspersonal deines Kindes über seine Entwicklung. Oft sind sie mit gemischten Gefühlen verbunden. Diese Gespräche dienen der guten Zusammenarbeit im Rahmen der Bildungs- und Erziehungspartnerschaft zwischen dir und der Kita. Diese gelingt nur, wenn beide Seiten Hand in Hand arbeiten und gemeinsame Ziele, zum Wohle des Kindes, verfolgen.

Das allererste Elterngespräch ist das **Eingewöhnungsgespräch**. Es findet circa zwei bis vier Wochen vor dem eigentlichen Kitastart statt. Hier wird über das pädagogische Konzept, den Tagesablauf und Ähnliches. gesprochen.

- Um dich auf dieses Gespräch vorzubereiten, fragt in der Kita nach der Konzeption – falls diese nicht auf der Homepage sein sollte.
- Dadurch kannst du deine Fragen vorbereiten und bekommst schon mal einen Einblick in die Kita und ihren Alltag.
- Stelle hier alle Fragen, die dir in den Sinn kommen – es gibt keine blöden Fragen, nur blöde Antworten.
- Beim Eingewöhnungsgespräch sollte dein Kind, anders als bei anderen Elterngesprächen, dabei sein, denn hier sollt ihr gemeinsam die Kita kennenlernen.

Die Kita lädt dich regelmäßig zum **Elterngespräch** ein – natürlich hast du aber auch jederzeit das Recht, ein Gespräch einzufordern, wenn es Themen von deiner Seite gibt, die besprochen werden sollen.

- Der*Die Bezugserzieher*in hat im Vorfeld einen Entwicklungsbogen ausgefüllt. Hier gibt es verschiedene und jede Kita nutzt den für sie passenden.
- Du wirst immer wieder in dem Gespräch miteinbezogen und kommst zu Wort.
- Möchtest du etwas ergänzen, fragen oder berichten, dann darfst du dies jederzeit tun.

- Wichtig, wie bei anderen Gesprächen auch: Lasst euch gegenseitig ausreden und unterbrecht einander nicht.

Manchmal erscheint dir das Elterngespräch wie eine Pflichtveranstaltung, zu der man nicht gerne geht. Dieser Austausch über dein Kind ist aber etwas sehr Wichtiges für beide Seiten, denn dein Kind kann in der Kita andere Verhaltensweisen aufzeigen als zu Hause. Zum Beispiel isst es in der Kita gerne und viel Gemüse, zu Hause aber kaum.

Wird dir von Kitaseite gesagt, dass es **im Gespräch um (für dich) schwierige Themen,** wie das Verhalten deinen Kindes – also z. B. beißen geht – dann mach dich bitte vorher nicht verrückt. Die Kita und du habt das gleiche Ziel, nämlich: dass es deinem Kind gut geht. Und es ist nun mal nicht alles immer Friede, Freude, Sonnenschein. Dein Kind versucht seine Persönlichkeit und seinen Platz in der Gesellschaft zu finden. Dass ist nicht immer einfach und natürlich eckt es hier auch mal an und übertritt Grenzen.

- Denke daran, jedes Kind reagiert hier anders!
- Empfindest du das Gespräch rückblickend als nicht angemessen, hole dir hier Hilfe, bei der Leitung, beim Träger oder eventuell auch bei einer Beratungsstelle.
- Hinterfrage dich aber nach so einem Gespräch auch selbst. Geht es dir nicht gut, weil du nicht möchtest, dass dein Kind anders ist und immer wieder auch aneckt? Hast du dich deswegen im Gespräch angegriffen gefühlt? Hilft es dir, bei solchen Gesprächen nicht allein zu sein und jemand mitzunehmen?

SO KANNST DU DICH AUF ELTERNGESPRÄCHE VORBEREITEN

Für die Kita gehören Elterngespräche zum Job – für dich ist es eine neue Erfahrung. Auch später sind Elterngespräche für dich Gespräche, die du nicht regelmäßig führst. Es geht aber um dein Kind und somit möchtest du gut darauf vorbereitet sein. Folgende Punkte helfen dir dabei:

- Gehe offen in das Gespräch.
- Notiere dir im Vorfeld Fragen, Wünsche, Anliegen und Beobachtungen, die du zu Hause gemacht hast.
- Beschäftigen dich Themen aus dem Kita-Alltag, lies am besten nochmals in der Konzeption und anderen Handreichungen der Kita nach. Manchmal klären sich so schon einige Fragen.
- Schaue, dass du ungestört an dem Termin teilnehmen kannst. Normalerweise darf dein Kind an diesem Tag länger in der Kita bleiben oder vielleicht kann dein Kind von jemand anderem abgeholt werden.
- Gibt es Themen, die du nur ungern besprichst, wie z. B. die Trennung von deine*m Partner*in oder einen Todesfall, dann schreibe der Kita eine Mail und erkläre, dass es dir noch schwerfällt, darüber zu sprechen. Diese Informationen sind für die Fachkräfte in der Kita sehr wichtig, denn so können sie auf Äußerungen und Verhaltensweisen deines Kindes besser eingehen.
- Möchtest du für dich schwierige Themen ansprechen, versuche diese vorab mit jemand anderem zu besprechen. Vielleicht tauchen noch Fragen auf oder du kannst dir den einen oder anderen Satz vorbereiten.

Nach dem Elterngespräch bekommst du ein Protokoll. Du hast auch das Recht, den Beobachtungsbogen (den die Erzieherin oder der Erzieher ausgefüllt hat) einzufordern, wenn dieser für euch wichtig ist und nicht automatisch mit ausgehändigt wird.

ALTE SPRÜCHE, NEU GEKONTERT

„Wenn das Kind Geschwister hätte, wüsste es, wie es sich gegen das Beißen wehren kann."

„Du hättest gerne ein Geschwisterchen für unser Kind? Sobald WIR ein weiteres Kind wünschen, lassen wir es dich sehr gerne wissen. Allerdings wird es keinen Erziehungsauftrag für unser erstes Kind bekommen."

„Weil ich das so sage" muss doch als Erklärung reichen! Ich kann doch nicht alles tausendmal erklären!

„Musst du auch nicht. Einmal kindgerecht reicht oft schon. Das Kind lernt hier nur eines: Es gilt das Recht des Stärkeren, und das bist im Moment du als Erwachsener. Ich möchte, dass mein Kind versteht, warum wir etwas so oder so machen sollten. Würde dir so eine Antwort reichen, würdest du dich damit zufriedengeben, wenn sie sie von deinem Partner oder deiner Partnerin kommen würde? Vermutlich nicht."

Trotz² – Wenn die Familie wächst

Ein neues Baby kommt

ANETTE, KONSTANTIN, MANUEL UND DIE KLEINE SCHWESTER

Anette und Konstantin erwarten ihr zweites Kind, ihr Sohn Manuel (3,5 Jahre) freut sich schon sehr auf sein Geschwisterchen. Er möchte immer an Anettes Bauch fühlen und hören. Abends vor dem Schlafen gehen gibt er ihrem Bauch einen Kuss und sagt seinem Geschwisterchen Gute Nacht. Als Anette mit ihrer neugeborenen Tochter Linda aus dem Krankenhaus entlassen wird und zu Hause ist, kann Manuel gar nicht genug bekommen von seiner kleinen Schwester. Er kümmert sich um sie, gibt ihr immer wieder ein Kuscheltier, wenn sie anfängt zu weinen, oder er hilft Anette beim Wickeln. Doch nach ein paar Wochen ist Manuel wie ausgewechselt. Anette hat ein paar Mal beobachtet, wie er absichtlich Linda den Schnuller aus dem Mund genommen und ihn sich selbst in den Mund gesteckt hat. An einem anderen Tag hat Manuel Linda sogar leicht geschlagen, als sie angefangen hat zu weinen. Er verlässt oft den Raum, in dem Linda gerade ist und möchte sie gar nicht mehr auf dem Arm halten oder mit ihr spielen. Anette erzählt am Abend Konstantin davon und dieser ist geschockt. Sofort kommen Zweifel in ihm hoch, dass sie zu locker mit Manuel waren und ihn nicht sofort bestraft haben.

Ein Geschwisterchen zu bekommen, kann ein sehr großes Thema für dein Kind sein: eine große Freude, aber manchmal auch eine Überforderung. Es bricht ein Gefühlschaos über dein Kind herein. Einerseits möchte es viel mit dem Geschwisterchen machen, auf der anderen Seite merkt es aber auch, dass das Geschwisterchen sehr viel Aufmerksamkeit bekommt und es selbst dafür weniger. Mit diesen Gefühlen kann es gar nicht umgehen, denn dein Kind kann meist noch gar nicht aussprechen, was es beschäftigt. Die Gefühle überkommen dein Kind und es kann sein Handeln dann oft nicht richtig kontrollieren und es entsteht eine gewisse Rivalität. Das größere Kind fühlt sich in den Schatten gestellt und nicht mehr gesehen. (Natürlich gibt es auch Kinder, bei denen dies nicht so ist und kein Gefühlsausbruch zu sehen ist!)

Manchmal weißt du gar nicht wie dir geschieht, denn in einem Moment spielt dein Kind sehr liebevoll mit dem Neugeborenen und kurz darauf wird es wütend und es schubst sein Geschwisterchen von sich. Wenn dein Kind die Wut auf dich richtet, ist das auch eine normale Reaktion – denn du hast dieses Kind ja schließlich zur Welt beziehungsweise mit nach Hause gebracht.

Wenn das Kind wieder Rückschritte macht

INGRID, MORITZ UND DAS NASSE BETT

Moritz (3,5 Jahre) ist seit Kurzem ein großer Bruder. Seine Mutter Ingrid beobachtet in letzter Zeit häufig, dass er ihr kaum noch von der Seite weicht, regelrecht an ihrem „Rockzipfel" hängt. Letzte Nacht hat er sogar ins Bett gemacht, obwohl er seit fast einem halben Jahr nachts keine Windel mehr trägt.

Dein Kind macht den Eindruck, dass es nach der Geburt eines Geschwisterchens Rückschritte macht, und wirkt unsicher? Es fängt vielleicht an, am Daumen zu lutschen oder nässt plötzlich wieder ein? Das nennt man Regression. Dann verspürt es vermutlich einen enormen Druck in der Rolle als großes Geschwisterchen oder leidet darunter, dass es weniger Aufmerksamkeit bekommt als bisher. Über dieses Verhalten holt es sich die Zuwendung, die es braucht. So wird es gesehen. Schimpfe oder strafe auf keinen Fall!

Andere Kinder wiederum sind plötzlich häufiger krank, ohne vorher Eifersucht oder andere Verhaltensweisen sichtbar zu zeigen, und wiederum andere werden einfach ruhig. Das sind alles ganz normale Prozesse, die dein Kind durchlaufen kann, und du musst dich nicht sorgen.

Tipps, die Konflikten vorbeugen:

- Bevor das Baby auf die Welt kommt, kann dir dein Kind bei den Vorbereitungen helfen, z. B. die Krankenhaustasche packen, ein Kuscheltier für das Baby aussuchen, ...
- Beziehe dein Kind mit ein und lass es Verantwortung übernehmen.
- Schenke deinem großen Kind ein kleines Geschenk vom neugeborenen Geschwisterchen, wenn die Mama mit dem Baby aus dem Krankenhaus zurückkommt. Es fühlt sich gesehen und das kann eure Bindung stärken.
- Wenn die Mutter mit Stillen/Bonding oft sehr eingespannt ist und im Wochenbett viel liegt, sorgt für Ausgleich: Zum Beispiel indem der Partner oder die Partnerin sich mehr Zeit für das größere Kind nimmt, oder es besondere Kuschelzeiten mit Mama gibt.
- Macht dein Kind einen vermeintlichen Entwicklungsrückschritt und möchte umsorgt werden, gib diesem immer wieder nach, gib ihm die Zuwendung und Aufmerksamkeit, die es benötigt und beziehe hier deinen Partner oder deine Partnerin oder jemand anderen mit ein. So kannst du dich auch entlasten.
- Vermeide Besuche im Wochenbett oder halte sie kurz, lade ganz bewusst auch Besuch für das große Geschwisterchen ein.
- Erkläre deinem Kind, was für Vorzüge es als großes Geschwisterchen hat. Welche fallen dir ein?

Dein Kind fühlt sich zwar vielleicht überfordert, zeigt dies aber nicht. Und eines Tages platzt dann plötzlich die Bombe. In einer Situation, die überhaupt nichts mit dem Geschwisterchen zu tun hat. Vielleicht schlägst du deinem Kind eine Bitte aus oder ihr sagt einen geplanten Ausflug ab und dein großes Kind wird furchtbar wütend und/oder traurig, Die Situation ist dann einfach nur ein Ventil für seinen Frust. Den Frust, der sich die letzten Monate aufgestaut hat. Manchmal sehen wir gar nicht, was unsere Kinder alles leisten und vergessen, dass sie „nur" Kinder sind, die noch so viel lernen dürfen und deswegen oftmals unkontrollierte Gefühlsausbrüche zeigen.

Jedes Kind reagiert anders, ganz nach seinem Temperament. Inke Hummel hat in ihren Büchern „Mein wunderbares schüchternes Kind" und „Mein wunderbares wildes Kind" zwei dieser Temperamente aufgegriffen und geht auf die einzelnen Momente im Alltag mit ihnen ein.

Feel Goods

- Mache einen Wellnesstag mit deinem großen Kind, stellt selbst Gesichtsmasken und Peelings her – mach es euch einfach gemütlich.
- Gönne dir selbst auch mal einen Wellnesstag: Frisör, Massage, ein Besuch im Spa, ...

Bilderbuchempfehlungen

- „Das dauert noch ein bisschen" von Jan Kaiser und Katrin Lindermann
- „Ein Geschwisterchen für die kleine Eule" von Debi Glioro
- „Baby ist da" von Danielle Graf und Katja Seidel
- „Zum Glück gibt es Geschwister" von Dagmar Geisler
- „Geschwister!" von Rocio Bonilla

Geschwisterstreit

MARA, HANNES UND DER MACHTKAMPF

Aus dem Zimmer von Mara (5 Jahre) und Hannes (6,5 Jahre) hört man mal wieder nur Geschrei. „Das ist meine Puppe!", „Ich habe hier meine Rennstrecke aufgebaut!", „Blöde Ziege!", „Ich hasse dich!", ...

Ihre Mama Karla weiß einfach nicht weiter, ständig die Streitereien zwischen den beiden und seit Kurzem kommen auch noch Machtkämpfe dazu – einer bittet den anderen um etwas und dieser macht dies dann mit voller Absicht nicht. Am Ende heult meistens einer von beiden. In einigen Situationen meinen sie, sich gegenseitig übertrumpfen zu müssen, und wollen zeigen, wer von beiden besser ist.

Wer Geschwister hat, kann sich vermutlich an den einen oder anderen Streit erinnern. Hier treffen dann meistens zwei kleine „Ich – Entdecker*innen" aufeinander und die Gefühle kochen über.

Was kann so ein Streit auslösen? Neid, Eifersucht, Angst oder vielleicht auch Druck?
Es gibt viele verschiedene Gründe. Oftmals ist es ein Besitzanspruch, den dein Kind einfordert. Oder es braucht dich gerade als Mama, muss dich aber mit dem Geschwisterchen teilen oder sogar zurückstecken, weil du dich gerade ums Baby kümmern musst. Das ist in diesem Moment emotional schwierig zu verstehen. Oder es ist pure Eifersucht: Papa albert mit dem neuen Baby genauso herum wie mit dem großen Kind, es ist also nichts „Besonderes" mehr zwischen Vater und Kind.

Was kannst du tun?

- Versuche, eigene/bestehende Rituale mit dem größeren Kind zu schaffen oder beizubehalten.
- Sprich mit deinem Kind und erkläre, warum es zum Beispiel gerade warten muss (*„Dein kleiner Bruder hat großen Hunger. Ich muss ihn jetzt stillen, das kann nicht warten, schau, wie er schon weint. Gleich danach spiele ich mit dir das Memory. Magst du dich so lange mit deinem Buch an uns kuscheln?“*).
- Beziehe große Kinder mit ein (*„Holst du mir bitte das Fläschchen aus der Küche?“*)
- Gestaltet gemeinsame schöne Momente. Manchmal reicht zwischendurch auch ein inniger Kuschelmoment auf dem Sofa.

Was kann deinem Kind helfen?

Es gibt Momente, da müssen wird die Welt an unsere Kinder anpassen und nicht unsere Kinder an die Welt. Natürlich haben nicht alle die Möglichkeit, ihren Kindern ein eigenes Kinderzimmer zu geben und dadurch einen Rückzugsort zu schaffen. Im gemeinsamen Kinderzimmer ist es aber auch möglich, Bereiche zu schaffen, die dem Kind allein gehören und auch allein bespielt werden dürfen. Hier kann dann auch Spielzeug sein, welches für das Kind besonders ist und somit einen geschützten Rahmen bekommt.

Vorsicht mit vorschnellen Unterstellungen!

Wir unterstellen Kindern oftmals, dass sie etwas falsch machen, ohne zu überprüfen, was passiert ist, bevor wir zur Situation dazukamen. Oftmals provozieren wir mit solch einer Unterstellung genau das Gegenteil von dem, was wir gerne erreichen möchten, und fördern damit Geschwisterkonflikte. Wir können nicht immer die ganze Situation im Blick haben und so fehlt uns ein wichtiger Teil. Unser Kind ist dann (zu Recht) wütend und sauer, weil wir uns überhaupt nicht damit auseinandergesetzt haben. Es hilft in diesen Situationen viel mehr, wenn wir versuchen zu verstehen, was passiert ist.

Nimm die Vermittlerrolle ein!
Sei Schiedsrichter oder Schiedsrichterin und versuche, so neutral zu sein wie die Schweiz. Es ist wichtig, dass du die Sätze formulierst, die deine Kinder nicht aussprechen können, und mit ihnen gemeinsam eine Lösung suchst: *„Habt ihr eine Lösung, wie ihr beide spielen könnt?" „Schau mal, Hannes möchte gerade mit seiner Eisenbahn allein spielen. Du spielst manchmal auch gerne allein."*

Mische dich in Streitigkeiten bitte nicht zu häufig ein! Wobei dies nicht heißt, dass du deine Kinder damit alleinlassen sollst. Zeige ihnen, welche Möglichkeiten sie haben und lasse sie auch ihre eigenen Erfahrungen machen. Allerdings nicht, wenn sie sich gegenseitig verletzen! Hier solltest du aktiv sein und ihnen das Verhalten widerspiegeln. Vermeide zu sagen „Damit hast du nichts zu tun, das regle ich", wenn das eine Kind petzt, dass das andere einfach an der Süßigkeiten Schublade war. Denn dann hat es trotzdem erreicht, dass du mit dem anderen schimpfst. So gibt es dann doch den gewollten Ärger und der Konkurrenzkampf unter den Kindern geht weiter. Solltest du aber keine andere Möglichkeit sehen, dann

- achte darauf, dass das „petzende" Kind nicht mitbekommt, dass du das andere ansprichst.
- mache klar, dass du dem Kind, das an der Süßigkeitenschublade war, selbst auf die Schliche gekommen bist.

Das kannst du außerdem tun:

- Benenne Gefühle.
- Rede die Gefühle deiner Kinder nicht klein.
- Lass deine Kinder mit dem Streit nicht allein.
- Gib deinen Kindern nicht immer das Gleiche, um gerecht zu sein, sondernd das, was jedes Kind gerade braucht.
- Sei nicht passiv. Sonst vermittelst du womöglich den Eindruck, Aggression sei in Ordnung.

Das kannst du sagen:

- *„Kann ich dir helfen?"*
- *„Brauchst du mich?"*
- *„Ich merke, dass ihr beide gerade sauer seid."*
- *„Du hast dir bestimmt viel Mühe gegeben, den Turm zu bauen. Da wäre ich auch sauer."*
- *„Ihr möchtet beide mit der Eisenbahn spielen, wie können wir das lösen?"*
- *„Frag, ob du das Objekt des Streites ausleihen darfst."*

Feel Goods

- Plane für und mit deinen Kindern einen Geschwistertag, mit besonderen Aktivitäten, die beide gerne machen, damit viele schöne Erinnerungen entstehen.
- Oder wie wäre es mit einem Tag, an dem jedes Kind dich mal ganz für sich allein hat?

Bilderbuchempfehlungen

- „Du hast angefangen – Nein du!" von David McKee
- „Helfen, teilen, sich vertragen" von Doris Rübel (Wieso? Weshalb? Warum?)
- „Die Streithörnchen" von Rachel Bright
- „Jim ist mies drauf" von Suzanne Lang

Petzen

LIAM, EMILY UND DAS PETZEN

Liam (4,5 Jahre) und seine Schwester Emily (3 Jahre) spielen zusammen im Sandkasten. Kurz darauf hört Charlotte Liam rufen: „Mama, Emily wirft den Sand aus dem Sandkasten." Charlotte hatte diese Woche schon einige ähnliche Situationen, in denen Liam zum Petzen kam. Erst gestern, als sie ihn aus der Kita abholte, sagte er: „Schau mal Mama, der Finn wirft die Bausteine durch den Raum. Das darf man nicht." Sie fragt sich, warum Liam in letzter Zeit so oft zum Petzen kommt und ob er erwartet, dass sie mit den anderen Kindern dann schimpft.

Warum ärgert uns dieses Verhalten? Wir sollten eigentlich stolz auf unsere Kinder sein, denn sie haben verstanden, dass es Regeln gibt und man sich an diese halten soll. Dein Kind möchte dabei auch prüfen, ob für alle die gleichen Regeln gelten. Kinder verstehen erst rund um den fünften Geburtstag, dass „Petzen" auch Verrat sein kann – dann, wenn sie anfangen, Empathie zu entwickeln und Freundschaften entstehen. Freund*innen würde man nie verpetzen.

Du musst von Fall zu Fall entscheiden, wie du auf Petzen reagierst:

- Versuche herauszufinden, was dein Kind dir mit dem Petzen sagen möchte. Ein jüngeres Kind kann oft mit dem Konflikt von Recht und Unrecht nicht umgehen und durch das Petzen holt es sich Hilfe bei dir. Dabei hofft es, dass du seine Wünsche umsetzt und für es einstehst.
- Versuche dein Kind zu bestärken, dass es den Konflikt selbst klären kann, wenn es alt genug dafür ist.
- Suche gemeinsam mit ihm nach Lösungen.

PETZEN ODER MELDEN?

Es ist nicht ganz einfach, deinem Kind zu erklären, dass es manchmal richtig ist zu sagen, dass jemand etwas falsch macht (z. B. bei einer Straftat) – und manchmal eben nicht. Es ist schwierig, deinem Kind hier den richtigen Umgang zu erklären.

Du kannst aber besprechen, was dein Kind dir nicht alles erzählen muss und Beispiele für Situationen liefern, in denen es wichtig ist, etwas zu sagen. Z. B. bei Gefahr oder wenn es selbst nicht weiterweiß. Spielen deine Kinder im Kinderzimmer und das eine will vom Stockbett springen und das andere sagt es dir, könntest du wie folgt reagieren: *„Danke dir, du hast deinen Bruder vermutlich vor einer Verletzung beschützt."* Hebe das Positive hervor und zeige deinem Kind, dass dieses Verhalten wichtig ist.

Eine weitere Möglichkeit ist, gemeinsam mit deinen Kindern auf die Suche nach einer Lösung zu gehen. Dadurch können sie lernen, Probleme selbst zu lösen, und müssen nicht mehr petzen. Schimpfe also nicht mit deinen Kindern, wenn sie zu dir kommen, sondern zeige ihnen eine Alternative und gib ihnen dabei die Chance, sich weiterzuentwickeln. Natürlich kommt es gerade unter rivalisierenden Geschwistern, die immer gegeneinander ankämpfen und besser sein wollen, dazu, dass sie Petzen bewusst einsetzen. Greife dann ein und erkläre, dass das nicht in Ordnung ist. *„Ich habe euch beide gleich lieb und möchte nicht, dass ihr euch als böse darstellt."* Es kann auch in diesem Fall helfen, bewusst Zeit mit beiden allein zu verbringen.

Feel Goods

- Lasse dein Kind mal bestimmen und einen Ausflug oder ähnliches planen. Hier kannst du ihm Verantwortung übertragen und es kann selbst die Regeln für den Tag festlegen.

- Bastle mit deinem Kind ein Herz und schreibt oder malt darauf, was es besonders gut kann

Bilderbuchempfehlungen

- „So war das! Nein, so! Nein, so!“ von Kathrin Schärer
- „Blöde Ziege, dumme Gans“ von Isabel Abedi und Silvio Neundorf

Entschuldigen

FELIX, FLORIAN UND DIE PUPPEN

Juliane ist mir ihren Zwillingen Felix und Florian (5 Jahre) bei ihrer Freundin Susanne eingeladen. Plötzlich hören sie lautes Geschrei aus dem Zimmer von Susannes Tochter Liana (4 Jahre). Die beiden Jungs haben sämtliche Puppen von Liana auf den Schrank geworfen. Liana weint, die Jungs lachen. Juliane ist entsetzt und fordert ihre Söhne auf, sich sofort bei Liana zu entschuldigen.

Das Wort „Entschuldigung“ ist für Kinder ähnlich abstrakt wie „Bitte“ und „Danke“. Damit dein Kind diese Worte richtig einsetzen kann, muss es diese erst mal fühlen, und das klappt nur, wenn dein Kind schon zum Perspektivwechsel bereit ist. Gleiches gilt auch für den umgekehrten Fall. Ist dein Kind noch zu jung, versteht ebenso wenig, wenn sich ein anderes Kind bei ihm entschuldigen soll. Es wird den Sinn dahinter noch nicht begreifen können.

Erkläre deinem Kind die Situation und finde Worte dafür, die Gefühle der anderen auszudrücken. So kann es verstehen, was sein Gegenüber fühlt. Dies trägt dazu bei, dass dein Kind lernt, was sein Handeln in anderen auslöst, und fähig wird, dessen Perspektive einzunehmen. Wir Erwachsenen überbewerten Höflichkeitsfloskeln wie „Bitte“, „Danke“ und „Entschuldigung“ sehr schnell. Es ist viel wichtiger, dass dein Kind das Verständnis erlangt, was jemand empfindet und darauf auch eingehen kann. Die Höflichkeit kommt dann ganz von allein. Ein zu oft eingefordertes „Entschuldigung" kann irgendwann auch einmal als Freibrief gesehen werden. Frei nach dem Motto „Ich kann machen, was ich möchte, solange ich eine Entschuldigung hinterherwerfe." **Natürlich soll dein Kind lernen, sich zu entschuldigen – aber ehrlich und aufrichtig.** Dies ist ein Lernprozess und kann nicht durch Worthülsen erzwungen werden.

Juliane könnte also mit ihren Söhnen ins Gespräch gehen und ihnen erklären, wie traurig Liana nun ist, da es ja ihre Puppen sind, die sie sehr liebhat. Vielleicht kann man gemeinsam eine Lösung finden, die Puppen wieder herunterzuholen. Für die beiden Jungs war das ein großer Spaß, für Liana aber ein Grund zu weinen. Anschließend kann man überlegen, was man denn im Garten werfen könnte, sodass niemand dabei traurig sein muss.

Sei ein Vorbild

Natürlich ist es wichtig, dass wir Erwachsenen unseren Kindern Höflichkeit vorleben, dass wir zu ihnen und anderen „Bitte" und „Danke" sagen und uns bei ihnen entschuldigen, wenn wir falsch reagiert haben. Gehst du in solchen Konfliktsituationen auf dein Kind zu, stelle Vermutungen an: *„Ich glaube, dich hat das gerade ziemlich wütend gemacht, dass Tom deinen Turm kaputt gemacht hat."* Denke an die Vermittlerrolle, die du einnimmst. *„Tom, können wir etwas tun, damit es Ben wieder besser geht?"* Dieser Satz ist auch eine Form sich zu entschuldigen, er enthält nur eben nicht das Wort „Entschuldigung". Aber dein Kind lernt dabei, dass das Verhalten nicht in Ordnung war, es den anderen verletzt hat und man überlegen muss, wie man den anderen wieder glücklich machen kann.

WAS MUSS DEIN KIND KÖNNEN, UM SICH ZU ENTSCHULDIGEN?

Eine Entschuldigung sollte immer aufrichtig sein – dein Kind muss das aber erst lernen. Folgende Punkte machen eine Entschuldigung erst möglich:

- Gefühle der anderen erkennen – Dein Kind kann Gefühle meist früher zeigen, als es sie versteht. Ab ca. vier Jahren versteht es, welche seine eigenen Gefühle sind, und welche die der anderen.
- Eigene Gefühle ausdrücken – Die größten Entwicklungsschritte diesbezüglich macht dein Kind bis ca. zum sechsten Geburtstag.
- Schuldgefühle erkennen und somit Reue empfinden – Dies kann dein Kind meist erst mit ca. sechs Jahren.

Schuldgefühle sind sehr komplexe Gefühle. Dein Kind braucht Zeit, bis es sie versteht. Dennoch sind genau diese Gefühle so wichtig wie das Einfühlungsvermögen, um eine aufrichtige und ernst gemeinte Entschuldigung zu äußern. Damit dein Kind seine Gefühle und die der anderen deuten kann, braucht es dich. Es braucht dich, damit du ihm sagst, was andere empfinden, und Wege aufzeigst, mit seinen Gefühlen umzugehen. Benennst du deine eigenen Gefühle und die der anderen, lernt dein Kind, dass sein Verhalten Auswirkungen hat.

Feel Goods

- Überlege gemeinsam mit deinem Kind, wie ihr anderen helfen oder Gutes tun könnt.
- Um Wertschätzung zu erfahren, könnt ihr euch auch eine „Warmdusche“ bauen. Schneidet einen Duschkopf aus Pappe aus und hängt Bilder von euch darunter mit lieben Worten darauf. Anleitungen dazu findet ihr im Internet.

Bilderbuchempfehlungen

- „Probier's mal mit Entschuldigung" von Sibylle Riekhoff und Sophie Schmid
- „Paul Wüterich" von Antje Bohnstedt

Good to know: Richtig streiten kann man lernen

Egal, wie liebevoll wir unsere Kinder durch die Autonomiephase begleiten, es wird immer wieder Situationen geben, in denen es einen handfesten Streit gibt. Mit uns, mit den Geschwistern, unter Freund*innen. Die meisten von uns streben nach Harmonie und wünschen sich für die eigene Familie, dass das Zusammenleben möglichst ohne Streitereien stattfindet. Vor Konflikten können wir unsere Kinder aber nicht bewahren und das sollen wir auch nicht, denn es ist sehr wichtig, dass Kinder lernen, wie man sich „richtig" streiten kann.

Richtig Streiten bedeutet eine Auseinandersetzung, die

- fair,
- auf Augenhöhe,
- nicht verletzend
- und immer noch wertschätzend

abläuft. Es gibt das Sprichwort „Ein Gewitter reinigt die Luft" und genau das trifft auch auf das Streiten zu. Konflikte müssen ausgetragen werden, damit man daran wachsen kann. Es kommt auf die Art und Weise an. Natürlich muss sich eine Streitkultur auch immer an das Alter der Kinder anpassen. Mit einer Zweijährigen werden wir andere Auseinandersetzungen führen als mit einem Sechsjährigen.

So streitest du konstruktiv:

- Kommuniziere gewaltfrei. Dazu gehört auch der Verzicht auf Beleidigungen und Schimpfwörter, denn auch mit Sprache kann man Gewalt ausüben.

- Nimm Entschuldigungen an.
- Hört einander zu, lasst euch ausreden, übt keine (körperliche oder verbale) Gewalt aus und zerstört nichts.
- Verwende klare Ich-Botschaften statt Verallgemeinerungen. „Ich möchte“ statt „Man möchte“. Worte wie „immer“ und „nie“ sollten in einem Streitgespräch nicht fallen.
- Informiere dich über den Entwicklungsstand deines Kindes. Das Wissen, ab wann ein Kind in der Lage ist, sich in einen anderen Menschen hineinzuversetzen und vorausschauend (auch verbal) zu agieren, hilft in der Auseinandersetzung mit dem Kind (siehe auch ➔ Zeitstrahl S. 50). Begleite dein Kind. Kinder müssen lernen, dass die Bedürfnisse aller wichtig sind und nicht immer sofort alle Bedürfnisse erfüllt werden können. Nur wenn das funktioniert, kann ein Streit / eine Auseinandersetzung zielführend sein.
- Gib allen Beteiligten den Raum für ihre Gefühle.
- Unterstütze dein Kind dabei, seine eigenen Konflikte zu erkennen und benennen zu können.
- Lebe eine positive Streitkultur vor. Verhalten wir als Eltern uns unfair, schreien wir unseren Partner oder unsere Partnerin an oder verletzen uns bewusst in einem Streitgespräch, dann können wir kaum von unseren Kindern verlangen, dass sie es besser machen. Sie lernen von uns und beobachten uns. Das „Wie“ ist dabei besonders interessant, das „Worüber“ ist oft kaum von Interesse.
- Lass Kinder untereinander streiten, ohne dass du als Elternteil eingreifst (es sei denn, es kommt zu Gewalt). Es ist wichtig für ihre Entwicklung, dass Kinder sich Konflikten stellen und eine Lösungsstrategie entwickeln. Merkst du jedoch, dass die Kinder damit überfordert sind, so darfst du (neutrale) Hilfe anbieten.
- Verstehe dein Kind und seine Bedürfnisse/Beweggründe und nimm sie ernst. Was steckt hinter dem Verhalten, warum ist das so? Was beschäftigt dein Kind, wie kannst du es begleiten?
- Finde Lösungen und Kompromisse, mit der alle am Streit beteiligten leben können. Das kann auch bedeuten, dass man sich erst

mal eine kleine Auszeit nimmt (falls möglich). Aber bitte mit Ankündigung.

- Lebt eine faire Streitkultur – dadurch kann eine Familie wachsen und statt zu zerbrechen.
- Verstehe die Reaktionen deines Kindes. Kinder wissen, dass z. B. ein Lächeln etwas Positives ist und versuchen so, in Streitsituationen, die angespannte Situation zu entkräften. Lass dich davon nicht zur Weißglut bringen.
- Erstellt eure eigenen Streitregeln innerhalb der Familie. Selbstverständlich müssen sich dann auch alle daran halten – Kinder wie Eltern.

BEISPIELE FÜR STREITREGELN

- Jede*r hat das Recht, ihre/seine Wut rauszulassen, aber nicht an dem anderen.
- Wenn jemand eine Auszeit braucht, darf er/sie diese einfordern.
- Wir suchen gemeinsam nach einer Lösung, dass es uns besser geht.
- Wir lassen unser Gegenüber ausreden und hören ihm oder ihr zu.
- Jede*r darf fluchen, aber wir beschimpfen andere nicht.
- Wir bleiben bei ICH-Botschaften: ICH empfinde diese Situation so oder so und nicht DU bist schuld, dass es mir schlecht geht o. Ä. → „Liebevoll Grenzen setzen – Straffrei begleiten".
- Wir bleiben trotzdem wertschätzend und respektvoll und beleidigen und verletzten uns nicht gegenseitig.

ALTE SPRÜCHE, NEU GEKONTERT

„Springst du eigentlich immer so schnell, wenn deine Kinder einen Ton von sich geben und etwas möchten?"

„Nein, nicht immer. Manchmal gehe ich auch ganz in Ruhe zu ihnen und schaue, was sie brauchen."

„Immer diese Kuschelpädagogik, so verweichlicht dein Kind nur."

„Ja, in unserer Familie kuscheln wir gerne. Genauso streiten wir uns aber auch. Aber anstatt unser Kind sinnlos zu bestrafen oder unsere Macht auszuüben, gehen wir mit ihm ins Gespräch. Wir schauen, was gerade passiert ist und wie wir es das nächste Mal anders machen können. So funktioniert nämlich Lernen."

Lirum, larum, Löffelstiel – Gemeinsam essen

Verständigungsschwierigkeiten

GRETA, SVEA UND DIE SCHOKOLADE

David und sein Mann Florian sitzen mit ihrer Tochter Greta (1,5 Jahre) am Frühstückstisch. David streicht Frischkäse auf Gretas Brot. Greta sagt mehrmals „ladete" und Florian erwidert, dass es am Frühstückstisch noch keine Schokolade gebe. Greta wird wütend und brüllt laut „ladete".

Eine ähnliche Situation zeigt sich bei Jens und seiner Tochter Svea (3 Jahre). Svea brüllt ihrem Papa nun schon mehrere Male entgegen, dass sie Marmelade und Schokolade auf ihr Brötchen möchte. Jens erklärt ihr daraufhin, dass es zum Frühstück keine Schokolade gibt. Er kann sich überhaupt nicht erklären, was Svea meint. Irgendwann brüllt Svea noch Opa. Jetzt weiß Jens überhaupt nicht mehr, was los ist. Als er Svea in die Kita gebracht hat, ruft er seinen Vater Günther an und fragt ihn, ob er ihm erklären kann, warum Svea Schokolade zum Frühstück möchte – sein Vater ist ratlos. Erst als Jens sagt, dass sie Marmelade und Schokolade wollte, hat Günther eine Idee. Wenn Svea am Wochenende bei ihm zu Besuch ist, essen sie manchmal ein Brot mit Marmelade und Honig oder mit Marmelade und Erdnussbutter. Günther hat Svea erklärt, dass das aber etwas Besonderes ist – ähnlich wie wenn sie mal ein Stück Schokolade bekommt. Nach der Arbeit kauft Jens ein Glas Honig und Erdnussbutter und fragt am nächsten Morgen Svea, ob sie eins von den beiden unter die Marmelade möchte. Svea strahlt und sagt „Ja, Schokolade."

Beiden Situationen liegen sprachliche Schwierigkeiten zugrunde, die in den unterschiedlichsten Situationen auftreten. Die sprachliche Entwicklung bei Kindern ist sehr komplex. Die Wörter, die sie sprechen, klingen oft nicht nach dem, was sie eigentlich sagen möchten. Kinder versuchen den Klang unserer Wörter nachzunahmen. Oft beherrschen sie aber noch nicht alle Laute und sprechen deshalb Wörter falsch aus. Manchmal bilden Kinder auch eigene Wortkreationen.

Gibt es Wörter, die dein Kind besonders ausspricht, oder hat es seine eigenen geschaffen? Dann versuche Folgendes:

- Im Kapitel ➔ „Wie es beginnt – die Anfänge der Autonomiephase“ haben wir die Babygebärden erwähnt, die in einigen Situationen helfen können.
- Generell kann es hilfreich sein, wenn du auf alles in der Nähe zeigst.
- Werde einfach kreativ und versuche, dich in dein Kind hineinzuversetzen. Was könnte es meinen? Welche Frage kannst du stellen, um es herauszufinden?
- Eine weitere Möglichkeit ist es, Bilderbücher zum Thema Essen (oder anderen Themen) mit deinem Kind anzuschauen und genau hinzuhören, was für Wörter es sagt und dann direkt nachzufragen, wenn du etwas nicht verstehst.
- Spielzeugnahrungsmittel für die Kinderspielküche bieten sich ebenfalls an, um Lebensmittel kennenzulernen und zu benennen.

Sehr schnell ist man bei solchen Diskussionen trotzdem am Ende der eigenen Nerven. Wenn Kinder das Wort für etwas nicht kennen oder es ihnen gerade nicht einfällt, nutzen sie oft Wörter, die ihnen passend erscheinen, zum Beispiel, weil sie die gleiche Farbe haben. Wir Erwachsenen wiederum versuchen auch, das Wort des Kindes mit etwas uns Bekanntem zu verbinden – so wurde bei Greta und ihren Vätern aus dem „ladete“ die „Schokolade“ anstatt der eigentlich gemeinten „Marmelade“.

BRITTA, NELE UND DER TEE

Britta hat bei der Übergabe von Nele (3,5 Jahre) mitbekommen, dass sie neuestens Tee in der Kita trinken, der Nele sehr gut schmeckt. Britta überrascht Nele am Abend mit Tee und Neles Augen strahlen. Doch als Britta den Kräutertee auf den Tisch stellt, rümpft Nele die Nase. Als die Teetasse vor ihr steht, schaut sie sehr kritisch in die Tasse und sagt: „Das ist kein Tee, bäh." Nele fängt an zu weinen. Britta versteht nicht, was los ist. Nach kurzer Zeit darf sie Nele in den Arm nehmen und diese beruhigt sich recht schnell. Britta fragt Nele, was denn an dem Tee nicht in Ordnung sei und Nele bekommt nur ein schluchzendes „rot" raus. Abends sucht sie nochmal das Gespräch mit Nele und erfährt, dass der Tee in der Kita rot ist und ganz lecker duftet. Britta wollte Nele überraschen und am Ende gab es Tränen.

Kinder bevorzugen warme Farbtöne und die meisten mögen die Farbe Rot. Bei Bausteinen, Farbstiften oder wie in Neles Fall dem roten Tee. Für Nele war es in diesem Moment klar, dass der Tee rot sein muss, und deshalb war natürlich die Enttäuschung über den Kräutertee groß. Und manchmal schmeckt es einfach nur nicht so, wie man es kennt. Ein gutes Beispiel hier ist der Kartoffelsalat: Es gibt den typischen schwäbischen mit Essig und Öl, geht man aber in den Norden, bekommt man den Salat mit einem Mayo-Dressing serviert.

Britta hätte vorher in der Kita fragen können, was es dort für einen Tee gibt. Seid ihr in einer ähnlichen Situation, dann frag auch du genau nach, wenn dein Kind bei anderen etwas gerne isst. Jeder kocht anders und bereitet das Essen anders zu. Sprich auch mit deinem Kind, so wie Britta es gemacht hat. So begleitest du dein Kind und es fühlt sich mit seinen Gefühlen verstanden und nicht alleingelassen.

Feel Goods

- Koche doch mal wieder das Lieblingsgericht deines Kindes oder auch dein Lieblingsessen.
- Wie wäre es, mal etwas zu kaufen, das du noch nie probiert hast?

Bilderbuchempfehlungen

- „Unser Essen" von Doris Rübel (Wieso? Weshalb? Warum?)
- „Mein allererstes Buch vom Essen" von Eric Carle

Probierlöffel

CONSTANZE, LEON UND DER BROKKOLI

„Mittagessen ist fertig", ruft Constanze in Leons (3,5 Jahre) Kinderzimmer. Leon kommt aus seinem Zimmer gestürmt und setzt sich an den Esstisch. Als Constanze die Schüssel Nudeln und den Topf mit der Brokkolisoße auf den Tisch stellt, kommt von Leon nur ein „Ihh, Brokkolisoße." Constanze macht Nudeln und darüber die Brokkolisoße in Leons Teller. Leon sagt mehrmals: „Nein, ich will keine Brokkolisoße." Constanze findet aber, dass Leon wenigstens einmal probieren muss, denn nur so kann er wissen, ob es ihm schmeckt oder nicht. Sie ist auch sehr verwundert, dass Leon die Brokkolisoße ablehnt – als sie in der Woche davor eine Gemüsepfanne mit Brokkoli gemacht hat, konnte Leon gar nicht genug bekommen.

Würden wir das bei einem Erwachsenen machen? Ihm, obwohl er Nein sagt, trotzdem etwas davon auf den Teller tun?
Nein, würden wir nicht. Warum machen wir es bei unseren Kindern anders? Sie haben genauso das Recht, Nein zu sagen, denn nur so können sie ihre eigenen Grenzen und die der anderen kennenlernen. Und wir als Erwachsene müssen diese Grenzen akzeptieren.

- Du kannst verschiedene Speisen gerne immer mal wieder anbieten, aber dein Kind sollte nicht probieren *müssen*.
- Versuche, die Essenssituation so gut wie möglich ohne Druck, Stress oder Auseinandersetzung zu gestalten. Essen sollte immer etwas Positives, Genussvolles sein. Würdest du gebratene Insektenburger mit frittierten Heuschrecken probieren? Würdest du plötzlich ein Nahrungsmittel mögen, wenn du dazu gezwungen wirst, es zu essen? Vermutlich lautet die Antwort in beiden Fällen Nein.
- Biete deinem Kind das Essen auf dem Teller getrennt voneinander an, auf der einen Seite die Nudeln, auf der anderen die Soße. So vermischt es sich nicht. Denn dein Kind mag vielleicht beides, aber eben nicht vermischt.
- Und manchmal kommt es auch auf die einzelnen Zutaten an. So schmeckt Leon der Brokkoli in der Gemüsepfanne, aber die Brokkolisoße erinnert ihn vielleicht an Essen aus der Kita und das hat ihm so gar nicht geschmeckt. Denkt an den Kartoffelsalat aus dem vorherigen Kapitel – hier gab es schon große Familiendramen.

Dein Kind hat in seinem Leben noch sehr viele Möglichkeiten, Brokkoli zu probieren. Und entweder mag es ihn irgendwann oder eben nicht. Manchmal verändern sich auch die Geschmäcker. Was man als Kind nicht mochte, mag man plötzlich als Erwachsene*r. Oder andersherum. Manche Lebensmittel schmecken einem auch einfach nie und das ist in Ordnung!

Des Weiteren gibt es auch beim Essen verschiedene Temperamente bei den Kindern. Dies ist kein Grund zur Sorge und gehört zur kindlichen Entwicklung dazu.

Ess-Typen

1. Die Vorsichtigen

Diese Kinder greifen gerne zu den Lebensmitteln, die sie kennen und hier sind sie dann auch sehr gute Esser*innen. Ihnen unbekannte Lebensmittel lehnen sie erst einmal ab, dies wird als Neophobie – die Angst vor Neuem und Unbekanntem – bezeichnet. Sie ist eine Schutzreaktion des Körpers, um ihn beispielsweise vor giftigen Lebensmitteln zu schützen. Erst nach mehrmaligem Essen werden die jeweiligen Lebensmittel als sicher eingestuft. Diese Phase beginnt meist um den 18. Lebensmonat herum. Je mehr man diese Kinder aber davon überzeugen möchte, zu probieren, desto mehr verweigern sie es.

- Es hilft oft, wenn das Unbekannte getrennt von dem Bekannten angeboten wird, also die Brokkolisoße neben die Nudeln oder in eine separate Schüssel.
- Manche Kinder probieren Neues aber auch, wenn es mit etwas Bekanntem kombiniert wird.
- Oder man versucht es mit einem „Probierlöffel“, bei dem das Kind entscheiden kann, ob es damit probieren möchte. Oft wirkt so ein Löffel beruhigend auf die Kinder, weil es der ganzen Situation ein bisschen Magie verleiht.
- Es sollte immer erlaubt sein, das, was einem nicht schmeckt, wieder auszuspucken. So machen wir Erwachsene es auch.
- Wenn dein Kind etwas zum ersten Mal probiert und es wieder ausspuckt, heißt das nicht unbedingt, dass es ihm nicht schmeckt – bietet es ein paar Tage/Wochen später nochmals an.

2. Die Sensiblen

Kinder haben oft einen sehr sensiblen, also empfindlichen Mundbereich und zu viele Geschmäcker überfordern sie. Generell sind bittere Lebensmittel bei Kindern unbeliebt, als Schutzmechanismus vor giftigen Lebensmitteln. Unsere Kinder besitzen ca. 10.000 Geschmacksnerven und dadurch schmecken sie schon den kleinsten Anteil an Bitterstoffen. Die Vorliebe für Süßes ist im Gegenteil genauso groß.

- Hier hilft es, nicht zu viele einzelne Lebensmittel für eine Mahlzeit zu verwenden.
- Genauso wie bei den Vorsichtigen ist es wichtig, dass alles einzeln auf dem Teller ist.
- Eine weitere Möglichkeit ist es, die Kinder beim Zubereiten der Mahlzeiten miteinzubeziehen.
- Das fängt schon beim Einkaufen an. Kinder sehen so die einzelnen Bestandteile und bekommen mehr Vertrauen.

3. Die schlechten Esser*innen
Es ist nicht schlimm, wenn ein Kind wenig isst. Hier ist es wichtig, das Gewicht im Blick zu haben. Stimmt dieses, hat das Kind ein gut entwickeltes Sättigungsgefühl.

- Es hilft diesen Kindern oft, wenn sie beim Essen Zeit bekommen und nochmals gefragt werden, ob sie noch etwas möchten.
- Essen Kinder eine Weile lang nur bestimmte Lebensmittel, muss man sich auch nicht gleich Sorgen machen. Manchmal ist das eine Phase, die uns Erwachsene auch hin und wieder überkommt.
- Wenn du aber merkst, dass dein Kind an Gewicht verliert oder du dir Sorgen machst, dann sprich mit deinem Kinderarzt oder deiner Kinderärztin!

4. Die guten Esser*innen
Genauso wie die schlecht Essenden gibt es auch die gut Essenden – sie essen mit voller Leidenschaft, schöpfen sich gerne noch mal nach und es gibt wenig, was sie nicht mögen oder nicht probieren.

- Auch hier gilt: Solange das Gewicht in Ordnung ist, ist alles in Ordnung.
- Machst du dir Sorgen, dann sprich auch hier bitte mit deinem Kinderarzt oder deiner Kinderärztin.

Der Satz „Dein Kind ist aber sehr wählerisch und ein kleines Leckermäulchen!“ ist völlig falsch und unangebracht. Im Gegenteil, wir sollten stolz sein, dass die Schutzfunktionen unserer Kinder so gut funktionieren! Oft beeinflusst auch die Ernährung der Mutter in der Schwangerschaft die späteren Vorlieben des Kindes.

Nicht nur beim Probieren, sondern auch beim Selberschöpfen gibt es immer wieder Konflikte. Nehmen sich Kinder zu viel, werden ihnen direkt Vorwürfe gemacht. Machen Erwachsene das Gleiche, ist das nicht schlimm, obwohl wir Erwachsenen es eigentlich besser wissen sollten.

Begleite dein Kind hierbei und unterstütze es, damit es herausfinden kann, wie viel Essen es für seinen noch vorhandenen Hunger benötigt. Biete deinem Kind vielfältige Lebensmittel an, probiere gemeinsam mit ihm aus und fühlt euch wie kleinen Feinschmecker.

DIE RICHTIGE MENGE EINSCHÄTZEN LERNEN

So lernt dein Kind mit deiner Begleitung, die richtige Menge einzuschätzen:

- Zu viel Auswahl an Essensbestandteilen auf dem Teller überfordert dein Kind oft. Es isst dann gar nichts oder zu viel.
- Deshalb ist es wichtig, dass dein Kind sich selbst etwas nimmt und du ihm erklärst, dass genug Essen da ist, um satt zu werden.
- Bevor dein Kind sich nochmals nachnimmt, überlege mit ihm gemeinsam, wie viel Hunger es noch hat. Jedes Mal. Dadurch bekommt dein Kind ein Gefühl für die richtige Menge.

Natürlich ist es wie bei allem wichtig, dass wir als Erwachsene ein gutes Vorbild sind. Essen wir selten Gemüse oder Obst, brauchen wir uns nicht wundern, dass es bei unseren Kindern auch so ist. Lehnen wir ein bestimmtes Essen ab („Papa mag keine rote Paprika."), wird das für das Kind schon einen guten Grund haben, immerhin ist Papa groß und stark und klug – und schon lehnt das Kind dieses Nahrungsmittel ebenfalls ab. Manchmal sogar ohne selbst probiert zu haben. Und manchmal ist es einfach die Konsistenz. Manch einer mag zum Beispiel nur sehr wenig gekochtes Gemüse und isst es (wenn möglich) lieber roh.

Mache dir nicht zu viele Gedanken um das Essen deines Kindes. In den seltensten Fällen gibt es echte Mangelerscheinungen, weil tatsächlich zu wenig Obst oder Gemüse gegessen wird.

Feel Goods

- Erstelle gemeinsam mit deinem Kind ein Kochbuch, in welchem ihr all die leckeren Rezepte sammelt, die ihr gerne esst. Am besten natürlich mit Fotos versehen, so kann dein Kind auch erkennen, was es für ein Essen ist.
- Macht einen Gourmettag und probiert einmal neue und besondere Lebensmittel aus.

Bilderbuchempfehlungen

- „Wieso? Weshalb? Warum? Was essen wir?" von Doris Rübel
- „Igor Igel mag das nicht" von Andrea Reitmeyer
- „Kleiner grüner Esel" von Anushka Allepuz
- „Bert, der Gemüsekobold" von Juli Volmert

Auswärts essen

MELANIE, LARS, LUIS, KLARA UND DER RESTAURANT-BESUCH

Melanie und Lars sind mit ihren Kindern Luis (3 Jahre) und Klara (5 Jahre) zum Essen im Restaurant. Erst läuft alles super, Melanie und Lars unterhalten sich über den Tag und planen den Ausflug mit den Kindern für den nächsten Tag. Dann fängt Klara an herumzuzappeln. Luis spielt mit dem Besteck. Es wird immer unruhiger. Melanie gibt den Kindern Bilderbücher. Luis wirft diese umgehend auf den Boden und fängt an zu quengeln und auch Klara wird immer motziger. Lars bittet die Kinder mehrmals darum, leise und artig zu sein. Sie sollen die Bücher anschauen, während Mama und Papa noch sprechen, denn sie wollen morgen ja alle einen tollen Ausflug machen. Es schaukelt sich immer weiter hoch und auch im Auto auf der Heimfahrt wird es nur schlimmer. Als sie zu Hause sind, platzt Lars der Kragen: „Dann geht ihr jetzt sofort ins Bett und wir machen morgen keinen Ausflug." Das Geschrei wird noch größer. Irgendwann schlafen Klara und Luis vor Erschöpfung ein. Melanie und Lars gehen auch sofort ins Bett, denn die Situation hat sie sehr viel Kraft gekostet.

In einem Restaurant prasseln sehr viele Eindrücke und Reize auf unsere Kinder ein – oftmals ist das dann eine Reizüberflutung. Nicht selten versuchen Kinder damit umzugehen, indem sie selbst besonders aktiv werden. Kinder wollen die Welt entdecken und das geht aus dem Hochstuhl oder im Sitzen nun mal schlecht. Aus diesem Grund wollen sie sich bewegen und die Dinge BE-greifen, was natürlich in einem Restaurant oftmals nicht so einfach möglich ist.

Im Beispiel sieht man, dass Klara und Luis eine für sie bestimmt sehr lange Zeit ruhig am Tisch saßen und somit kooperiert haben. Etwas, was viel zu selten gewürdigt wird, weil alle sich auf das konzentrieren, was nicht funktioniert. Wir gehen im nachfolgenden Kapitel ➔ „Kooperationsbereitschaft deines Kindes erkennen“ näher darauf ein.

Und seien wir mal ehrlich: Gehen unsere Gedanken nicht auch hin und wieder auf Abenteuerreise? Es gibt bestimmt die eine oder andere Situation, in der wir auch gerne ausbrechen würden, weil uns sterbenslangweilig ist – man denke an die unzähligen Meetings, an denen man teilnehmen muss und bei denen viele Themen einen oft gar nicht betreffen. Ähnlich ist es in unserem Beispiel. Klara und Luis haben hier keine Ausweichmöglichkeit, wie zum Beispiel in ihrem Zimmer zu spielen. Können Themen, die wir Erwachsenen besprechen wollen, nicht auch warten, bis unsere Kinder schlafen? Oder können wir sie auch miteinbeziehen? Klara und Luis hätten bestimmt auch Ideen für den Ausflug gehabt und die Situation hätte so entschärft werden können.

Bitte drohe deinem Kind nicht! Die Drohung, am nächsten Tag keinen Ausflug zu machen, war ein verzweifelter Versuch des Vaters, für Ruhe zu sorgen. Tatsächlich aber war es eine reine Erpressung. Was kommt beim Kind an? „Wir machen nur dann etwas Schönes, wenn du dich so verhältst, wie wir das gerne möchten.“ Eltern haben die Macht und spielen sie in diesem Falle auch aus. Eine Einbeziehung der Kinder hätte ebenfalls für Ruhe gesorgt und wäre bedürfnisorientiert gewesen. Und wesentlich stressfreier für alle.

DIE SACHE MIT DER LANGEWEILE

Langeweile ist ein sehr seltsames Gefühl und gerade Kinder wissen nicht, wie sie mit ihr umgehen sollen. Meistens verspüren wir Langeweile, wenn uns eine Sache nicht befriedigt, wir nicht erfüllt und glücklich dabei sind. Es stehen hier oft Möglichkeiten zur Verfügung, wie man dies verändern und die Situation verbessern könnte (also die Langeweile bekämpfen), aber keine fühlt sich passend und attraktiv genug an – und das empfinden wir dann als Langeweile. Oft hängt es auch mit unserer Aufmerksamkeitsspanne zusammen. Ist diese gerade sehr gering, langweilen wir uns schneller und unsere Konzentration schwindet dahin. Bei Kindern ist es so, dass sie ihre Gefühle nicht einordnen und teilweise auch nicht benennen können. Dieser Zustand führt zu einer inneren Unzufriedenheit und kann dadurch auch das Gefühl der Langeweile auslösen.

Struktur hilft deinem Kind oftmals bei Langeweile. Dadurch wird es auf die einzelnen Situationen im Alltag vorbereitet und kann damit besser umgehen. Ist deinem Kind nämlich langweilig, vergeht die Zeit auch nicht, und da es noch kein richtiges Zeitgefühl hat, kommt ihm eine Stunde wie eine Ewigkeit vor.

Langeweile hat übrigens einen tieferen Sinn: Sie zeigt uns, dass wir etwas ändern sollen. Manchmal möchte sich unser Gehirn auch nur neu sortieren und das geht am besten, wenn wir so wenig wie möglich abgelenkt sind.

Begleite und unterstütz dein Kind bei dieser Langeweile, erkläre ihm das Gefühl der Langeweile und biete Möglichkeiten, wie es damit umgehen kann. Oft hilft es auch zu verstehen, dass deinem Kind langweilig ist und dass das weitere Gefühle wie Wut und Frust auslösen kann.

Feel Goods

- Gönnt euch doch als Eltern mal wieder einen Restaurantbesuch allein.
- Erstelle eine Liste mit kinderfreundlichen Restaurants. Biergärten sind hier meist sehr beliebt, weil oft ein Spielplatz mit dabei ist.

Bilderbuchempfehlungen

- „Der Dachs hat heute Langeweile" von Moritz Petz und Amélie Jackowski
- „Laras Langeweile" von Catalina Hess

Good to know: Kooperationsbereitschaft deines Kindes erkennen

Dein Kind möchte kooperieren und dir gefallen. Oft tut es das, ohne dass du es bemerkst, oder du nimmst es als selbstverständlich an.

Dein Kind kooperiert, wenn ...

- es dir die Arme entgegenstreckt, um sich anziehen zu lassen,
- es sich im Auto anschnallen lässt,
- du es in den Hochstuhl setzen darfst und ein Lätzchen umbinden kannst,
- es durch den Tag mit dir geht (isst, wenn du das Essen fertig hast, das Haus verlässt, wenn du es sagt),
- es sich mit sich selbst beschäftigt, sodass du dich in Ruhe anziehen kannst und so weiter.

Dein Kind kooperiert wahnsinnig oft im Laufe eines Tages mit dir und nur selten nimmst du dies bewusst als Kooperation wahr.

WAS IST KOOPERATION GENAU?

Unter Kooperation verstehen wir die Fähigkeit, sich auf den anderen einzulassen. Sie umfasst laut Definition der Max-Plank-Gesellschaft *„die Fähigkeit, Ziele und Aufmerksamkeit gemeinsam mit anderen zu entwickeln und die gemeinschaftliche Motivation, anderen zu helfen und mit ihnen zu teilen“.*

Aus: Tomasello, Michael / Hamann, Katharina: Kooperation bei Kleinkindern. https://www.mpg.de/4658054/Kooperation_bei_Kleinkindern

Eine ganz schöne Herausforderung für dein Kind. Du hast Erwartungen an dein Kind oder an den Ablauf eines Tages und bemerkst oft gar nicht, wie sehr du deine Erwartungen über dein Kind stülpst. Das ist völlig normal, und trotzdem solltest du genauer hinsehen. Wie viele Entscheidungen triffst du am Tag über dein Kind hinweg und nicht mit ihm? Wie wahnsinnig fremdbestimmt ist dein Kind jeden Tag aufs Neue? Natürlich gibt es Punkte im Alltag, die kannst du nicht immer mit deinem Kind gemeinsam entscheiden. Oft kannst du sie selbst gar nicht immer beeinflussen (den Arbeitsbeginn zum Beispiel). Du handelst aber sehr oft automatisch im Alltagstrott und erwartest ebenso automatisch von deinem Kind, dass es problemlos mitmacht und mitzieht. Tut es dies nicht, wirst du schnell ungehalten und unterstellst ihm Trotzverhalten.

Ertappt? Wie würdest du dich denn fühlen, wenn dein Partner oder deine Partnerin ständig über deine Zeit und das, was du jetzt zu tun oder lassen hast, entscheiden würde? Vermutlich würdest du das nicht lange mit dir machen lassen. Von deinem Kind aber erwartest du oft genau das. Klingt anstrengend? Ist es auch. Manchmal überfordern wir unsere Kinder damit auch, denn sie können sehr oft diese Erwartungen aufgrund ihres Alters und Entwicklungsstandes noch gar nicht erfüllen (lange sitzen, lange ruhig sein etc.). Und dennoch kooperieren sie an so vielen Stellen und „machen mit", ohne dass wir es sehen und somit wertschätzen.

Achte mal bewusst darauf. Schreibe dir gerne auf, wenn du eine Kooperation deines Kindes wahrnimmst.

- Dein Kind zieht sich allein und schnell an.
- Es steigt ohne Murren ins Auto ein.
- Während der Autofahrt ist es ruhig und entspannt.
- Es kommt mit zum Einkaufen und hilft dir vielleicht sogar.
- Dein Kind wäscht sich vor dem Essen die Hände.
- usw.

Am Ende des Tages wirst du sehr viele Punkte auf der Liste haben. Wir finden, das ist auch mal ein Dankeschön an dein Kind wert. Und manchmal ist die Kooperation nicht ganz ersichtlich, erschließt sich aber, wenn du genauer darüber nachdenkst.

JULE, CARL UND DIE KATZE

Carl (4 Jahre) war heute den ganzen Tag mit seiner Mama Jule unterwegs. Erst zur Kita mit dem Laufrad, nach der Kita noch beim Einkaufen, im Drogeriemarkt und in der Buchhandlung. Carl hat alles mitgemacht, sogar, als Mama eine Bekannte traf und „stundenlang" mit ihr gequatscht hat, hat er keinen Unsinn gemacht und hat gewartet, obwohl es soooo langweilig war. Gerade, als sich seine Mama verabschiedet, entdeckt Carl eine kleine Katze. Er beobachtet sie aus der Ferne und überlegt, ob er sie wohl streicheln darf. Mitten in seinen Gedankengängen fängt seine Mama an zu drängeln – sie müssen jetzt dringend nach Hause, es wäre schon spät, sie müsse noch kochen und Papa käme auch gleich nach Hause.

Aber Carl war doch noch gar nicht bei der süßen Katze und überhaupt: Er hat den ganzen Tag gemacht, was seine Mama von ihm wollte, sogar als sie sich unterhielt, beschäftigte er sich mit sich selbst. Ausgerechnet jetzt, wo er diese Katze entdeckt hat, hat sie es eilig?! Carl findet das sehr ungerecht und fängt an zu weinen. Als seine Mama ihn an die Hand nimmt und weiterziehen möchte, wirft er sich auf den Boden und wird furchtbar wütend. Er versteht nicht, warum Mama so sein kann: Er hat alles mitgemacht, und jetzt, da er etwas so gerne möchte, ist keine Zeit dafür. Gemeine, doofe Mama!

Was ist passiert? Jule ist genervt. Der Tag war stressig genug, sie hatte so viel zu erledigen und ist eh schon spät dran. Ihre Bekannte hat sie nun auch noch länger aufgehalten, als ihr lieb war, und sie müsste wirklich dringend nach Hause. Ausgerechnet jetzt bekommt Carl einen Trotzanfall. Ist ja typisch – hat sie es einmal eilig, macht ihr Sohn überhaupt nicht mit. Jule sieht überhaupt nicht, wie oft ihr Sohn an diesem Tag bereits kooperiert hat. Sie hinterfragt Carls Beweggründe auch nicht und sieht somit auch die Katze nicht. Für sie ist ihr Kind nun „bockig" und macht es ihr an diesem sowie so schon stressigen Tag umso schwerer. Carl hat den ganzen Tag das getan, was seine Mama wollte. Das war auch kein Problem und er hat es automatisch gern getan. Aber dann ist da diese süße Katze, die vorher noch nicht da war und er konnte sie noch nicht mal richtig ansehen, schon mussten sie weiter. Wie gemein seine Mama doch ist. Sie nimmt keine Rücksicht auf ihn, immer zählt nur das, was seine Mama will.

Wie hätte man die Situation lösen können? Nachfragen! Carl war offensichtlich fokussiert auf etwas (die Katze) und nicht bereit zu gehen. Vermutlich hätte er seiner Mama gesagt, was ihn gerade so faszinierte und mit diesem Wissen hätte ihm Jule vielleicht doch noch ein paar Minuten mehr Zeit gegeben. Sie hätten zusammen zur Katze gehen und auch gemeinsam überlegen können, ob Carl eine fremde Katze anfassen sollte. Insgesamt wäre die Situation vermutlich nicht so eskaliert. Carl fühlte sich nicht gesehen, nicht ernst genommen und völlig ungerecht behandelt.

Du solltest dir also auch immer die Frage stellen, wie sehr du denn umgekehrt mit deinem Kind kooperierst. Siehst du es und seine Bedürfnisse? Nimmst du wahr, wenn es sich mit dir austauschen möchte, wenn es dich braucht, dir etwas zeigen oder sagen möchte, deine Anerkennung oder einfach nur Nähe und Geborgenheit sucht? Wie oft speist du es mit Sätzen wie „Jetzt nicht!“, „Warte kurz!“, „Das machen wir später!“ ab? Wie oft beschäftigst du dich gedanklich mit etwas anderem? Schaust auf dein Handy, arbeitest weiter, nimmst es nicht so wahr, wie es das gerade braucht?

Kein Vorwurf an dieser Stelle. Einfach nur die Einladung, darüber nachzudenken, was wir täglich von unseren Kindern fordern, oft ohne Ankündigung, ohne ihnen eine Chance zu lassen, sich darauf einzustellen. Inwieweit sind wir bereit, das zurückzugeben? Oft möchten wir etwas *sofort* von unseren Kindern. Wie oft sind wir aber genervt, wenn unsere Kinder etwas *sofort* von uns möchten? Vermutlich an einem anstrengenden Tag viele Male. Gestehen wir unseren Kindern auch zu, genervt, gestresst, vielleicht sogar überfordert zu sein mit unseren Anforderungen an sie? Oder maßregeln wir sie dann? Manchmal hilft es, innezuhalten, sich zu überlegen, wie wir in solchen Situationen reagieren. Sind wir ein gutes oder schlechtes Beispiel und sind wir bereit zu geben, was wir tagtäglich fordern? Wir Erwachsenen nehmen bei unseren Kindern im Alltag oft mehr vermeintliche Defizite wahr als die vielen kleinen Meisterleistungen, die sie täglich vollbringen. Teilweise stammt dieser Blick noch aus einer Zeit der sogenannten „Schwarzen Pädagogik“.

SCHWARZE PÄDAGOGIK

Schwarze Pädagogik ist ein negativer Sammelbegriff, unter den Erziehungsmethoden fallen, die meist veraltet sind und/oder mit Einschüchterungen, Drohungen, Erniedrigungen etc., also mit Gewalt jeglicher Form (körperlich, verbal, seelisch) zu tun haben.

Unsere Kinder müssen diesen Einstellungen zufolge „funktionieren" und sich nach unseren Bedürfnissen richten. Oft mit dem Wunsch verbunden, sie auf das „reale" Leben mit Erwartungen und gesellschaftlichen Normen vorzubereiten. Dabei übersehen wir häufig den Entwicklungsstand eines Kindes und die Fähigkeit, dies alles überhaupt schon leisten zu können. Den fehlerbehafteten Blick auf unsere Kinder abzulegen, ist nicht so einfach, denn wir sind es so aus unserer eigenen Kindheit gewohnt und haben es so gelernt. Es lohnt sich aber, daran zu arbeiten. Je öfter unsere Kinder bemerken, dass wir ihre Bemühungen im Kleinen sehen, desto schärfer wird ihre Wahrnehmung für unsere Wünsche und tatsächlichen Bedürfnissen, wenn sie tatsächlich mit uns kooperieren müssen, weil die Situation es erfordert. Außerdem können wir sie so auch viel kindgerechter und gemäß ihrer Entwicklung begleiten, sie ernst nehmen und wertschätzen.

ALTE SPRÜCHE, NEU GEKONTERT

„Dein Kind muss Respekt vor dir haben, du musst klar machen, wer hier der Chef ist!"

„Was du meinst, ist kein Respekt. Du meinst Angst und blinden Gehorsam aus Furcht vor Sanktionen oder Liebesentzug. Ich bin nicht der Chef oder die Chefin meines Kindes. Respekt gibt es nicht als Vorschusslorbeere. Respekt muss man sich verdienen, auch den seines Kindes. Wir leben in unserer Familie also einen respektvollen Umgang und sind damit Vorbilder für unser Kind. Wir gehen achtsam mit uns um. Daraus ergibt sich, dass wir uns gegenseitig respektvoll begegnen. Ich möchte keine Person für mein Kind sein, vor der es Angst hat. Respekt darf nichts Bedrohliches sein."

„Du darfst deinem Kind nicht ständig seinen Willen lassen, es gewöhnt sich noch daran!"

„Ja. Genau das soll es sich auch. Es wäre doch traurig, wenn mein Kind keinen eigenen Willen hätte. So wird es zu einem selbstbewussten Kind, das weiß, was es möchte. Du willst doch auch bestimmte Dinge – ist es nicht schöner, wenn deine Wünsche und Bedürfnisse ebenfalls erfüllt werden? Zumindest gehört? Wenn es nicht geht, diesen Willen umzusetzen, dann begleiten wir unser Kind durch diesen Trauerprozess. Seinen Willen aber darf es behalten!"

La, le, lu, nur der Mann im Mond schaut zu – Gemeinsam durch den Abend

Aufräumen

JOHANNA, SOFIA UND DIE KUSCHELTIERE

Wie so oft gibt es abends Theater beim Aufräumen. Johanna versteht nicht, warum ihre Tochter Sofia (2,5 Jahre) am Anfang super aufräumt – am liebsten ihre Kuscheltiere – und dann aber für den Rest sehr lange braucht oder es ohne Johanna gar nicht klappt. Sofia wird dann sehr schnell wütend und fängt an, die Spielsachen herumzuwerfen. Noch vor knapp einem halben Jahr sah dies ganze anders aus, Sofia räumte sehr gerne auf und von heute auf morgen fing das Theater an. Johanna hat oft das Gefühl, dass Sofia gar nicht mit den Spielsachen spielt und alles nur wahllos herausreißt und es im Zimmer verteilt.

Was ist passiert? Kinder durchlaufen in ihrer Entwicklung unterschiedliche Schemata. Das heißt, sie zeigen Verhaltensmuster mit ähnlichen Verhaltensweisen, z. B. Sachen ausräumen und wieder einräumen.

Das Aufräumen hat für uns Erwachsene oft einen höheren Stellwert als für unsere Kinder, dennoch hat das Aufräumen eine wichtige Funktion in der Entwicklung zur Selbstständigkeit der Kinder. Für dein Kind steht das Spiel im Vordergrund, denn dadurch eignet es sich seine Umgebung an: Es erforscht, fühlt, schmeckt, ...

Dies passiert auch, wenn dein Kind für dich wahllos Spielsachen aus den Regalen und Kisten reißt und im Zimmer verteilt. Dein Kind forscht hier einmal in Bezug auf Ursache und Wirkung, aber genauso erforscht es mit allen Sinnen das Spielmaterial. Und ja dann sieht es oft so aus, als hätte eine Bombe im Kinderzimmer eingeschlagen. Kinder erleben zahlreiche Abenteuer, während sie spielen, mal erforschen sie den Dschungel, sind der Tiger im Zirkus oder kochen in ihrer Spielküche die ausgefallensten Gerichte.

Halten wir uns das mal kurz vor Augen – ist das nicht wunderbar, was man als Kind alles erleben kann? Erinnerst du dich vielleicht noch daran, was für Träume du in deiner Kindheit hattest? Welchen Beruf wolltest du ergreifen? Hast du auch Abenteuer erlebt? War der Boden voller Lava? Oder hast du eine Kuschelhöhle gebaut?

Spielen ist etwas unglaublich Wertvolles und deshalb ist es so wichtig für die kindliche Entwicklung. Den Satz „Na, heute mal wieder nur gespielt und nichts gelernt?“ kennst du bestimmt. Vielleicht siehst du ihn jetzt mit anderen Augen und er sollte eher heißen **„Wow, heute wieder so viel gespielt und dabei Unglaubliches gelernt!“**

Spielen ist etwas ganz Wertvolles, vor allem, wenn Kinder dabei selbstbestimmt sein dürfen. Unsere Kinder lernen jeden Tag und erweitern hierbei ihre Fähigkeiten, können mit Herausforderungen umgehen und meistern diese. Natürlich brauchen sie hierbei am Anfang unsere Begleitung.

Hier kommen wir zu unserem Beispiel von Sofia zurück. Auch aufräumen braucht Begleitung.

So kannst du dein Kind beim Aufräumen unterstützen

- Achte auf überschaubares Spielmaterial, hier ist weniger oft mehr. Kinder sind mit zu vielen Spielsachen überfordert und dann entsteht „Chaos“.
- Mache das Spielzeug auf Kinderhöhe zugänglich. Bewahre außer Sichtweite auf, womit dein Kind nicht allein spielen darf.

- Nutze Körbe, Kisten u. Ä. zum Aufräumen. Versieh diese am besten mit Bildern, klebe beispielsweise ein Bild der Eisenbahnschienen auf den dafür vorgesehenen Korb. Das legt den Grundstein für ein Ordnungsgefühl.
- Lege ein Ritual für das Aufräumen fest. Singt dazu gemeinsam ein Lied, hört immer die gleiche Musik oder beginnt mit einem Gong auf der Klangschale. Diese Struktur hilft deinem Kind, sich zu orientieren.
- Überlege, wann das Aufräumen sinnvoll ist. Muss dein Kind vor dem Essen aufräumen, wenn es danach wieder spielen geht?
- Durch eine stressfreie Begleitung verbindet dein Kind das Aufräumen nicht mit etwas Negativem. Schafft euch Entspannung während des Aufräumens.
- Legt je nach Alter des Kindes auch gemeinsam Regeln fest. Frag dein Kind, wann es selbst das Aufräumen für sinnvoll erachtet.
- Bereite auf das Aufräumen vor, indem du klare Anweisungen gibst (*„Du darfst jetzt noch die CD zu Ende hören und dann räumen wir auf“*) oder zum Beispiel eine Sanduhr runterlaufen lässt.
- Nutze anderes Spielzeug zum Aufräumen, lade z. B. die Bausteine in den Puppenwagen und fahre damit zur Kiste. Denn mit Spaß räumt es sich direkt leichter auf.
- Sei ein Vorbild und vergiss dabei nicht, sprachlich zu begleiten: *„Schau mal, Sofia, ich bin fertig mit Bauen und räume nun auf.“* Oder mache dein Kind darauf aufmerksam, was es schon geschafft hat: *„Schau, du hast die Kuscheltiere aufgeräumt, jetzt müssen wir nur noch die Bücher aufräumen, dann sind wir fertig.“*

Räume kindgerecht gestalten

Wenn es darum geht, das Haus oder die Wohnung kindgerecht zu gestalten, ist der berühmte Satz der Pädagogin Maria Montessori eine gute Richtschnur: „Hilf mir, es selbst zu tun.“ Das nach ihr benannte Montessori-Konzept arbeitet mit einer „vorbereiteten Umgebung“. Einer Umgebung also, die es Kindern ermöglicht, zu lernen und sie zu erforschen. Ordnung ist wichtig für dein Kind, denn sie bietet ihm Struktur; so kann es Spielsachen und andere Dinge leichter finden. Durch das Begleiten beim Aufräumen lernen Kinder Verantwortung dafür zu übernehmen, etwas, das sie gerade nicht mehr brauchen, aufzuräumen. Dies ist ein wichtiger Schritt für die Autonomie deines Kindes hin zu mehr Selbstständigkeit. Das passiert natürlich nicht von heute auf morgen, sondern braucht Zeit. Gib dir und deinem Kind Zeit. Nimm sie dir und begleite dein Kind dabei liebevoll. Kinder lernen durch Wiederholungen, dies gilt auch für das Aufräumen.

So kannst du das Kinderzimmer kindgerecht gestalten:

- Platziere Möbel auf Kinderhöhe, montiere z. B. die Garderobe deines Kinds so, dass es die Jacke selbst aufhängen kann.
- Wähle Spielmöbel altersentsprechend aus, sodass dein Kind damit spielen kann.
- Gestalte Spielbereiche im Kinderzimmer, z. B. einen Teppich und Kisten mit Bausteinen für den Baubereich oder einen kleinen Tisch und ein Regal mit Spielen, Stiften und Papier für den kreativen Bereich.
- Trenne den Spielbereich vom Schlafbereich. So wird deutlich, dass das Bett zum Schlafen, Ausruhen oder Bücheranschauen da ist.
- Bewahre Spielsachen, mit denen dein Kind nicht allein spielen darf, außer Sichtweite, z. B. in einem Schrank oder anderem Zimmer auf.
- Wie schon geschrieben ist weniger oft mehr. Ein von Spielzeug überladenes Kinderzimmer führt zu einer Reizüberflutung bei Kindern.

„Nicht das Kind soll sich der Umgebung anpassen, sondern wir sollen die Umgebung dem Kind anpassen.“ In diesen Worten von Maria Montessori steckt so viel Wertvolles.

„Beim letzten Spieleabend habe ich eine wichtige Erkenntnis gewonnen. Unser jüngstes Kind kann die Farben. Aber immer, wenn wir Obstgarten spielen, gibt es Stunk. Ich sag, der Würfel zeigt blau, er sagt rot. Ich sage, es ist der Rabe, er sagt grün. Das hat mich seit einer Woche gewundert. Eben bücke ich mich zufällig am Tisch, bin damit auf seiner Augenhöhe und erkenne das Problem. Er ist klein, der Tisch ist hoch und der Würfel vom Spiel groß. Er konnte also nie erkennen, was gewürfelt wurde und hat immer das gesagt, was in seine Richtung gezeigt hat. Er hatte die ganze Zeit recht und eben nur einen anderen Blickwinkel.

Tweet von @Krawaletta

Feel Goods

- Gestalte mit deinem Kind gemeinsam das Zimmer um.
- Kauft einen schönen Dekoartikel oder bastelt ihn selbst.

Bilderbuchempfehlungen

- „Ich liebe Aufräumtage“ von Olivia Huth
- „Aufräumen? Mach ich morgen“ von Greta Carolat

Fernsehen

PAULA, MONA UND DAS SANDMÄNNCHEN

Paula ist mit ihrer Freundin Andrea zum Kaffeetrinken verabredet und freut sich schon sehr auf dieses Treffen. Sie haben sich schon länger nicht mehr gesehen und irgendwann sprechen sie auch über ihre Kinder. Andreas Sohn Arne ist fast genauso alt wie Paulas vierjährige Tochter Mona. Andrea erzählt, dass sie abends immer öfter Schwierigkeiten hat, Arne ins Bett zu bringen, und bei ihr oftmals die Nerven blank liegen, da sie abends auch ihre Entspannung benötigt, um den Tag zu verarbeiten. Paula berichtet ihr, dass sie und Mona seit Kurzem abends immer zusammen das Sandmännchen anschauen, und danach geht Mona ins Bett. Andrea schaut sie erstaunt an und fragt kritisch nach, warum Paula denn mit Mona schon fernsehen würde, sie wäre ja noch viel zu jung dafür. Paula geht etwas frustriert nach Hause, denn sie hatte sich Gedanken gemacht, ab wann und was Mona fernsehen darf. Das Sandmännchen war für Paula eine gute Wahl. Doch nun ist sie sich nicht mehr so sicher.

Fernsehen sollte in Maßen stattfinden. Es gibt eine hilfreiche Tabelle, an welcher du dich bezüglich des Medienkonsums (dazu zählen auch Bücher und Hörspiele) orientieren kannst. Wichtig hierbei ist aber, dass jedes Kind individuell ist und man nichts pauschal festlegen kann. Die Tabelle soll hier nur einen Richtwert darstellen und nicht als Maßstab gelten. Schaue immer, was deinem Kind guttut und auch was du selbst als wichtig und richtig erachtest.

Empfehlungen zu den täglichen Mediennutzungszeiten von Kindern

	(Bilder-)Bücher	Hörmedien (Musik-CDs, -Dateien, Hörgeschichten)	Bildschirmmedien (Fernsehen, Video, Computer, Spielekonsolen, Tablets, Smartphones)
0–3 Jahre	regelmäßig Bilderbücher anschauen und vorlesen (ab etwa sechs Monaten)	max. 30 Minuten	am besten gar nicht
3–6 Jahre	regelmäßig Bilderbücher anschauen und vorlesen	max. 45 Minuten	zusammen höchstens 30 Minuten
6–10 Jahre	regelmäßig vorlesen/lesen	max. 60 Minuten	zusammen höchstens 45–60 Minuten

Quelle: ***https://www.kindergesundheit-info.de/themen/medien/alltagstipps/mediennutzung/hoechstdauer***

Das Wichtigste ist, dass dein Kind am Anfang nicht allein schaut. Denn nur so kannst du sehen, wie dein Kind reagiert, und es dabei begleiten. Du kannst, wenn du noch nicht möchtest, dass dein Kind fernsieht, ein Bilderbuchkino ausprobieren. Dabei könnt ihr die Bilderbücher zum Beispiel am Laptop, am Fernseher oder mit dem Beamer anschauen, manche werden automatisch vorgelesen. Wir möchten hier in keinem Fall dazu aufrufen, dass du nun abends mit deinem Kind gemeinsam fernsiehst. Fernsehen sollte etwas Besonderes sein und die Spiel- und gemeinsame Familienzeit sollte hierbei nicht zu kurz kommen, sondern überwiegen. Unsere Kinder wachsen in einer Welt mit einer großen Auswahl an Medien auf und sollen zu medienkompetenten Persönlichkeiten heranwachsen. Das kann nur gelingen, wenn wir sie dabei unterstützen und begleiten. Das gilt auch für Handy, Tablet & Co. Unsere Tipps kannst du auch für diese Medien anwenden.

ABER! Bitte hab kein schlechtes Gewissen, wenn dein Kind gerade nach einem stressigen Tag fernsehen darf, am Tablet spielt oder mit dem Handy zugange ist (hier gibt es auch spezielle Apps für Kinder bzw. die Kindersicherung). Wie so oft macht die Dosis das Gift. Gerade in Zeiten von Corona sind Medien oft ein Segen – für Kinder und Eltern. Aber auch unabhängig von Corona, Quarantäne und Homeoffice darf es Ausnahmen geben; und zwar ohne schlechtes Gewissen!

Natürlich gibt es auch beim Fernsehen Konfliktpotenzial, wie du im folgenden Beispiel sehen kannst:

PAOLA, MARCO UND FEUERWEHRMANN SAM

Paola lässt ihren Sohn Marco (5 Jahre) abends immer eine Folge seiner Serie ‚Feuerwehrmann Sam' schauen. Normalerweise macht sie direkt beim Abspann den Fernseher aus. Heute hat sie nebenher das Abendessen vorbereitet, denn sie musste länger arbeiten und zwischen Kita und Abendessen war die Zeit sehr knapp. Als sie die Melodie des Abspanns hört, läuft sie schnell ins Wohnzimmer, doch die nächste Folge hat schon begonnen. Paola greift schnell zur Fernbedienung und macht den Fernseher aus. Marco tobt und schreit: „Ich will aber noch eine Sendung schauen!" Paola ärgert sich über sich selbst, dass sie nicht aufgepasst hat und es jetzt so ein Theater gibt. Dennoch ist sie der Meinung, dass eine Serie am Abend reicht und manche Serien auch noch nichts für Marco sind.

Eine Reaktion, die vollkommen menschlich ist: Paola wollte nicht, dass Marco eine Sendung sieht, die nicht für ihn geeignet ist. Aber ist es in Ordnung, einfach den Fernseher auszumachen? Ihn gar nicht miteinbeziehen? Die Wut auf sich selbst an ihm auszulassen? Wäre es nicht sinnvoller, ihm Verantwortung zu geben? Ihm einen angemessenen Umgang mit dem Fernseher zu ermöglichen?

Natürlich ist es in Ordnung, wenn Marco eine Serie am Abend anschaut; aber Paola entscheidet, was er anschauen darf und wie lange. Hier sind wir wieder bei den liebevollen Grenzen, die wir unseren Kindern setzen. Paola war in erster Linie auf sich selbst wütend. Mit ihrer Reaktion war sie übergriffig, hat ihren Sohn übergangen und die Situation eskalierte. Besser wäre es gewesen, gemeinsam mit ihm zusammen eine Lösung zu finden. Fairerweise wäre es auch völlig in Ordnung, wenn er ausnahmsweise nun die begonnene Folge auch zu Ende anschauen darf, denn auch Paola ist ihrer Verantwortung nicht nachgekommen: ein Auge auf den Medienkonsum ihres Sohnes zu haben.

Denn Marco war mit der Erwartung, nach einer Folge den Fernseher auszumachen, völlig überfordert. Kleiner Perspektivwechsel: Wie oft ist es dir schon passiert, dass du am Abend noch eine Folge deiner Lieblingsfolge schauen wolltest? Wirklich nur eine, dann aber das Licht ausmachen, weil ja am nächsten Tag ein Arbeitstag ist. Und wie oft wurde es dann doch noch eine Folge mehr? Hand aufs Herz? Von einem Kind aber erwarten wir gerne mal, dass es eigenverantwortlich nach einer Folge aufhören kann. Weil es ja so besprochen wurde. Da wird einem Kind etwas abverlangt, was auch Erwachsenen schwerfällt. **Der Medienkonsum deines Kindes liegt also in deiner Verantwortung, nicht in der deines Kindes.**

So gelingt gesunder Fernsehkonsum

- Prüfe Serien und Filme vorab kritisch.
- Lege Regeln/Grenzen fest und bleibe hier auch konsequent, wenn du z. B. eine Serie nicht geeignet findest.
- Begleite dein Kind beim Fernsehen, beobachte es und gib ihm Möglichkeiten, z. B. mit Ängsten umzugehen (Augen zu halten oder das Zimmer verlassen).
- Besprecht das Gesehene nach. Somit kannst du deinem Kind helfen, den Inhalt aufzuarbeiten, und Fragen deines Kindes klären.
- Installiere keinen Fernseher im Kinderzimmer, sondern im Wohnzimmer.
- Verwende Fernsehen nicht als Dauerberieselung, mache lieber Musik an.
- Kündige das Ende einer Folge vorher an. Mit Worten (*„Deine Serie ist gleich aus“*) und am besten zusätzlich mit einer Sanduhr oder Eieruhr. So kann sich dein Kind darauf vorbereiten und das Ende kommt nicht so abrupt.
- Ausnahmen bestätigen die Regel. Überlege in dem Moment immer, ob Regeln eventuell verändert werden müssen oder eine Ausnahme in Ordnung ist.

Wann schadet Fernsehen Kindern?

Es gibt Kinder, die können mit dem Medium Fernseher noch nicht umgehen. Für sie passiert alles zu schnell und ihre Konzentration wird zu sehr beansprucht. Dadurch kann es passieren, dass sie nach dem Fernsehen sehr aufgekratzt sind und gar nicht zur Ruhe kommen.

Natürlich können Serien bei Kindern Ängste hervorrufen; auch wenn wir Erwachsenen die Serie als geeignet ansehen. Aus den Augen der Kinder betrachtet sieht alles anders aus und wir können nicht in ihren Kopf schauen.

So vermeidest du, dass dein Kind beim Fernsehen Angst bekommt:

- Schaue gerade am Anfang oder bei neuen Filmen mit deinem Kind gemeinsam und stelle aktiv Fragen wie z. B. *„Sollen wir den Fernseher ausmachen und darüber sprechen, ich habe das Gefühl, dir macht gerade etwas Angst?“*
- Prüfe nicht nur anhand der Altersangabe für Serien und Filme, ob sie wirklich für dein Kind geeignet sind. Nicht immer passen diese für euch. Schau dir die Serien/Filme am besten vorher ohne das Kind an. Ein Beispiel wäre hier „Harry Potter und der Stein der Weisen“, der ab 6 Jahren freigegeben ist, in dem aber sehr viele Dinge vorkommen, die einem Kind Angst machen können, z. B. der dreiköpfige Hund Fluffy oder Voldemort. Genauso kann der Film „Der kleine Eisbär“ für Kinder ängstigend sein, weil Lars von einem U-Boot verfolgt wird und die Kinder Angst haben, dass dem kleinen Eisbären etwas passiert. Diese Angst kann für Kinder sehr real und stark werden.
- Sprich mit deinem Kind über das Gesehene. Manchmal hilft es, anschließend ein entsprechendes Bilderbuch anzuschauen und die Ängste aufzuarbeiten.

Wähle Sendungen mit deinem Kind gemeinsam aus und erkläre kurz, worum es geht, wenn du es weißt (*„In diesem Film kommt wieder ein Drache vor. Beim letzten Mal hat er dir Angst gemacht. Bist du sicher, dass du diesen Film ansehen möchtest oder möchtest du einen anderen Film sehen?“)* Hier hilft es auch, eine Vorauswahl zu treffen, wenn man weiß, dass das Kind gerade vor einer bestimmten Sache große Angst hat. Fernsehen sollte etwas Besonderes bleiben und nicht als Therapie herhalten, Ängste aufzuarbeiten.

Wichtig: Die gemeinsame Familienzeit und das damit verbundene Spielen sollten immer überwiegen. Ausflüge in die Natur, auf Spielplätze oder das Spazierengehen haben Vorrang vor Medienkonsum.

Feel Goods

- Wie wäre es mit einem Kinobesuch ohne Kind oder einem Filmeabend mit deinem Lieblingsfilm?
- Oder wart ihr schon mal gemeinsam im Autokino?

Bilderbuchempfehlungen

- „Der TV-Gucki“ von Bärbel Spathelf
- „Der kleine Maulwurf und der Fernseher“ von Hana Doskočilová

In der Badewanne

LENNARD, ELIAS UND DAS HAAREWASCHEN

Lennard badet seinen Sohn Elias (2 Jahre). Vor ein paar Monaten war das gemeinsame Baden für Elias das Größte. Lennard bekam ihn erst aus der Badewanne, wenn das Wasser langsam kälter wurde. Doch seit Kurzem weigert sich Elias richtig, wenn es in die Badewanne geht. Ganz schlimm wird es, wenn Lennard ihm die Haare waschen will. Es ist dabei nicht nur einmal passiert, dass sich Elias vor lauter Weinen das Shampoo in den Augen verrieben hat.

Die meisten Kinder lieben es zu baden, am liebsten mit viel Schaum und Spielsachen. Manche Kinder mögen Baden aber auch gar nicht. Das geht uns Erwachsenen doch genauso: Die einen würden am liebsten jeden Abend in die Badewanne, weil sie es als pure Entspannung erleben, und andere springen lieber unter die Dusche. Warum sollte es dann bei unseren Kindern anderes sein?

Es kann viele Gründe haben, warum dein Kind nicht baden möchte, und alle Gründe sind für das Kind wichtig. So kann es sein, dass es beim letzten Mal Wasser geschluckt hat und schrecklich husten musste, Shampoo in die Augen bekommen hat, gruselige Geschichten über ein Badewannenmonster gehört hat und so weiter. Vielleicht ist es ihm auch einfach zu kalt / zu warm im Badezimmer, es ist zu müde, verbindet Baden mit dem Zubettgehen oder mag schlicht und ergreifend nicht gerne baden.

Dennoch ist die Körperhygiene ein Grundbedürfnis und deshalb auch zu berücksichtigen. Es gibt Alternativen zum Baden: Duschen oder eine kurze Katzenwäsche mit den Waschlappen. Solltest du bis jetzt noch keinen dieser tollen Badeschäume oder glitzernden, schillernden und knisternden Badezusätze verwendet haben, könnten diese natürlich ein Anreiz sein, dass sich dein Kind in die Badewanne schwingt.

Weitere Ideen für mehr Spaß beim Baden:

- Badet gemeinsam. Zusammen macht es manchmal mehr Spaß, in der Wanne zu planschen. Das geht natürlich nur bei kleinen Kindern bzw. wenn die Badewanne entsprechend groß ist.
- Ändert die Tageszeit. Manche Kinder lieben es, vor dem Schlafengehen in die Badewanne zu gehen und dabei auch so richtig müde zu werden. Andere zögern alles hinaus, weil sie wissen, dass nach der Wanne das Bett kommt. Wenn es zeitlich passt, warum nicht mal in der Früh, am Nachmittag oder auch vor dem Abendessen baden?
- Bau keinen Druck auf und mach kein Drama daraus. Wenn eine Weile nicht gebadet wird, sondern nur die Katzenwäsche funktioniert, dann ist das eben so.
- Achte auf die äußeren Rahmenbedingungen: Wie ist das Licht (hell/dunkel), die Musik (keine/laut/leise), die Wärme von Wasser und Zimmer (zu kalt/zu heiß)? Zu viel Schaum, zu wenig Schaum etc.? Ist dein Kind noch sehr klein, kann eine besonders große Wanne auch sehr bedrohlich wirken.

- Überlege: Gibt es einen der oben genannten Auslöser/Gründe, warum dein Kind nicht baden möchte?
- Schau gemeinsam mit deinem Kind Bilderbücher zum Thema Baden an. Manche lassen sich sogar mit ins Wasser nehmen!
- Probiert Experimente mit Wasser in der Wanne aus (schütten, färben, schäumen usw.).

Interessanter wird es beim Haarewaschen, denn das geht nur, wenn die Haare nass sind. Was tun?

So wird das Haarewaschen angenehmer für alle:

- Wenn es dein Kind zulässt, halte einen Waschlappen an die Stirn, sodass das Wasser nicht in die Augen läuft.
- Verwende sogenannte Duschhauben, die verhindern, dass das Shampoo in die Augen läuft.
- Versuche, deine Hand an die Stirn deines Kindes zu halten und dadurch den Kopf leicht nach hinten zu neigen. Hierzu benötigt man aber größere Hände.
- Verwende einen besonderen Behälter zum Waschen, z. B. den „Zauber-Wasser-Becher".
- Benutze Kinder-Shampoo, welches nicht in den Augen brennt oder gar kein Shampoo. Wasser ist oft ausreichend.
- Lass dein Kind selbst die Haare waschen
- Mache ein Spiel daraus. Du bist Frisör oder Frisörin, dein Kind braucht einen neuen Haarschnitt o. Ä.
- Lass ältere Kinder eine Schwimm- oder Taucherbrille aufsetzen.
- Wenn dein Kind sich zu Hause nicht die Haare waschen lässt, es aber z. B. im Schwimmbad klappt, dann braucht es wohl öfters einen Schwimmbadbesuch. Natürlich kann auch dieser zu Hause spielerisch nachgestellt werden, frag dein Kind, was es für die Badewanne braucht, damit es wie im Schwimmbad ist.

SO BEKOMMST DU DEIN KIND WIEDER AUS DER WANNE

- Je nach Alter vereinbart gleich zu Beginn eine verbindliche Zeit. Kündige das Ablaufen dieser Zeit rechtzeitig an (*„Wenn das nächste Lied zu Ende ist, kommst du bitte raus.“*)
- Finde gemeinsam mit dem Kind heraus, warum es so schwer ist, aus der Wanne zu kommen. Ist es wirklich das Planschen oder ist es außerhalb des Wassers so kalt, dass dieses Erlebnis so lange wie möglich hinausgezögert werden möchte? Hier können ein warmer Bademantel, ein vorgewärmtes Handtuch und natürlich ein beheiztes Badezimmer Abhilfe schaffen.
- Gestaltet die Zeit nach der Badewanne kuschelig und gemütlich. Lest die Lieblingsgeschichte, kuschelt ausgiebig, usw.

Feel Goods

- Stellt selbst Badeschaum her.
- Nimm selbst ein Bad, wenn dich das entspannt.

Bilderbuchempfehlungen

- „Badetag fürs Hasenkind“ von Jörg Mühle
- „Die Maus Badebuch“ von Trötsch Verlag
- „Lieselotte will nicht baden“ von Alexander Steffensmeier

Gutenachtgeschichten

JOHN, MARIE UND DAS VORLESEN

„Ich lese ihr bald gar keine Geschichte mehr vor." Mit diesen Worten kommt John am Abend aus Maries (4 Jahre) Zimmer. „Es ist jedes Mal das Gleiche, da nehme ich mir extra Zeit und lese ihr eine Geschichte vor und nie ist es genug." Evelyn weiß ihm nicht zu helfen, denn wenn sie Marie abends ins Bett bringt, erlebt sie dieses Verhalten nicht und sie tut das fast jeden Abend.

Natürlich könnte man jetzt sagen, dass Marie undankbar ist und es nicht wertschätzt, dass ihr Papa sich extra Zeit für sie nimmt. Oder man könnte versuchen, den Blickwinkel zu verändern und herausfinden, was für ein Bedürfnis hinter Maries Verhalten steckt.

Es gibt verschiedene Möglichkeiten. Es kann sein, dass Maire einfach unglaublich gerne noch eine Geschichte hören möchte, weil ihr Papa für sie der beste Vorleser ist, oder dass sie wirklich jede Minute mit ihm auskosten möchte, weil es so besonders ist, von Papa ins Bett gebracht zu werden (Denke bitte daran, das ist völlig okay und kein Vorwurf). Manchmal braucht es auch Geduld und Zeit, bis du rausfindest, was gerade hinter dem Verhalten deines Kindes steckt. Das ist nicht immer einfach auszuhalten, gerade bei jüngeren Kindern, die sich sprachlich noch nicht so ausdrücken können. Folgende Tipps können euch helfen:

- Versuche mit deinem Kind ins Gespräch zu gehen und gezielt Fragen zu stellen. Es kann z. B. sein, dass die Geschichte gar nicht das ist, was dein Kind erfüllt. Vielleicht möchte es auch etwas ganz anderes machen und ist dann entspannter und zufriedener; ein Puzzle legen oder ein Bild malen.

- Für Kinder ist Zeit etwas Abstraktes, das sie nicht fassen oder begreifen können. Das macht es ihnen schwer, zeitliche Angaben zu verstehen. Arbeitet dann zum Beispiel mit einer Sanduhr: Wenn sie einmal durch ist, wird nur noch die angefangene Geschichte zu Ende gelesen. Kündige das vorher an; auch für wie viele Geschichten die Zeit in etwa reichen wird.
- Vielleicht ist es auch eine Lösung, wenn du eine Geschichte vorliest und die Türe danach offenlässt, damit dein Kind noch ein bisschen deiner Stimme lauschen kann.
- Oder es darf sich noch ein Hörspiel aussuchen und nach dem Vorlesen anhören.
- Plane einen Papa- oder Mamaabend. An diesem Abend nimmst du dir mehr Zeit und dein Kind darf sich aussuchen, was ihr an diesem Abend gemeinsam macht. Es hat dich ganz für sich allein und muss dich nicht teilen.
- Signalisiert dir dein Kind, dass es eigentlich noch gar nicht müde ist? Beispielsweise weil es eine Geschichte nach der anderen hören möchte? Dann reflektiere euren Nachmittag/Abend und schaue, ob du mehr Aktives einbauen kannst und die Zubettgehphase mit einem bestimmten Ritual einläuten, z. B. ruhiger Musik. Manche Kinder sind aber auch eher Nachteulen und bleiben deswegen länger auf. (➔ „Ins Bett gehen und schlafen!“)

Beobachte ein paar Tage dein Kind. Was könnte deiner Meinung nach der Grund dafür sein, dass es nicht in den Schlaf findet? (Falls das auf dein Kind zutrifft.)

Ist es noch nicht müde genug? Braucht es mehr Zeit mit der entsprechenden Bezugsperson? Und so weiter. Notiere dir dann Ideen, dem entgegenzuwirken, und beziehe im nächsten Schritt dein Kind mit ein. Findet gemeinsam eine Strategie, wie es in Zukunft entspannter für euch sein kann. Nicht immer kann dein Kind sein Bedürfnis klar ausdrücken. Manchmal kennt es sie selbst nicht. Vielleicht steckt hinter dem Wunsch, ein Buch zu lesen, in erster Linie das Bedürfnis nach Nähe und Geborgenheit, danach, noch ein paar Minuten länger mit Mama oder Papa zu kuscheln oder die Angst vor dem Alleinsein? Du kannst das nur herausfinden, wenn du mit deinem Kind in den Austausch gehst, es fragst und im besten Falle eine Antwort bekommst. Oder du beobachtest dein Kind und findest auf diese Weise heraus, was das tatsächliche Thema ist. Und manchmal ist es auch genau das, wonach es aussieht: Dein Kind kann einfach vom Vorlesen nicht genug kriegen. Dann findet gemeinsam eine zeitliche Lösung.

Feel Goods

- Wann hast du dir das letzte Mal einen Abend freigenommen und für dich genießen können? Dann ist das doch jetzt die Möglichkeit: Schnapp dir ein Buch und lies, mach dir Musik an und tanze oder schalte den Fernseher an und hol dir eine Schüssel Popcorn.
- Oder wie wäre es mit einer Übernachtungsparty gemeinsam mit deinem Kind im Kinderzimmer? Baut euch eine Kuschelhöhle, bleibt gemeinsam wach, schaut die Sterne an, ...

Bilderbuchempfehlungen

- „Gute Nacht Wimmelbuch“ von Alexandra Helm
- „Gute Nachtgeschichten“ von Anna Lang

Zähneputzen

KATJA, JULIAN, KONRAD UND DAS ZÄHNEPUTZEN

Konrad (2 Jahre) findet Zähne putzen doof. Das war nicht immer so. Als die ersten Zähnchen kamen, fand er das Zähneputzen aufregend. Er öffnete bereitwillig seinen Mund und ließ Mama oder Papa ausgiebig putzen. Das hat sich seit geraumer Zeit geändert. Jedes Mal, wenn es ans Zähneputzen geht, beginnt das Drama. Seine Eltern Katja und Julian sind am Ende ihres Lateins. Eines aber wissen sie: Die Zähne müssen geputzt werden.

Kennst du diese Situation mit deinem Kind auch?

Dann kommt hier die gute Nachricht: Du bist wie so oft mit diesem Problem nicht allein. Nahezu jedes Kind hat irgendwann mal die Phase, in der Zähneputzen nicht sehr entspannend ist. Nichtsdestotrotz führt eine fahrlässige Zahnhygiene bereits im Milchzahnalter später zu Schwierigkeiten. Gesunde Zähne sind wichtig als Platzhalter für die bleibenden Zähne, für das Beißen und Kauen, aber auch für die Sprachentwicklung.

Das Zähneputzen gehört also zu den Dingen, die nicht verhandelbar sind. Bis dahin putzen Mama oder Papa. Sei dir dessen immer bewusst: Du schadest auf Dauer der Zahngesundheit deines Kindes, wenn du an dieser Stelle nicht konsequent dahinter bist. Konsequent heißt regelmäßig. Ist es in Ausnahmefällen nicht möglich, weil sich dein Kind an diesem Tag bis zur Selbstverletzung wehrt oder du einfach keine Nerven mehr für eine Auseinandersetzung hast, so werden ihm nicht gleich am nächsten Tag alle Milchzähne ausfallen. Du bist keine schlechte Mama oder Papa, wenn das Zähneputzen auch mal ausfällt. Dennoch solltest du auf eine gewissenhafte Zahnpflege großen Wert legen.

Wie ihr das macht, kannst du allerdings individuell gestalten.

Bewährte Tipps sind:

- Versuche, das Zähneputzen in ein Ritual einzubetten. Das kann vor der Gutenachtgeschichte sein, nach dem Waschen oder wann es eben in eure Alltagsroutine passt. Kinder lieben und brauchen Rituale, und hier können sie sehr hilfreich sein. Baue das Zähneputzen wie selbstverständlich in die Zubettgehroutine mit ein und lasse es so zu einer Selbstverständlichkeit werden, ohne dass daraus eine große Sache werden kann.
- Schaffe eine heimelige Atmosphäre im Badezimmer. Heizung an, Kuschelhandtuch, Bademantel usw.
- Was könnte es für einen Grund geben, dass dein Kind sich so wehrt? Nimm dir Zeit und beobachte es. Kann man am Ablauf etwas ändern? Eventuell sogar am Raum? Natürlich ist das Badezimmer die erste Wahl zum Zähneputzen und sollte langfristig auch der Ort dafür bleiben. Aber was spricht dagegen, die Zähne auch mal woanders zu putzen, wenn es für eine Weile so leichter ist? Vielleicht ist dein Kind am Abend zu müde und die Kooperationsbereitschaft hat deutlich nachgelassen.
- Manchmal ist es die Körperhaltung, welche dein Kind stört. Probiert euch aus und findet die für euch passende Haltung. Zähne putzen im Liegen? Warum nicht!
- Kommen neue Zähne? Manche Kinder empfinden es als angenehm, das Zahnfleisch beim Zähneputzen massiert zu bekommen, manche als absolut unangenehm. Hier kannst du vorrübergehend auf einen Fingerling ausweichen, bis das Zahnen vorbei ist. Dieser wird oft als angenehmer empfunden.
- Überlegt, ob ihr früher essen könnt oder dein Kind bereits im Schlafanzug und bettfertig (bis auf das Zähneputzen) mit dir zu Abend essen kann, sodass vor dem Schlafengehen keine unnötigen Dinge mehr zu tun sind, außer eben Zähne zu putzen.

- Es könnte aber auch sein, dass dein Kind noch nicht müde ist und das Zähneputzen mit dem Zubettgehen verbindet. Dann könntest du den Abend ebenfalls anders strukturieren und noch eine Einheit mit Toben einbauen, bevor es bettfertig gemacht wird.
- Erfindet ein Spiel. Vielleicht malst du eine Schnecke auf, die sich durch einen schönen Garten schleicht. Wie auf einem Spielbrett darf sie bei jedem Mal Zähne putzen ein Feld weiter gehen. Bitte aber kein Belohnungssystem verwenden.
- Sucht euch ein Lied / eine Strophe / ein Fingerspiel aus, das das Zähneputzen einläutet oder auch begleitet. Wenn die Strophe zu Ende ist, seid ihr auch mit dem Zähneputzen fertig. Den gleichen Effekt hat auch eine Sanduhr. So hat das Kind eine realistische Vorstellung der Zeit, die aufgewendet werden muss, und ist eventuell sogar gut abgelenkt, wenn es die Sanduhr beobachtet (Es gibt sogar Sanduhren mit Glitzer und Licht).
- Macht lustige Geräusche beim Putzen. Die Zahnbürste vibriert und dabei können lustige Töne entstehen. Findet heraus, was euer Kind amüsiert und baut das mit ein.
- Schaut euch gemeinsam Bilderbücher übers Zähneputzen an oder gestalte mit dem Kind zusammen eine coole Geschichte, wie ihr gemeinsam auf die Jagd nach Bakterien im Mund geht. Gebt den Zähnen Namen, erfindet ein Abenteuer im Zähneland und so weiter. Der Fantasie sind da keine Grenzen gesetzt.
- Lass dein Kind möglichst viel selbst machen und beziehe es so gut es geht mit ein. Auch wenn du noch die Zähne deines Kindes putzt, kann das Kind trotzdem schon eine Zahnbürste in die Hand bekommen und ausprobieren, was es damit alles machen kann.
- Hat es ein Lieblingskuscheltier oder eine Puppe? Dann können natürlich auch gerne diesem wichtigen Freund die Zähne geputzt werden.
- Gibt es eine Zahnpasta, die besonders gut schmeckt? Gibt es eine Zahnbürste in der Lieblingsfarbe deines Kindes? Oder findet es dein Kind besonders toll, wenn seine Zahnbürste deiner ähnelt?

Darf sich dein Kind beim nächsten Kauf die Zahnbürste selbst aussuchen (du machst natürlich die Vorauswahl)? Nimm die Meinung deines Kindes ernst und lass es mitentscheiden.
- Es gibt elektrische Zahnbürsten, die spielerisch mit einer App verbunden sind. Falls dies für dich infrage kommt, findest du diese in allen App Stores.
- Sei ein gutes Vorbild. Wenn dein Kind dich täglich Zähne putzen sieht, übernimmt es dies als etwas Selbstverständliches.
- Darf dein Kind auch mal deine Zähne putzen? Baue Rollenspiele mit ein.

Versuche, auch an schwierigen Tagen gelassen und ruhig zu bleiben. Je mehr Druck du aufbaust, desto mehr Gegenwehr wird es vermutlich geben. Einfacher als gesagt, das wissen wir. Aber Druck erzeugt Gegendruck, das ist schon in der Physik ein unumstößlicher Regelsatz, der dich hier mit voller Wucht treffen kann. Das Zähneputzen soll Spaß machen und nicht mit negativen Gefühlen verbunden werden, um auch auf Dauer den Grundstein für eine gute Zahnhygiene zu legen.

Bitte drohe nicht. Sätze wie „Wenn du nicht putzt, schimpft der Zahnarzt“ oder „Wenn du nicht putzt, bekommst du Karies“ sind a) kontraproduktiv und b) reine Machtausübung dem Kind gegenüber. Ändern wird es nichts. Außer, dass dein Kind irgendwann aus lauter Angst vor Sanktionen putzt und eventuell sogar Angst vor dem Zahnarzt aufbaut, die nicht sein muss. Das alles wollen wir nicht erreichen – wir möchten, dass das Kind von sich aus und gerne die Zähne putzt, und zwar auf Dauer. Wende selbstredend bitte auch keine Gewalt an. Das Kind festhalten, die Zähne gegen seinen Willen putzen und Ähnliches sind No-Gos.

Es ist wichtig, dass du hier die Verantwortung übernimmst, denn in manchen Situationen musst du einschreiten, um dein Kind zu schützen. Es kann die Konsequenz des Nicht-Zähneputzens noch nicht einschätzen und verstehen. Festhalten und mit Gewalt zu putzen, ist dennoch keine Lösung. Sei konsequent und akzeptiere kein Nein, verdeutliche das mit deiner gesamten Haltung. Dein Kind braucht hier eine klare Führung, aber keinen Machtmissbrauch. Und wenn an einem Tag mal wirklich gar nichts geht – hört damit auf. Vielleicht klappt es am nächsten Tag besser. Je weniger Druck, desto schneller kooperiert dein Kind auch beim Zähneputzen mit dir.

Feel Goods

- Wie wäre es, gemeinsam mit deinem Kind eine Zahnpasta selbst herzustellen?
- Lass dein Kind eine Zahnpasta aussuchen – natürlich aus einer Auswahl, die du vorher getroffen hast.

Bilderbuchempfehlungen

- „Warum muss ich Zähne putzen?“ von Katie Daynes und Marta Alvarez Miguen
- „Hilf dem Löwen Zähne putzen“ von Sophie Schoenwald und Günther Jakob
- „Karius und Baktus“ von Thorbjoern Egner
- „Der große Zahnputztag im Zoo“ von Sophie Schoenwald

Ins Bett gehen und schlafen

SANDRA, LIAS UND DER TANZ AUF DER NASE

Sandra bringt ihren Sohn Lias (3,5 Jahre) ins Bett, sie haben eine Geschichte gelesen und wie jeden Abend macht sie ihm das Nachtlicht an und verabschiedet sich. Kurz darauf ruft Lias nach ihr und fragt nach etwas zu trinken. Sie bringt ihm ein Glas Wasser. Dann fängt Lias an zu weinen. Sandras Mutter ist an diesem Abend zu Besuch und sagt: „Er tanzt dir ganz schön auf der Nase rum. Lass ihn doch einfach mal brüllen – er muss lernen, dass es jetzt Zeit ist zu schlafen."

Sandra ist froh, dass Lias, nachdem sie sich noch kurz zu ihm gelegt hat, eingeschlafen ist. Der Satz ihrer Mutter geht ihr aber nicht aus dem Kopf und sie fragt sich, ob sie mit Lias strenger sein sollte und er wirklich lernen muss, allein einzuschlafen.

Muss ein Kind unter Brüllen einschlafen? Stärkt dies vielleicht die Lungen? Lernen Kinder es sonst nicht? Bestimmt hast du schon mal ähnliche Sätze wie den von Sandras Mutter gehört und vielleicht ist es dir dabei auch etwas mulmig im Bauch geworden. Denn wer schläft schon gerne brüllend ein?! Wir möchten mit solchen Mythen aufräumen und räumen dem Thema „Schlafen" deshalb besonders viel Platz ein. Den ersten Teil davon konntest du im Kapitel ➔ „Aufwachen und aufstehen" lesen – hier folgt nun Teil 2.

Vom Schlafensollen und Schlafenwollen

Wir verbringen ein Drittel unseres Lebens im Schlaf. Denn dieser ...

- beugt Krankheiten vor,
- fördert Heilungsprozesse,
- dient der körperlichen und seelischen Erholung,
- trägt zur Entwicklung bei
- und ist unsere Energiequelle für den nächsten Tag.

Im Gegensatz zu Kindern verfügen wir Erwachsenen über eine Routine, wenn es um das Einschlafen geht. Wir greifen hier auf „externe“ Hilfe zurück – ein Buch lesen, eine Wärmflasche, ein Hörbuch hören. Jeder Mensch ist individuell und entspannt anders. Kinder müssen diese Einschlafstrategien erst entwickeln. Hierbei ist es unsere Aufgabe, sie liebevoll und achtsam zu begleiten und nicht vorauszusetzen, dass sie von Anfang an allein einschlafen. Den Prozess des Einschlafens kann jeder Mensch nur durch seine Selbstregulation allein bewältigen. Das kann man ihm nicht abnehmen, aber begleiten und unterstützen. Einige Kinder beherrschen das von Anfang an recht gut, andere benötigt hierfür mehr Zeit.

Schlafprogramme sind keine Option!

Das „Alleine-Schlafen“ ist nicht nur ein Thema bei Babys. Die Einschlafbegleitung spielt sehr lange eine Rolle für unsere Kinder. Schlafprogramme gehen nicht auf die Bedürfnisse der Kinder ein und sind somit das genaue Gegenteil von einer liebevollen und achtsamen Einschlafbegleitung. Sie zielen darauf ab, Kinder auf das Schlafen zu konditionieren, also das Schlafen zu trainieren. Das klassische Beispiel hierfür ist das „Ferbern“, das von dem US-amerikanischen Kinderarzt, Neurologen und Harvard-Professor Richard Ferber entwickelt wurde. Es schreibt vor, Kinder kurz zu beruhigen, danach aber den Raum zu verlassen und die Kinder schreien zu lassen. Die Abstände werden dabei immer größer. Das Ziel dahinter soll sein, dass sich die Kinder selbst beruhigen und so wieder in den Schlaf finden. Diese Methode ist die Grundlage des Buches „Jedes Kind kann schlafen lernen“ von Annette Kast-Zahn und Hartmut Morgenroth aus den 80er-Jahren, das bis heute käuflich erwerbbar ist und seit jeher in der Kritik steht.

SCHREIEN LASSEN IST SCHÄDLICH

Kinder beruhigen sich beim Schreienlassen nicht, weil sie sich selbst regulieren, sondern weil sie erschöpft vom Weinen sind. Ihnen bleibt das Gefühl, allein gelassen zu werden. Dies kann zu Stress und Verlustängsten führen. Ebenso kontraproduktiv ist es, das Bett als „Strafe" einzusetzen. Hat das Kind etwas (im Sinne der Erwachsenen) falsch gemacht und man stellt es dann in sein Gitterbett, wird es das Bett als negativ wahrnehmen und es immer damit in Verbindung bringen.

Besser ist es also, dein Kind in den Schlaf zu begleiten und für es da zu sein, egal wie schnell oder schwierig es in den Schlaf findet.

Liebevolle und achtsame Einschlafbegleitung

Jedes Kind ist anders. Es gibt Babys, die bereits im Alter von wenigen Wochen schnell einschlafen und durchschlafen. Und dann gibt es so viele unterschiedliche Schlafkonstellationen. Kinder, die schnell einschlafen und oft wach werden, Kinder die lange brauchen, um in den Schlaf zu finden, Kinder, die oft aufwachen, Kinder, die je nach Tagesform unterschiedlich in den Schlaf finden und so weiter. Schlafrituale können helfen. Welche genau für euch passen, musst du ausprobieren und gegebenenfalls auch immer wieder nachjustieren oder verändern. Es gibt kein Patentrezept für die „richtige" Schlafbegleitung, weshalb folgende Tipps als Anregungen gedacht sind.

Möglichkeiten der Tagesgestaltung

- Reduziere Reize. Schaffe Ruhemomente im Alltag, dabei lernt das Kind Anspannung und Entspannung kennen.
- Vermeide Übermüdung. Gestalte einen Tagesrhythmus, also immer ähnliche Abläufe/Rituale im Alltag.
- Bedenke aktive Wachphasen. Plane Aktivitäten ein.

- Lass dein Kind das Abendritual aussuchen. Je nach Gefühlslage kann ein Lied hilfreicher sein als eine Geschichte.
- Vermeide Aufregung vor dem Zubettgehen. Richtest du dich beispielsweise hektisch für den bevorstehenden Kinobesuch und lässt dann das Abendritual kürzer werden oder ganz ausfallen, verunsichert dies dein Kind. Hier hilft es, wenn z. B. die Großeltern oder der Babysitter dein Kind frühzeitig übernehmen und das Abendritual mit ihm zelebrieren. Das schafft Sicherheit.

Gestaltung der Schlafumgebung

- Je nach Bedürfnis und Alter des Kindes: ein eigenes Bett, im eigenen Zimmer, eine Matratze im Elternschlafzimmer oder ein Familienbett.
- Der Raum sollte nicht zu warm sein, es bietet sich an, vorher zu lüften – optimal sind 18 Grad.
- Nicht jedes Kind mag einen komplett dunklen Raum. Ein Nachtlicht kann hier eine angenehme Atmosphäre schaffen. Andere Kinder wiederum brauchen die absolute Dunkelheit. Beobachte das und versuche beide Varianten.
- Ein zu überladenes Bett – z. B. durch Kuscheltiere – kann den Schlaf stören.
- Manchmal hilft es auch, das Zimmer umzustellen, sodass z. B. das spannende Lieblingsspielzeug nicht mehr in direkter Sicht ist.
- Einige Kinder schlafen mit einem Lavendel- oder Hopfenkissen besser.

Rituale als Methode der Einschlafbegleitung

Wichtig ist, das Schlafen einzuläuten, sprich insgesamt alles ruhiger werden zu lassen. Damit signalisierst du, dass der Tag langsam zu Ende geht und die Nacht und somit das Schlafen beginnen. Schön ist es, wenn du den Übergang begleitest und dein Kind eine Chance hat, sich darauf einzustellen. Je öfter ein Ritual wiederholt wird, umso leichter fällt es deinem Kind, sich darauf einzulassen. Rituale geben

Geborgenheit und Sicherheit. Während Neugeborene schlafen, wann und wo sie wollen, kann man mit diesen Ritualen durchaus schon bei ganz kleinen Babys beginnen. Babys unterscheiden zwar erst ab etwa sechs Monaten zwischen Tag und Nacht, gewöhnen sich aber dennoch an wiederkehrende Abläufe.

Liebevolle und achtsame Rituale können sein:

- Stillen/Abendfläschchen
- Vorlesen/Geschichte erzählen
- Schlaflieder/Schlafreime
- ruhige Musik
- Kuscheln
- Tragen
- je nach Alter vom Tag erzählen lassen
- ein entspannendes Bad
- Schlafanzug/Schlafsack anziehen
- Zähneputzen
- Waschen/Baden
- eine Körpermassage
- abgedunkeltes Licht/Nachtlicht mit dem Kind anschalten

Wie viel Schlaf braucht mein Kind?

Auch beim Schlafen sind die Bedürfnisse der Kinder so individuell wie in allen anderen Bereichen der kindlichen Entwicklung. Die Bundeszentrale für gesundheitliche Aufklärung (BzgA) hat eine Infografik zum durchschnittlichen Schlafbedarf von Kindern im Alter von null bis sechs Jahren zusammengestellt, welche zur Orientierung dient.

Kindliches Schlafbedürfnis bis sechs Jahre

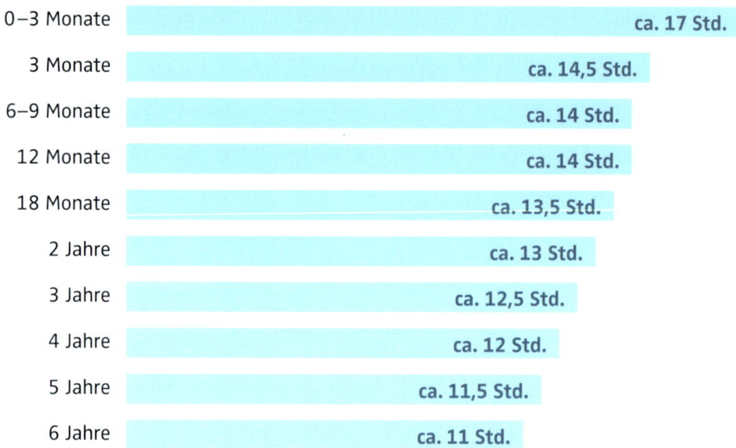

Der Mittagsschlaf

Kinder schlafen nicht nur in der Nacht, sondern bis zum ersten Lebensjahr sogar mehrfach am Tag. Zwischen dem 12. und 24. Monat verringert sich das Schlafbedürfnis der meisten Kinder von zwei Schläfchen auf einen längeren Mittagsschlaf. Auch hier ist jedes Kind anders.

Wann dein Kind keinen Mittagsschlaf mehr braucht, wird es dir sehr deutlich signalisieren. Diesen Übergang heißt es feinfühlig zu begleiten, denn dein Kind braucht hier (zumeist am Anfang) trotzdem eine Ruhephase, in der sich der Körper entspannen kann.

Dies können Zeiten sein, in denen

- es ein Hörbuch hört
- ein Bilderbuch betrachtet
- oder aber einer andere ruhigen Aktivität, wie z. B. Malen, nachgeht.

Fakt ist: Nur müde Kinder schlafen ein. Ist dein Kind noch zu wach, wird es schwierig.

- Hier empfehlen sich Rituale, die müde machen bzw. Abläufe mit dem gleichen Ziel.
- Vielleicht solltest du deinem Kind am Nachmittag eine aktivere Einheit anbieten, bevor es sich auf die Schlafrituale einlassen und schlafen kann.
- Sei dabei so flexibel wie möglich und achte ganz genau auf die Bedürfnisse deines Kindes. Möchte es zum Beispiel noch im Bett toben und ist das die einzige Möglichkeit, runterzukommen, so soll es das ruhig tun. Warum denn auch nicht?

Damit dein Kind gut schlafen kann, muss es nicht nur müde und satt sein, es muss sich wohl- und sicher fühlen. Und hier kommst du ins Spiel. Eine liebevolle Einschlafbegleitung gibt deinem Kind Sicherheit und es kann dadurch Schlafen als etwas Wohltuendes erfahren. Dein Kind vertraut dir, dass du über seinen Schlaf wachst.

Oft sind Kinder zwar müde, aber noch von den Erlebnissen und Eindrücken des Tages so aufgekratzt, dass Schlafen schwerfällt. Auch hier bieten sich Rituale an, die dem Kind helfen können, den Tag zu verarbeiten und ihn loszulassen. Das kann bei älteren Kindern das Gespräch über den Tag sein oder bei kleineren Kindern eine verlängerte Kuschelrunde. Wir möchten, dass das Kind durch unsere Begleitung sicher einschlafen kann und nicht aus Erschöpfung vom Weinen.

Durchschlafen

Kinder sind oftmals noch nicht in der Lage, sich selbst zu beruhigen, etwa durch Daumenlutschen. Aus diesen Gründen ist es sinnlos und quälend, Kinder schreien zu lassen. Es gibt auch keine Hinweise, dass Schreienlassen dazu führt, dass Kinder schneller durchschlafen. Ein Grund für das nächtliche Aufwachen können Entwicklungsschübe deines Kindes sein, wie z. B. das Zahnen. Es kann sich aber zum

Beispiel auch ein Infekt ankündigen, der das Kind wachhält. Wacht ein Kind in der Nacht auf, so fühlt es sich allein und hat Angst. Es weiß noch nicht, dass jemand im Nebenraum ist und es vor Gefahren schützen kann.

Man spricht übrigens von Durchschlafen, wenn Kinder sechs Stunden und länger am Stück schlafen.

Einschlafbegleitung, wiederholt mehrfach in der Nacht und auch am Tag, kann sehr anstrengend sein. Manche Kinder finden – egal wie liebevoll sie begleitet werden – nur schwer in den Schlaf und/oder wachen häufig wieder auf. Bewahre hier dennoch Ruhe und sei für dein Kind da. Bedürfnisorientierung heißt aber auch, achtsam auf deine Bedürfnisse zu schauen. Schau, wie du es für dich so entspannt und gemütlich wie möglich machen kannst:

Es ist mehr als okay, während der Einschlafbegleitung ein eigenes Hörbuch oder einen Podcast zu hören – danke an die Erfindung der Kopfhörer. Lies ein Buch, wenn dein Kind dabei einschlafen kann oder einfach nur besser schläft. Denn oft braucht dein Kind nur die Gewissheit, dass du da bist. Wechsel dich wenn möglich mit deinem Partner oder deiner Partnerin ab.

Wie bei allem ist auch beim Schlafen zu beachten, dass jedes Kind individuell ist. Das eine möchte gerne im Familienbett schlafen, das andere am liebsten allein und wieder ein anderes braucht vor dem Zubettgehen eine längere Kuscheleinheit. Kinder signalisieren uns sehr deutlich, was sie brauchen, um sich sicher und geborgen zu fühlen. Wir als Erwachsene müssen hier feinfühlig sein, die Bedürfnisse der Kinder deuten können und sie bei dem Prozess des Einschlafens begleiten, damit sich bei ihnen ein Gefühl der Sicherheit aufbauen kann und sie dadurch das Schlafen als etwas Positives wahrnehmen.

Übrigens belegen die Züricher Entwicklungsstudien, dass vor 50 Jahren genauso viele Kinder nachts nicht durchschliefen wie heute!

Das kindliche Schlafverhalten ist ein Reifeprozesse und wie es schon in einem afrikanischen Sprichwort heißt: Das Gras wächst nicht schneller, wenn man daran zieht.

Schlafstörungen
Wie auch Erwachsene lassen sich Kinder in Schlaftypen unterteilen, grob in die beiden bereits erwähnten Gruppen „Lerchen“ und „Nachteulen“. Kann man sein Kind in einem dieser Schlaftypen wiederfinden, wird einem vieles deutlicher. Berücksichtigt man dies beim Zubettgehen, können Einschlafprobleme vermieden werden. Ungefähr ein Viertel aller Kleinkinder hat Probleme mit dem Durchschlafen – vor allem beim Wiedereinschlafen.

Zwischen dem zweiten und fünften Lebensjahr kann es zum sogenannten „Pavor nocturnus“ kommen, dem **Angstschreck oder auch Nachtschreck** genannt. Er tritt meistens alle paar Monate, etwa ein bis drei Stunden nach dem Einschlafen auf: Das Kind liegt mit offenen Augen im Bett oder schreit und reagiert nicht auf das Erscheinen der Eltern. Dieser Zustand kann 5 bis 15 Minuten andauern – für Eltern eine sehr lange Zeit.

Was kannst Du tun?
- Deinem Kind liebevoll über den Kopf streicheln,
- es in den Arm nehmen
- und/oder ihm gut zureden.

Das Aufwachen geschieht hier abrupt und es kann passieren, dass dein Kind dich wegstößt. Schnell regulieren sich aber die Atmung und der Puls, der Schreck ist verschwunden. Fragt man ältere Kinder am nächsten Tag danach, können sie sich nicht daran erinnern. Wichtig zu wissen ist, dass der Angstschreck keine schadhafte Auswirkung auf die Gesundheit deines Kindes hat. Der Angstschreck ist nicht zu verwechseln mit Angstträumen. Nach diesen ist dein Kind wach, verlangt nach dir und möchte getröstet werden. Kinder können noch nicht unterscheiden, dass ihre Träume nicht die Wirklichkeit sind und benötigen hier unsere liebevolle Begleitung. Treten Angstträume (sogenannte Albträume) selten auf, gehören sie zum normalen Schlafverhalten. Ein häufiges Auftreten kann aber auf eine psychische Verunsicherung hindeuten, welche sich auch tagsüber widerspiegelt. In diesem Fall empfehlen wir, dir fachliche Unterstützung zu holen!

Beobachtest du dein Kind dabei, wie es sich im Bett aufsetzt, aufsteht oder wilde Bewegungen macht und dazu schreit, dann befindet es sich in der **Schlaftrunkenheit**. Keine Angst, das ist für dein Kind harmlos.

Gefährlich wird es, wenn dein Kind schlafwandelt. Hier besteht Unfallgefahr. Das **Schlafwandeln** kann genetisch vererbbar sein oder durch zum Beispiel hohes Fieber ausgelöst werden. Hier ist es wichtig, die Wohnung sicher zu machen. Fenster und Türen, die nach außen gehen, also gut zu verschließen. Es kann auch helfen, ein Glöckchen an die Kinderzimmertüre zu hängen. So wirst du wach, wenn dein Kind die Türe öffnet. Versuche dein Kind behutsam wieder ins Bett zu begleiten. Vorsicht! Schlafwandelnde wehren sich oft, wenn man sie aufhalten möchte. Sprich dein Kind am nächsten Morgen möglichst nicht auf die Gefahren der vergangenen Nacht an, denn das kann unter Umständen weitere Ängste in deinem Kind hervorrufen. Sprich mit deiner Kinderarztpraxis, wenn du Unterstützung brauchst.

Feel Goods

- Wechsle dich bei der Einschlafbegleitung mit deinem Partner oder deiner Partnerin ab.
- Höre ein Hörbuch mit Kopfhörern bei der Einschlafbegleitung.

Bilderbuchempfehlungen

- „Nur noch kurz die Ohren kraulen“ von Jörg Mühle
- „Anouk, die nachts auf Reisen geht“ von Hendrikje Balsmeyer und Peter Maffay
- „Nein, ich will noch nicht ins Bett“ von Astrid Lindgren

Good to know: Liebevoll Grenzen setzen – Straffrei begleiten

Wenn man in Foren, Facebookgruppen oder Tweets etwas über bedürfnisorientierte Erziehung liest, stößt man oft auf kritische Stimmen, welche behaupten, dass es dabei für die Kinder keine Grenzen und Regeln geben würde. Du weißt bereits, dass das nicht stimmt. Erziehen ohne Grenzen und Regeln nennt man „Laissez-faire“.

Wir sprechen in der Beziehungs- und Bindungsorientierung absichtlich nicht von „Erziehung“, denn wir möchten ja nirgends dran ziehen, wir möchten Kinder in ihrer Entwicklung begleiten und unterstützen. Im ganz eigenen Tempo der Kinder. Außerdem steht die Bedürfnisorientierung im Vordergrund. Hierbei gibt es sehr wohl Grenzen und auch Regeln, um ein gemeinsames Miteinander möglich zu machen. Es werden auch Entscheidungen für das Kind getroffen, denn Kinder können Konsequenzen oft noch nicht einschätzen. Dabei ist es wichtig, sie so gut es geht miteinzubeziehen, ihnen zu erklären, warum eine Entscheidung getroffen wurde und sie aber auch altersgerechte Entscheidungen selbst treffen und dabei Erfahrungen sammeln zu lassen. Nur so können sie lernen und Auswirkungen ihres Handelns einschätzen.

Kinder möchten lernen und die Welt begreifen, dabei haben sie nie die böswillige Absicht, Grenzen auszureizen. Sondern sie entdecken hierbei, dass es Grenzen gibt und diese unterschiedlich sind, je nachdem, wer ihnen gegenübersitzt. Und wie oft sagt man, dass man auch über seine Grenzen hinaus und somit neue Wege gehen soll. Das darf auch für Kinder gelten. Warum wird Kindern immer direkt unterstellt, dass sie Grenzen mutwillig übergehen, anstatt zu sehen, dass sie einen anderen Weg versuchen wollten?

BENEDIKT, JETTE, JAKOB, ROBIN, REBECCA UND NELE

Benedikt (1,5 Jahre) zieht seiner Mama ständig an den Haaren, Jette (2 Jahre) klaut täglich die Brille vom Papa von der Nase, Jakob (3 Jahre) spielt nach wie vor ständig mit seinem Essen, die Zwillinge Robin und Rebecca (4 Jahre) liefern sich ein Wettrennen im Supermarkt und Nele (5 Jahre) rennt regelmäßig außer Sichtweite, wenn sie mit ihren Eltern spazieren geht.

Die jeweiligen Elternteile merken, wie ihre Kinder dabei regelmäßig an ihren Grenzen zerren.

Es lohnt sich, einmal genauer über Grenzen nachzudenken. Nimm dir dazu in einer ruhigen Minute gerne Stift und Papier zur Hand und notiere, was dir zu folgenden Fragen einfällt:

- Kennst du deine persönlichen Grenzen? Wo kommst du an deine Grenzen?
- Was sind Grenzen deines Kindes? Wo kommt es an seine Grenzen?
- Kennst und akzeptierst du die Grenzen deines Kindes, so wie du von ihm erwartest, dass es deine nicht übertritt?

- Kennt dein Kind deine Grenzen oder muss es spekulieren, wo diese sein könnten?
- Sind es wirklich deine Grenzen oder sind es gesellschaftliche Grenzen, die es an der einen oder anderen Stelle zu überprüfen gilt?
- Kannst du deinem Kind deine Grenze erklären (*„Ich kann nur schwer ertragen, wenn du ständig mit deinem Essen spielst“* oder musst du auf Floskeln wie „Weil man das so macht“ oder „Das ist halt so“ zurückgreifen? „Weil ich es dir sage“ ist zwar ein K.-o.-Kriterium, aber keine echte Begründung für dein Kind.

Es gibt keine Vorgaben für Grenzen oder Regeln (außer es ist Gefahr in Verzug), die wir euch ans Herz legen können, denn jede Familie hat unterschiedliche, sogar jedes Familienmitglied. Aus diesem Grund muss sich jede Familie mit den eigenen Grenzen und Regeln auseinandersetzen, um sich damit wohlzufühlen und bedürfnisorientiert durch den Alltag zu gehen.

TINA, MARTIN, SARAH UND DIE JACKEN

Tina und Martin haben eine unterschiedliche Wahrnehmung von Ordnung. Während Tina sehr ordentlich ist und beim Nachhausekommen Schuhe und Jacke sofort an den richtigen Platz befördert, kann es bei Martin durchaus vorkommen, dass seine Schuhe kreuz und quer liegen und die Jacke über den Stuhl geworfen wird. Ihre Tochter Sarah (6 Jahre) muss ihr eigenes Ordnungsgefühl erst entwickeln und schaut sich von beiden etwas ab. Tina kann es nur schwer aushalten, wenn Sarah ihre Sachen ebenfalls achtlos auf den Boden wirft und herrscht sie oft an, ordentlicher zu sein.

Für Tina stellt sich nun die Frage, ob sie ihre eigenen Grenzen überprüfen möchte, für Martin, ob er Tinas mehr respektieren kann und für beide, wie sie mit dem Thema „Ordnung“ bei der Begleitung ihrer Tochter umgehen.

Die elterliche Machtposition ist ein wichtiges und empfindliches Thema in der beziehungs- und bedürfnisorientierten Begleitung, vor allem bei den Themen „Grenzen“ und „Strafen“. Erwachsene meinen oft, dass sie aufgrund ihres Alters Kindern überlegen sind und deshalb über sie bestimmen können und bei vielem nicht miteinbeziehen müssen. In der Pädagogik nennen wir dies „Adultismus“.

ADULTISMUS

Von Adultismus spricht man, wenn Erwachsene davon ausgehen, dass sie nur aufgrund ihres Alters schlauer, reifer, besser, stärker und bedeutender sind. Das Verhalten ist sehr machtgetrieben und führt dazu, dass Erwachsene über Kinder bestimmen und sich über sie stellen. Adultismus wird als die erste erlebte Diskriminierungsform von Kindern definiert.

Hierzu gehört auch das Schimpfen. Muss man einen Schuldigen haben, wenn etwas schiefgelaufen ist? Muss man schimpfen? Oder kann man mit dem Kind gemeinsam herausfinden, was gerade nicht so gut gelaufen ist und wie man es das nächste Mal anders machen kann? Wie sollen Kinder lernen, anders zu handeln, wenn es ihnen niemand vorlebt, mit ihnen spricht und andere Möglichkeiten aufzeigt? Strafen sind nur bedingt wirkungsvoll, denn oft können Kinder hier keinen Zusammenhang erkennen. Strafen gehen auch oft einher mit Erpressung: „Wenn du nicht die Zähne putzt, dann lesen wir auch keine Gutenachtgeschichte.“ **Möchten wir unsere Kinder durch Erpressung in ihrer Entwicklung begleiten? Nein. Hier sind wir beim Thema** „gewaltfreie Kommunikation”. Drohungen, Erpressungen, Erniedrigungen und so weiter gehören definitiv nicht dazu. Oft besteht auch kein sinnvoller Zusammenhang: Was hat das Zähneputzen mit der Gutenachtgeschichte zu tun?

Was passiert in unseren Kindern, wenn wir sie bestrafen?

Wir machen dir keinen Vorwurf, wenn du bisher so gehandelt hast. Wir möchten dich aber ermutigen, andere Wege mit deinem Kind zu gehen und dir Möglichkeiten hierzu aufzeigen. Denn auch wir wissen, wie schwierig es ist, selbsterlebte Verhaltensmuster zu hinterfragen und abzulegen. Es braucht Zeit. Nimm sie dir und mache dir kein schlechtes Gewissen.

STRAFEN UND BELOHNUNGEN

- ... machen dein Kind abhängig.
- Sie lösen in ihm Angst, Scham und andere unangenehme Gefühle aus. Dein Kind funktioniert, passt also sein Verhalten an die Konsequenzen an. Um diese dadurch zu vermeiden, aber nicht, weil es das aus eigener Motivation heraus möchte.
- Strafen lenken eher von einer eigenen Einsicht ab.
- Dadurch kann in deinem Kind das Gefühl entstehen, dass es „alles falsch" macht und nicht genug ist.
- Es baut ein negatives Selbstbild auf.

Kinder können bis zu einem bestimmten Alter nicht einschätzen, welche Auswirkungen ihr Handeln hat. Deshalb ist es so wichtig, dass wir sie dabei begleiten. Sie lernen es am besten, indem wir es ihnen vorleben und Möglichkeiten aufzeigen, Situationen zu verstehen. Es geht uns nicht darum, dass Kinder tun und lassen dürfen, was sie möchten – es geht uns viel mehr darum, dass wir als Eltern konsequent sind und ihnen den Weg zeigen, dass wir klar in unserer Haltung und Verhaltensweise sind. Durch dieses Verhalten bieten wir unseren Kinder Führung und Sicherheit, wie man mit Situationen und Konflikten umgehen kann.

DEIN KIND BRAUCHT FÜHRUNG

Ja, auch Führung ist ein Bedürfnis. Es gibt den Kindern Sicherheit. Sie können sich daran orientieren. Wie viel Führung ein Kind braucht, ist unterschiedlich, so wie auch bei uns Erwachsenen. In der Arbeitswelt gibt es auch Mitarbeiter*innen, die eine engere Führung benötigen, und andere wiederum nicht. Und das ist okay. Straffrei meint auch nicht, dass man bis zum Umfallen mit dem Kind diskutiert. Es ist wichtig, dass das Kind verständlich vermittelt bekommt, um was es geht, z. B. *„Ich als deine Mama trage die Verantwortung für dich und deshalb entscheide ich das so"* oder *„Damit du dich nicht verletzt, entscheide ich das jetzt"*. Du vermittelst hierbei deinem Kind, dass du in seinem Sinne handelst und weißt, was gut für es ist.

Strafen fungieren wie Schläge.
Sie aktivieren den gleichen Bereich im Gehirn.
Meistens greifen wir in Situationen, die mit Stress gefüllt sind, auf Strafen zurück; wenn uns die Hutschnur platzt und wir selbst eigentlich überfordert sind. Oft haben wir auch das Gefühl, „strafen zu müssen“, weil uns selbst vermittelt wurde, dass nur so das Kind lernt, was richtig oder falsch ist. Es muss Konsequenzen aus seinem Handeln erfahren, um sich bewusst zu werden, dass es etwas „falsch” gemacht hat.

Lass einen anderen Blickwinkel zu. Dein Kind lernt viel mehr, wenn du gemeinsam mit ihm herausfindest, was gerade Thema ist und es dabei entsprechend unterstützt.

Hierbei die Geduld nicht zu verlieren, ist wahrhaftig nicht einfach.

- Deshalb gib dir Zeit und erwarte nicht zu viel auf einmal.
- Manchmal hilft es auch, kurz tief durchzuatmen oder innerlich bis drei zu zählen, um nicht zu vorschnell zu handeln. Denn du hast in diesen Situationen auch Bedürfnisse.

- Dir helfen hier oft Kleinigkeiten: Schenke dir ein Glas Wasser ein oder mache dir einen Kaffee, um etwas Abstand zur Situation zu bekommen.

Wichtig für dein Kind ist eine konsequente Haltung und klare Linie. Das heißt nicht, dass du dich nicht korrigieren kannst, wenn du feststellst, dass dein Weg nicht mehr passt oder dass es keine Ausnahmen geben darf. Es heißt aber, dass dein Kind in dir eine grundsätzliche Verlässlichkeit braucht, um sich orientieren zu können.

Beziehungs- und bedürfnisorientiert Konflikte lösen ohne Strafen – geht das? Ja, mit der gewaltfreien Kommunikation nach Marshall B. Rosenberg.

Gewalt betrifft nicht nur den Körper, sondern auch die Seele, und diese wird vor allem durch unsere Worte verletzt. Deshalb sollte sich jede*r mehr mit gewaltfreier Kommunikation befassen.

GIRAFFEN- UND WOLFSPRACHE

In der gewaltfreien Kommunikation ist meistens von der Giraffen- und Wolfsprache die Rede. Die Giraffe wird hier mit dem Positiven verbunden, da sie das größte Herz unter den Landtieren besitzt und sehr friedlich ist. Ihr gegenüber steht der Wolf, welcher schnell zuschnappt und knurrt. Wenn wir mal nicht in der Giraffensprache sprechen, verfallen wir in die Wolfsprache und werden schnell wütend und verwenden Wörter, die wir nicht sorgfältig abwägen.

Beispiele:
„Ständig kritzelst du auf meinen Unterlagen herum!“ (Wolf) *vs. „Du malst so gerne. Schau, ich gebe dir dein eigenes Papier“* (Giraffe).

„Du störst mich ständig“ (Wolf) *vs. „Ich muss jetzt in Ruhe arbeiten. Bitte sei leise“* (Giraffe).

Unsere Worte können verletzen, gerade in Konfliktsituationen. So wäre eine bessere Wortwahl für „Ich helfe dir nicht" beispielsweise *„Was brauchst du von mir?"* oder *„Ich räume noch schnell den Kühlschrank ein und dann habe ich Zeit für dich"* statt „Ich kann jetzt nicht." Das, was du willst und das, was dein Kind will, liegt oft sehr weit voneinander entfernt. Dies fordert viel Geduld und starke Nerven. Gerade in der Autonomiephase, in der dein Kind seinen eigenen Willen entwickelt, ist es nicht immer einfach, auf das Kind passend einzugehen. Hier kommt die Giraffensprache ins Spiel – sie ist wertschätzend und respektvoll und hat zum Ziel, deinem Kind. zu zeigen, dass du es verstehst und ernst nimmst.

DIE VIER SCHRITTE GEWALTFREIER KOMMUNIKATION

Bei der gewaltfreien Kommunikation sind diese vier Schritte immer die Grundlage:

- Die Situation: Versuche sie völlig wertfrei und neutral zu sehen.
- Das Gefühl: Versuche zu fühlen, welche Gefühle in dir hochkommen/du wahrnimmst.
- Das Bedürfnis: Versuche herauszufinden, welches Bedürfnis du eigentlich hast.
- Die Bitte: Formuliere eine Bitte als Ich-Botschaft, welche die Erfüllung deines Bedürfnisses enthält.

Wenn du deine Bedürfnisse und die deiner Lieben um dich herum ausdrücken kannst, kannst du dein Kind auch dabei begleiten, seine Bedürfnisse zu erkennen und auszudrücken. Nimm eine klassische Situation: Es hat Minusgrade draußen und dein Kind möchte weder Mütze noch Handschuhe anziehen. Du kannst nun in den Wolf verfallen und dich mit deinem Kind streiten und darauf bestehen, dass es die Handschuhe und die Mütze anzieht, oder du gibst deinem Kind die Möglichkeit, selbst herauszufinden, ob es draußen kalt ist.

So wären die vier Schritte der gewaltfreien Kommunikation in unserer Situation folgende:

1. Die Situation: *„Du möchtest die Handschuhe und die Mütze nicht anziehen?*
2. Das Gefühl: *„Dich macht es gerade wütend, dass ich etwas anders möchte als du."*
3. Das Bedürfnis: *„Deine Gesundheit ist mir wichtig."*
4. Die Bitte: *„Ich merke, dass du die Handschuhe und die Mütze nicht anziehen möchtest. Dass du gesund bleibst, ist mir sehr wichtig. Kannst du mir sagen, warum du dich nicht anziehen möchtest? Du darfst ohne Handschuhe und Mütze raus, nach ein paar Minuten fühlen wir dann gemeinsam, ob dein Kopf und die Hände kalt sind und ob wir die Mütze und die Handschuhe brauchen, okay?"*

ICH-BOTSCHAFTEN FORMULIEREN

Bei den Ich-Botschaften geht es darum, auszudrücken, was du gerade fühlst, wodurch ein respektvolles und wertschätzendes Gespräch ohne gegenseitige Vorwürfe entsteht.

Wichtig hierbei sind der Ton, den du anschlägst, und deine Körpersprache. Du kannst noch so viele Ich-Botschaften aussprechen; wenn deine Sprache und dein Körper in „Angriffsstellung" sind, kommen sie bei deinem Gegenüber immer als Vorwurf an. Manchmal hilft es in einer emotionalen Situation auch, kurz tief durchzuatmen oder den Ort des Gesprächs zu verlassen, und danach einen zweiten Versuch zu starten.

Beispiel: „Du hörst mir gar nicht zu!" könnte als Ich-Botschaft lauten: *„Ich fühle mich nicht verstanden und ernst genommen."*

Um Ich-Botschaften zu formulieren, ist es wichtig, dass du dir deiner Gefühle bewusst bist. So kannst du diese deinem Kind vorleben und seine Gefühle ausdrücken, denn es ist genauso wichtig, herauszufinden, warum es dem anderen gerade mit der Situation nicht gut geht.

Dazu findest du im Kapitel ➔ „Kinder in ihren Emotionen ernst nehmen und begleiten" weitere Impulse.

Gewaltfreie Kommunikation hat immer mit Respekt voreinander zu tun. Du möchtest sicher auch, dass andere respektvoll mit dir sprechen: dein Partner oder deine Partnerin, dein Chef oder deine Chefin, Freund*innen usw. Du erwartest von deinem Kind, dass es respektvoll mit dir spricht? Dann lebe ihm genau das vor und mach das Gleiche mit ihm.

ALTE SPRÜCHE, NEU GEKONTERT

„Dein Kind macht das doch mit Absicht, um dich zu manipulieren!"

„Wenn es uns schon so manipulieren könnte, wie du das gerade denkst, dann melden wir es sofort an einer Hochbegabtenschule an. Es ist nämlich entwicklungspsychologisch noch gar nicht in der Lage dazu, aber wenn du meinst, gehen wir dem gerne mal nach. Im Ernst: Tatsächlich ist es so, dass sich unser Kind auf unsere Reaktion und somit auf uns verlässt und sich in einem sicheren Rahmen ausprobieren darf. Wunderschön, oder? Erst mit ca. vier bis fünf Jahren verstehen Kinder, dass ihr Handeln Auswirkungen hat und andere nicht das gleiche fühlen wie sie selbst."

„Es wird gegessen, was auf den Tisch kommt."

„Interessant. Auch die Teller, Löffel, Gabeln? Isst du denn auch das, was du so gar nicht magst, oder gilt das nur für mein Kind? Essen mit Zwang zu verbinden, ist keine gute Idee. Es können sich langfristig Essstörungen daraus entwickeln oder die Freude am Essen geht verloren. Das möchten wir nicht. Also darf es das essen, was es gerne möchte, und weglassen, was es nicht möchte."

ES IST NICHT IMMER EINFACH

Ein Kind bedürfnisorientiert durch die Autonomiephase zu begleiten, verlangt dir einiges ab. Nicht mit Druck und Strafen, sondern mit Liebe und Verständnis zu reagieren, ist oft furchtbar anstrengend. Deshalb sei auch gut zu dir selbst.

Das ist eine sehr große Herausforderung, die du da täglich stemmen musst. Und nicht jeden Tag klappt es gleich gut. Sei also nicht zu streng mit dir, wenn es Tage gibt, an denen du gerne anders reagiert hättest, als du es tatsächlich getan hast. Es geht niemals darum, perfekt zu sein, es geht vielmehr um die innere liebevolle Haltung zu deinem Kind.

Du brauchst Zeit und Geduld

Je weniger sich Kinder noch selbst regulieren können, desto mehr müssen wir uns regulieren. Je ungeduldiger unsere Kinder sind, desto geduldiger müssen wir sein. Je wütender unsere Kinder sind, desto ruhiger müssen wir sein. Je frustrierter unsere Kinder sind, desto motivierender müssen wir sein. Manchmal kaum auszuhalten. Wir sind darauf schon eingegangen. Dass es okay ist, wenn du selbst wütend auf dein Kind bist, wenn du eine Situation nur schwer aushalten kannst, du dein Kind zwar immer liebst, es dir aber gerade unglaublich auf die Nerven geht. Das ist nicht nur okay, das ist völlig normal und menschlich. Du bist kein schlechter Elternteil, wenn du solche Gedanken hast. Es sollte nur bei den Gedanken bleiben und nicht vor dem Kind genauso ausgesprochen werden. Es ist anstrengend, immer und immer wieder mit seinem Kind in Beziehung zu gehen. Es ist manchmal kaum zu ertragen, wenn dein Kleinkind sich zum wiederholten Male im Supermarkt auf den Boden wirft. Es macht keinen Spaß, sich unter den Augen aller anderen Kunden dazuzusetzen und ein brüllendes Kind im Arm zu halten. Der Impuls, das Kind einfach hochzunehmen und brüllend ins Auto zu tragen, ist riesengroß. Und vielleicht passiert es auch hin und wieder, weil du keine Kraft hast, dein Kind erneut so durch seine Wut zu begleiten, wie du es dir selbst wünscht. Du darfst als Elternteil genervt sein, wenn die Einschlafbegleitung länger dauert. Es ist völlig legitim, dass du dich freust, wenn dein Kind abends endlich schläft und du Zeit für dich hast. Wir sind nämlich nicht nur Mutter, Vater, Eltern – wir sind auch noch Partner*in, Freund*in und so weiter. Und wir sind immer noch wir selbst. Selbstredend darf diese Wut sich nicht ungefiltert an das Kind richten, sodass Gefahr für Körper und Psyche besteht. Wir sprechen von einer Wut in einem Rahmen, der menschlich ist und einfach vorkommt. Wichtig ist der Umgang damit und wie du diese Wut mit dem Kind thematisiert.

Achte hier auf deine Sprache!

„Du machst mich wütend." und *„Ich bin wütend."* sind zwei verschiedene Paar Stiefel. *„Die Situation ist anstrengend"*, klingt völlig anders als „Du bist anstrengend". Und es klingt nicht nur anders, es macht auch etwas mit dem Kind, wenn es diese wertenden Sätze hört. Oder eben nicht hört. Wichtig dabei ist immer, wie wir unsere Gefühle ausdrücken und sie zeigen – dem Kind sollten hier keine Schuldgefühle gemacht werden.

Und wenn mal die Wut aus dir platzt und du dich nicht so verhalten hast, wie du es eigentlich gerne getan hättest, zeige deinem Kind, wie man im Nachgang damit umgehen kann. Gehe auf dein Kind zu und entschuldige dich. So lernt dein Kind von dir und kann irgendwann auch selbst so handeln. Kinder profitieren und lernen von authentischen Eltern mit Gefühlsregungen aller Art mehr als von vermeintlich perfekten Eltern, die alles vor ihren Kindern verstecken möchten. Das ist nicht echt. Kinder haben oft ein sehr gutes Gespür und merken schnell, wenn man ihnen etwas vorspielt. Und wir möchten noch mal daran erinnern: Alle Bedürfnisse eines Systems (Familie) sind wichtig! Wir können auch nicht immer und jederzeit auf die Bedürfnisse unseres Kindes eingehen. Das wäre schön, aber ist völlig unrealistisch. Nach einem langen Tag sind wir auch mal müde, ausgelaugt, vielleicht auch mal krank. Dein Kind kann lernen, seine Bedürfnisse hinten anzustellen – wenn es die Sicherheit hat, trotzdem gesehen zu werden.

Deshalb: Kümmere dich auch um dich! Du kannst dich nur gut um andere kümmern, wenn es dir gut geht. Deine Bedürfnisse müssen und dürfen mit denen deines Kindes im Einklang stehen.

Wir sind überzeugt, die meisten Eltern geben jeden Tag das Beste für ihr Kind. Du auch! Wir sind überzeugt, die meisten Eltern wollen auch nur das Beste für ihr Kind. Wir Eltern machen einen verdammt guten und harten Job. Jeden Tag. Wir sind weder zu Mensch gewordene Fachbücher noch Roboter. Wir funktionieren an so vielen Stellen, an manchen eben nicht (mehr). Hier möchten wir dir sagen: Du bist nicht allein. Nahezu allen Eltern geht es irgendwann mal so. Nur sprechen die Wenigsten darüber. Nach außen hin sind wir oft die perfekten Eltern, die alles im Griff haben. Ja keine Schwäche offenbaren, ja nicht um Hilfe bitten. Eltern haben alles hinzukriegen, und das am besten mit einem stetigen Lächeln. Schaut man aber hinter die Fassade, so stellen wir oft fest, dass die anderen auch nur mit Wasser kochen, die gleichen Probleme haben und sich oft genauso hilflos fühlen. Man kann sich auf vieles vorbereiten. Nicht aber darauf, wie kräftezehrend Elternschaft tatsächlich sein kann. Das spürt man dann, wenn man schon mittendrin steckt. Dabei wäre genau das so wichtig. Und ehrlicher.

Das Unverständnis der Außenwelt

Wer bedürfnisorientiert begleitet, braucht oft ein dickes Fell für Kommentare und Bemerkungen von außen. Mit nahestehenden Menschen kann man in den Dialog treten, die eigene Haltung erklären und bestimmte Verhaltensweisen im Umgang mit dem Kind erläutern. Das wünschen wir dir sehr, denn natürlich ist es schöner, wenn auch das Umfeld eine ähnliche Haltung in der Begleitung der Kinder mitbringt oder durch dich inspiriert wird. Für viele Menschen fühlen sich einige Verhaltensweisen „pro Kind" sehr fremd an. Sie wurden teilweise selbst anders sozialisiert, gehören einer anderen Generation an oder haben schlicht nie eine bedürfnisorientierte Möglichkeit in Betracht gezogen, weil sie noch nie etwas davon gehört haben. Tritt mit diesen Menschen in den Dialog und Austausch. Das kann sehr anstrengend, aber am Ende auch sehr gewinnbringend sein. Sollte es dir nicht gelingen, den bindungsorientierten Weg näherzubringen und du an einigen Stellen nach wie vor auf Unverständnis stoßen, so hast du es zumindest versucht. Wünschenswert wäre, wenn die andere Person deinen Weg wenigstens akzeptiert und respektiert und nicht mit dir vor dem Kind in eine Art Konkurrenz tritt. Kommuniziere klar, dass es dein Weg mit deinem Kind ist und du gerne bereit bist, deine Beweggründe zu erläutern, diese aber nicht zur Diskussion stellst.

Kommentare oder Ratschläge von fremden Personen oder Menschen, die dir nicht so nahestehen, etwa von einer völlig fremden Person im Supermarkt, sind ein noch viel größeres No-Go. Nicht du bist unhöflich, wenn du dir diese Einmischung verbittest – dein Gegenüber ist es, wenn es sich ungefragt einmischt.

Perfekt unperfekt

Wir werben für ein bisschen mehr Gelassenheit. Nimm dir selbst den Druck heraus, geh nicht so hart mit dir ins Gericht, werde flexibler.

Eine saubere Wohnung ist schön und wichtig, aber klinisch rein muss sie nicht sein. Aufgeräumt ist großartig, aber wen stören schon die vielen Kindersachen, die noch überall herumliegen? Dich? Oder den Besuch? Man darf einem Haus oder eine Wohnung ruhig ansehen, dass Menschen darin wohnen. Denn genau das tun sie ja. Es kann passieren, dass die Spülmaschine nicht rechtzeitig ausgeräumt wird, ein Wäschekorb im Weg steht und du dich sehr beeilen musst, um an einem freien Tag einen Termin um 11.00 Uhr zu schaffen, weil du die Zeit mit deinem Kind und kuscheln verbracht hast? Schön! Diese wertvolle Zeit ist so wichtig für die Seele. Wenn das Kuschelkonto stets gut gefüllt ist, ist das tausend Mal wichtiger als gebügelte Wäsche.

Es ist eher Pflicht als Kür, am Morgen eine Brotbox für deine Kinder zu richten? Vermutlich wirst du es trotzdem machen und dein Kind nicht ohne Frühstück in die Kita oder Schule gehen lassen. Es macht dich zu keinem schlechteren Elternteil, wenn das Brot nicht in Einhornform ausgestochen ist und die Kiwi nicht sternförmig drapiert wird. Und es macht Eltern, die das gerne machen, nicht automatisch zu besseren Eltern. Auch wenn das Gefühl uns das manchmal einreden möchte. Tut es nicht. Und wenn es die gekaufte Brezel beim Bäcker auf dem Weg zur Kita/Schule ist: Deinem Kind wird sie bestimmt schmecken und es wird satt an diesem Tag. Und nur darauf kommt es an. Was wir damit sagen möchten: Lasst uns alle ein bisschen mehr durchatmen und entspannen. Unseren Perfektionismus herunterschrauben und perfekt unperfekt sein. Unsere Kinder machen schon ihr Ding, sie teilen uns mit, was sie brauchen. Und das ist mit Sicherheit nicht der sofort weggeräumte Wäschekorb.

Wir möchten jedes Elternteil dazu ermutigen, gelassener zu werden. Wenn unsere Kinder gesund, munter und entdeckungsfreudig sind, es ihnen sichtbar gut geht und sie mit offenen Augen die Welt entdecken, dann können wir so viel nicht falsch machen. Sobald bestimmte Richtungen/Wege beginnen, stressig zu werden, enormen Druck verursachen und die Lockerheit nehmen, darf man diese jederzeit überdenken, anpassen, flexibel handhaben. Das Leben ist rund und bunt. Unsere Kinder sind es auch. Das Leben und der Alltag verlangen oft so viel von einem ab, da sollten wir Eltern es uns nicht doppelt schwer machen. Und ja, es ist natürlich okay, wenn dein Kind an einem Tag länger mit dem Handy spielt, eine oder zwei weitere Folgen der Lieblingsserie schaut oder das Abendessen von einer Fastfoodkette kommt. Am Ende brauchen unsere Kinder authentische und verlässliche Eltern, die sie durch die Welt begleiten. Eltern, denen es selbst gut geht. Das lässt sich nicht immer so einfach beeinflussen, das ist uns klar. Unsere Kinder zeigen uns schon, was sie brauchen.

Vielleicht hilft dir das Buch „Die Klügere gibt ab“ von Michèle Liussi und Katharina Spangler – denn du musst das alles nicht allein schaffen!

> Mein Kind wird nicht erzogen.
> Das wird großgeliebt ♥
>
> Tweet von @PropofolPrinzessin

Hier findest du Hilfe

Bei allem Verständnis für die Kinder, bei aller liebevollen Begleitung, bei allem Wahrnehmen, Geduldigsein – es gibt Momente, da kannst du einfach nicht mehr. Du hast Bücher gelesen, mit deinen besten Freund*innen und deiner Familie gesprochen, so vieles ausprobiert aber am Ende bist du nur eines: ausgebrannt, kaputt, frustriert, genervt, verzweifelt. Alle guten Ratschläge, die du gehört und umgesetzt hast, helfen dir im Umgang mit deinem Kind nicht. Es scheint, als wäre ausgerechnet dein Kind resistent für alle Ideen und Tipps, die du bekommen hast.

Dann scheu dich bitte nicht, professionelle Hilfe in Anspruch zu nehmen. Manchmal muss man genauer hinsehen. Auf dein Kind, auf eure Familie, auf dich. Sollte eine Diagnose im Raum stehen, dann informiere dich darüber und nimm ebenfalls Hilfe an. Das ist weder eine Schande noch Versagen, das ist eine momentane Bestandsaufnahme. Du bist nicht allein und es gibt ausgebildete Personen, die dir zur Seite stehen, euch als Familie begleiten und konkrete Hilfestellungen geben können, die über einen Ratgeber hinausgehen. Welches Angebot für dich und deine Familie das richtige ist, können wir dir nicht sagen. Wir können dich nur ermutigen, es für dich herauszufinden, mit professioneller Unterstützung.

WICHTIGE ANLAUFSTELLEN

- Elterntelefon
  D: 0800 – 111 0 550 / CH: 0848 – 35 45 55
- Telefonseelsorge
  D: 0800 – 111 0 222 / 0800 111 0 111 oder 0800 111 0 2222 sowie online.telefonseelsorge.de. A:142, CH: 143

- https://www.fruehehilfen.de/
- https://www.fruehehilfen.at/
- https://www.profamilia.de/
- https://profamilia.ch/
- https://www.familienberatung.at/
- https://eltern.bke-beratung.de
- https://www.mamafuersorge.com
- https://www.liebevollaufwachsen.de

- Außerdem: eure Kinderarztpraxis und deine hausärztliche Praxis bei eigener Überlastung
- Eure Kita/Tageseltern

GEH MIT UNS DIESEN WEG

Warum gehen wir den beziehungs- und bedürfnisorientierten Weg? Weil es ein sehr wertschätzender Weg mit und für unsere Kinder ist und am Ende die gesamte Familie davon profitieren wird. Ein Kind, welches von Anfang an gelernt hat, auf die Bedürfnisse seiner Mitmenschen einzugehen und dies selbst erfahren durfte sowie als Persönlichkeit ernst genommen wird, hat es später leichter, selbst Bindungen und Beziehungen mit anderen Menschen einzugehen. Ein Kind, dem viel zugetraut wird, traut sich selbst viel mehr zu als ein Kind, das kleingehalten wird. Ein Kind, dass seine Gefühle ausleben darf und dabei begleitet wird, wird später ebenfalls leichter einen Zugang zu seiner Gefühlswelt bekommen und mit den unterschiedlichsten Gefühlen umgehen können. Ein Kind, das wahr- und ernst genommen wird, entwickelt viel mehr Selbstvertrauen und Zuversicht in das eigene Handeln als ein Kind, das sehr autoritär und ohne eigenen Willen erzogen wurde. Schaffst du es auch, diesen Weg mit deinem Kind zu gehen? Bist du stark genug? Ja, du schaffst es, wenn du auf dich achtest und nichts Unmenschliches von dir erwartest. Ja, du bist stark genug, wenn du auch mal Schwäche zulassen kannst. Du tust es und gehst diesen Weg, weil Liebe und Geborgenheit, Zuwendung und Wertschätzung lebenswichtig für dein Kind sind und du dein Kind ernst nimmst. Du kannst nur erkennen, was dein Kind braucht, wenn du ihm nah bist, wenn du in Beziehung mit ihm bist. Wenn du alte Erziehungszöpfe abschneidest und auf dein Kind und dein Bauchgefühl hörst. Wenn ihr gemeinsam als Team durchs Leben geht.

Nichts muss, alles kann. Es geht um deine Familie, um dein Kind, um dich. Finde deinen Weg durch die Autonomiephase wie er für euch gut und achtsam passt. Wir wünschen dir auf deinem Weg alles Liebe.

Barbara und Lisa
https://www.pebbles-paedagogik.de

DANKSAGUNG

Wir danken dem gesamten Team des humboldt Verlages, vor allem Mark Wachsmann und Katharina Spangler, für die Unterstützung, den Glauben an uns und unser Projekt und den Spaß, den wir miteinander hatten. Und an die Twitterbubble, die uns zu einigen Beispielen inspiriert hat. Ein dickes Dankeschön geht an Herrn Dr. Thomas Kirchner für seinen fachlichen und medizinischen Blick.

Barbara

Mein ganz besonderer Dank geht an meinen Mann Mirko, der mich immer unterstützt hat, mir den Rücken freigehalten hat und der ehrlichste Kritiker war, den ich mir vorstellen kann. Du bist mein Partner, mein bester Freund und Fels in der Brandung. Danke an meine Tochter, für die ich dieses Buch geschrieben habe und die gemeinsam von uns groß geliebt wird. Ihr seid meine Welt und ich liebe euch.

Danke an meine gesamte Familie, die mich in den letzten Monaten mit viel Geduld und Spucke begleitet hat. Ein Extra-Dankeschön an dieser Stelle an meinen Schwager Falk, der im letzten Moment das Buch technisch vor dem Nirwana gerettet hat.

Jana, Markus, Nina und Ben Geiger: Danke für den Austausch, die Inspirationen, die Kritik und die Motivation.

Danke an Bettina Frank, die immer mal wieder gegengelesen hat und wertvolle Tipps hatte.

Danke an alle anderen Menschen, die ich hier nicht alle namentlich erwähnen kann, die mich nicht für verrückt erklärt haben, als ich ihnen von diesem Projekt erzählt habe, sondern mich motiviert und unterstützt haben.

Danke an die Kita meiner Tochter, in der ich jede freie Minute während der Eingewöhnung am Manuskript schreiben konnte und in der ich mit Cappuccino versorgt wurde.

Und ganz besonders danke ich Inke Hummel, ohne die ich nie auf die Idee gekommen wäre, überhaupt ein Buch zu schreiben. Danke für deine Motivation, deine Freundschaft, unseren pädagogischen Austausch und für dich!

Last, but ganz bestimmt nicht least: Danke an Lisa, die mit mir gemeinsam dieses Projekt zum Leben erweckt hat. Unser Austausch, unser Humor und die gleiche pädagogische Sichtweise inspirieren mich. Ich freue mich auf viele weitere spannende Projekte mit dir!

Lisa

An erster Stelle steht hier mein Mann Yannick – der mir nicht nur beim Schreiben des Buches, sondern auch schon die Jahre davor stets den Rücken freigehalten und gestärkt hat, wenn ich mal wieder „mein Ding“ gemacht habe. Danke dir!

Von Herzen möchte ich auch Barbara danken, die mich mit auf diese Reise genommen hat und mit der ich gemeinsam diesen Traum verwirklichen konnte. Ich freue mich so sehr auf den weiteren Weg, den wir zusammen gehen werden und die wunderbaren Gespräche über Pädagogik, die uns so am Herzen liegt.

Meine Familie, meine Freunde und all die anderen, die sich von Herzen mit mir über dieses fantastische Buchprojekt gefreut haben und so viele pädagogische Themen mit mir ausdiskutieren mussten, da es oft kein anderes Thema für mich gab.

Für die Inspiration zu einigen bildlichen Beispielen möchte ich mich vor allem bei meiner Arbeitskollegin Miriam Hofmann bedanken genauso wie bei allen, die immer an mich geglaubt haben und mir damit den Glauben an mich selbst und meine eigene Selbstwirksamkeit gestärkt haben – dafür bin ich allen unendlich dankbar.

Allen Lehrer*innen, Dozent*innen, Arbeitgeber*innen, Kolleg*innen, Familien und Kindern, denen ich in meiner Berufslaufbahn begegnen durfte und die mich in meiner pädagogischen Haltung geprägt und begleitet haben.

LITERATUR

Kinder begleiten

Graf, Danielle und Seide, Katja: Das gewünschteste Wunschkind aller Zeiten treibt mich in den Wahnsinn. Der entspannte Weg durch Trotzphasen. Beltz, 2016

Hummel, Inke: Mein wunderbares schüchternes Kind. Mut machen, Selbstvertrauen stärken, liebevoll begleiten. humboldt, 2021

Hummel, Inke: Mein wunderbares wildes Kind. Zu laut, zu unbequem, zu anders. Was lebhafte Kinder und ihre Eltern brauchen. humboldt, 2021

Hummel, Inke: Nicht zu streng, nicht zu eng. Dein sicherer Weg zwischen Schimpfen und falschem Verwöhnen. humboldt, 2022

Juul. Jesper: Dein kompetentes Kind: Auf dem Weg zu einer neuen Wertgrundlage für die ganze Familie. Rowohlt Taschenbuch, 2009

Juul, Jesper: Grenzen, Nähe, Respekt. Auf dem Weg zur kompetenten Eltern-Kind-Beziehung. Rowohlt, 2009

Juul, Jesper: Nein aus Liebe. Klare Eltern – starke Kinder. Beltz, 2018

König, Vivian: Was dir dein Baby sagen möchte. Hunger, Bauchweh, Windel voll – Babylaute, Mimik und Gesten richtig deuten. Versteh dein Baby. humboldt, 2019

Largo, Remo H.: Babyjahre. Entwicklung und Erziehung in den ersten vier Jahren. Piper, 4. Auflage 2021.

Mierau, Susanne: Ich! Will! Aber! Nicht!: Die Trotzphase verstehen und gelassen meistern. GU, 2017

Pommer, Katharina: Vom Umtausch ausgeschlossen. Was Eltern nicht zu sagen wagen und warum sie trotzdem die besten Eltern der Welt sind. Goldegg Verlag, 2021

https://www.herder.de/kizz

https://geborgen-wachsen.de/

Schlafen

Lüpold, Sybille (Hrsg.): Kinder brauchen uns auch nachts. Warum Schlaftrainings nicht empfehlenswert sind. Überarbeitete Neuauflage 2018

Nachtigall, Theodor: Sanfter Babyschlaf. Endlich erholsame Nächte für Eltern und Kind. AP-Verlagsgesellschaft, 2020

Renz- Polster, Dr. med. Herbert; Imlau, Nora: Schlaf gut, Baby! Der sanfte Weg zu ruhigen Nächten. GU, 2016

Sutoris, Martin: Der Zauberkäfer. Das liebevolle Einschlafritual für Kinder. GU, 2018

Beißen

Gutknecht, Dorothee: Wenn das „Haut-Ich" verletzt wird. Professioneller Umgang mit dem Beißverhalten von Kleinkindern in der Kita. 2018. Verfügbar unter: https://www.kita-fachtexte.de/de/fachtexte-finden/wenn-das-haut-ich-verletzt-wird-professioneller-umgang-mit-dem-beissverhalten-von-kleinkindern-in-der-kita

Hohmann, Kathrin: Beißen im Kindergarten. 2017.
Verfügbar unter: https://www.nifbe.de/fachbeitraege/beitraege-von-a-z?view=item&id=738:beissen-im-kindergarten&catid=70

Gesundheit

https://www.kindergesundheit-info.de

https://www.bzaek.de/fileadmin/PDFs/b/Milchzaehne_AzeV.pdf

Gewaltfreie Kommunikation

Hahn, Britta Ich will anders, als du willst, Mama: Kinder dürfen ihren Willen haben – Eltern auch! Erfahrungen mit der Anwendung von GFK in der Familie. Junfermann Verlag, 2007

Mik, Jeannine und Teml-Jetter, Sandra: Mama, nicht schreien! Liebevoll bleiben bei Stress, Wut und starken Gefühlen. Mit zahlreichen Übungen & Notfallhilfe. Kösel, 2019

Rosenberg, Marshall B.: Liebe leben – Tag für Tag. Gewaltfreie Kommunikation in Familie und Beziehung. Junfermann Verlag, 2019

https://kw-herzenssache.de/

Bedürfnisorientierte Begleitung (BO)

https://wachsenohneziehen.de

https://artgerecht-projekt.de/

https://inkehummel.de/

https://bindungstraeume.de/

https://www.beduerfnisorientierte-kinderbetreuung.de/

Fürsorge für dich

Cammarata, Patricia: Raus aus der Mental Load-Falle: Wie gerechte Arbeitsteilung in der Familie gelingt. Beltz, 2020

Liussi, Michèle; Spangler Katharina: Die Klügere gibt ab. Verantwortung teilen, Erschöpfung vermeiden. Dein Weg zu mehr Mamafürsorge. humboldt, 2022

Bibliografische Information der Deutschen Nationalbibliothek
Die Deutsche Nationalbibliothek verzeichnet diese Publikation in der deutschen Nationalbibliografie; detaillierte bibliografische Daten sind im Internet über https://dnb.de abrufbar.

ISBN 978-3-8426-1681-3 (Print)
ISBN 978-3-8426-1682-0 (PDF)
ISBN 978-3-8426-1683-7 (EPUB)

Originalausgabe

Die Ratgebermarke der Schlütersche Fachmedien GmbH
Hans-Böckler-Allee 7, 30173 Hannover
www.schluetersche.de
www.humboldt.de

Alle Personenbezeichnungen beziehen sich gleichermaßen auf Angehörige des männlichen und weiblichen Geschlechts sowie auf Menschen, die sich keinem Geschlecht zugehörig fühlen.
Autorinnen und Verlag haben dieses Buch sorgfältig erstellt und geprüft. Für eventuelle Fehler kann dennoch keine Gewähr übernommen werden. Weder Autorinnen noch Verlag können für eventuelle Nachteile oder Schäden, die aus in diesem Buch vorgestellten Erfahrungen, Meinungen, Studien, Methoden und praktischen Hinweisen resultieren, eine Haftung übernehmen.

Lektorat: Katharina Spangler, Neumarkt i.d.OPf.
Covergestaltung: ZERO, München
Covermotiv: Shutterstock / pablo hotsauce, Luria, Kebon Doodle
Satz: PER MEDIEN & MARKETING GmbH, Braunschweig
Druck und Bindung: gutenberg beuys feindruckerei GmbH, Langenhagen